Die Literatur, eine Heimat

Reden über und von

Marcel Reich-Ranicki

Die Literatur, eine Heimat

Reden über und von

Marcel Reich-Ranicki

Herausgegeben von
Thomas Anz

Deutsche Verlags-Anstalt

INHALT

Goethe-Preis der Stadt Frankfurt am Main, 2002

Zum 85. Geburtstag, 2005

Staatspreis des Landes Nordrhein-Westfalen für das Jahr 2005

Ehrendoktorwürde der Freien Universität Berlin, 2006

VORWORT

»Deutschland ist ein großes Land«, erklärte der irische Dramatiker und Satiriker George Bernard Shaw im Jahre 1905, »und wie alle großen Länder ist es auch bescheiden. Es überläßt gern die Ehrung seiner bedeutendsten Männer dem Ausland.« Walter Jens zitierte den Satz, als sein Freund Marcel Reich-Ranicki 1972 die Ehrendoktorwürde erhielt. Es war die erste Würdigung dieser Art für die Leistungen eines Literaturkritikers, der schon damals der wichtigste in Deutschland war. Doch nahm man sie nicht dort vor, sondern in Schweden, an der Universität Uppsala.

Auch in Deutschland folgten bald etliche Ehrungen: Plaketten, Medaillen und Preise im Namen Heinrich Heines, Goethes, Ricarda Huchs oder Thomas Manns. Aber es dauerte zwanzig Jahre, bis hier zwei Universitäten, in Augsburg und in Bamberg, den Entschluss fassten, dem Beispiel Schwedens zu folgen. Damit war ein Bann gebrochen. Die bislang letzte Ehrendoktorwürde, die neunte, ist die mit der wohl größten Symbolkraft. Sie wurde Reich-Ranicki 2007 an jener Universität in Berlin verliehen, die dem Juden im April des Jahres 1938, ein halbes Jahr vor seiner Verhaftung und Deportation nach Warschau, die Immatrikulation zum Studium der Germanistik verweigert hatte.

Die sechsundzwanzig in diesem Band versammelten Reden über und von Marcel Reich-Ranicki sind aus Anlass diverser Würdigungen seines Lebenswerkes entstanden und haben darüber hinaus eines gemeinsam: Sie wurden nach dem 15. August 1999 gehalten, dem Tag, an dem *Mein Leben* erschien, und sie beziehen sich alle auf diese Autobiografie. Kein Buch dieses Autors, der sich über Misserfolge seiner literaturkritischen Publikationen gewiss nicht zu beklagen braucht, war erfolgreicher als dieses. Mit keinem ist es ihm gelungen, ein größeres Publikum zu erreichen und es sich zum Freund zu machen. Sogar chronische Gegner des Kritikers ließen sich von der Lektüre tief beeindrucken und wandelten sich zu Sympathisanten.

Reich-Ranicki wurde als ein Kritiker bekannt, der die öffentliche Meinung über seine Person und über seine Standpunkte stets polarisierte. Übersehen wurde dabei oft seine Fähigkeit, die Interessen ganz unterschiedlicher Lesergruppen mit seinen Kritiken anzusprechen, mit seiner klaren, für jeden verständlichen Sprache niemanden, der sich für Literatur begeistern kann, aus dem Gespräch über sie auszuschließen. Von dieser Fähigkeit zeugen auch die zum Teil so völlig konträren Persönlichkeiten, deren Festreden in diesem Band veröffentlicht sind. Minister und Ministerpräsidenten in allen politischen Farben, die Bundeskanzlerin, ein angesehener Theologe und Universitätspräsident, hochrangige Literaturwissenschaftler und Kulturjournalisten, ein so populärer wie gewitzter Entertainer im Fernsehen, ein weltberühmter Philosoph oder der bedeutendste Verleger der deutschen Nachkriegsgeschichte, sie alle zeigen sich von Reich-Ranicki beeindruckt. Spätestens bei der Lektüre von *Mein Leben* begriff jeder, dass sein passionierter Umgang mit Literatur einem existenziellen, lebenserhaltenden und -intensivierenden Bedürfnis entspricht. Für den Sohn einer deutschen Jüdin und eines polnischen Juden, dem die jüdische Religion fremd war, der in Polen geboren wurde, in Berlin zur Schule ging, 1938 von den Nationalsozialisten nach Warschau deportiert wurde, nach dem Krieg beinahe zwei Jahre in London als Diplomat tätig war, 1958 in die Bundesrepublik reiste und nicht mehr nach Polen zurückkehrte, einige Jahre in Hamburg wohnte und seit 1973 in Frankfurt am Main lebt, konnte kein Ort auf dieser Welt zu einer Heimat werden. Seine Heimat ist die Literatur, vor allem die deutsche. Sie ist, mit dem von ihm und dann auch von anderen immer wieder zitierten Wort Heinrich Heines, sein »portatives Vaterland«, eigentlich aber sein Mutterland. Die Liebe zur deutschen Literatur und Kultur ist mit der Liebe zu seiner Mutter Helene Reich, geborene Auerbach, unmittelbar verbunden. Die Mutter beschaffte sich in Polen deutsche Bücher, abonnierte das *Berliner Tageblatt*, zitierte in Gesprächen gern die deutschen Klassiker, und wenn der Sohn ihr zum Geburtstag gratulierte, machte sie ihn regelmäßig darauf aufmerksam, dass sie am gleichen Tag wie Goethe geboren sei.

Die Literatur, eine Heimat – der Titel dieses Bandes klingt vielleicht ein wenig pathetisch, allzu feierlich und ernst. Dieses Pathos schließt allerdings Witz und Vergnügen keineswegs aus. Reich-Ranickis Bekenntnisse zur Literatur sind, wie auch in diesem Band nachzulesen ist, Liebesbekundungen durchaus erotischer Art, Bekenntnisse zu ihren Qualitäten eines Spiels, das vor allem einen Sinn hat: Vergnügen zu bereiten.

Spielerische und vergnügliche Qualitäten haben, bei allem Ernst, auch die Festreden in diesem Buch. Schließlich wurde mit ihnen gefeiert und keine Andacht abgehalten. Dokumentiert sind hier Bestandteile öffentlicher Schauspiele, bei dem die Beteiligten, allesamt professionelle Schauspieler auf großen Bühnen des Lebens, erheblichen Bewährungsproben ausgesetzt waren. Denn es ist wahrlich nicht leicht, auf Reich-Ranicki, über den schon so unendlich viel geschrieben wurde und schon alles gesagt zu sein scheint, auch von ihm selbst, eine Lobrede zu halten. Wiederholungen sind da ganz unvermeidlich. Die Kunst der Lobenden wie die des Gelobten besteht darin, trotzdem nicht gegen das erste

Gebot des Kritikers zu verstoßen, das da lautet: Du sollst nicht langweilen. Solche Festveranstaltungen haben etwas von Neuinszenierungen klassischer Dramen. Jeder kennt ihren Inhalt und wartet doch gespannt darauf, wie er dargeboten wird. Den Beteiligten gleichsam zuzusehen, wie sie Bekanntes neu variieren, kombinieren, ergänzen und den gegebenen Anlässen anpassen, mit eigenen Nuancen versehen und mit unterschiedlichem Temperament vortragen, sodass es in einem jeweils anderen, erhellenden Licht erscheint, ist ein spannendes Vergnügen. Alle Laudatoren charakterisieren mit ihren Reden nicht nur den Gelobten, sondern auch die eigene Person.

Als unübertrefflicher Meister der Wiederholung, Variation und Erfindung von Neuem präsentiert sich der Geehrte selbst, meist in vorher sorgfältig ausformulierter, gelegentlich in gänzlich frei gehaltener Rede, deren schriftliche Fassung immer noch etwas von dem leibhaftigen Auftritt erahnen lässt. »Wer Marcel Reich-Ranicki liest, hört ihn reden«, merkt einer der Laudatoren an. Man sieht ihn sogar.

So liest, hört und sieht man ihn auch in diesem Band – wie er den Ort und die Art der Ehrung aufgreift, um über das Theater in Berlin zur Zeit des Nationalsozialismus und über die Literaturszene Münchens zu erzählen oder über die Vorbehalte gegenüber der deutschen Sprache in Israel und die Bedeutung des Judentums für die deutsche Literatur nachzudenken. Und sogar in der Rolle des Gelobten und des Dankenden scheut sich Reich-Ranicki nicht, seinem Ruf als Provokateur zu entsprechen und den Namenspatronen der ihm verliehenen Preise, sei es Hölderlin oder Goethe, mit der für ihn typischen literaturkritischen Respektlosigkeit zu begegnen. »Edel sei der Mensch, / Hülfreich und gut! / Denn das allein / Unterscheidet ihn / Von allen Wesen, / Die wir kennen.« Anlässlich der Verleihung des Frankfurter Goethe-

Preises erinnerte er sich an seine erste Begegnung mit diesen Versen Goethes. »Schlechte Poesie«, befand er. »Die Strophe beginnt ja mit einer simplen Ermahnung und knüpft daran eine gänzlich absurde Feststellung. Denn es ist doch wirklich barer Unsinn, dass Güte und Hilfsbereitschaft den Menschen von allen Wesen unterscheiden, die wir kennen. Hilfreich und gut kann zur Not auch ein Hund sein. Was wirklich den Menschen von allen anderen Wesen unterscheidet, sei vielmehr – meinte ich – die Fähigkeit, zu sprechen und zu lachen und meinetwegen zu schreiben.«

Hinter solchen Sätzen steht gewiss auch bittere Erfahrung mit Eigenschaften des Menschen, die jeglicher Güte und Hilfsbereitschaft völlig entgegengesetzt sind. Und das Wissen des Literaturkritikers darüber, was er selbst den menschlichen Fähigkeiten des Sprechens, Lachens und Schreibens verdankt. Vor einem halben Jahrhundert, im Juli 1958, kehrte Marcel Reich-Ranicki für immer nach Deutschland zurück und hat seither die literarische Kultur dieses Landes maßgeblich geprägt und bereichert. Die hier gesammelten Reden zeigen dies.

Marburg, im Juli 2008 *Thomas Anz*

Hessischer Kulturpreis, 1999

Drei ältere Herren bilden ein geschlossenes System

SIEGFRIED UNSELD
ÜBER MARCEL REICH-RANICKI

Wenn das Gespräch der Autoren meines Verlages auf Marcel Reich-Ranicki kommt – und das ist ja nicht selten –, werde ich seit Jahren, ja, Jahrzehnten, mit immer derselben Frage konfrontiert: Wie kannst du nur mit ihm befreundet sein? Ich bin es, bin es bis heute – oder sagen wir, bis zum jetzigen Moment, man kann nie sicher sein. Die Beziehung ist in dünner Luft angesiedelt.

Die Sache ist klar, Verleger und Kritiker haben gegenüber Autoren Gemeinsames: Ist das Buch ein Erfolg, ist es ein Erfolg des Autors – ist es ein Misserfolg, ist der Verleger schuld. Lobt der Kritiker ein Buch, ist es eine gute Kritik – tadelt er, ist der Autor meistens unzufrieden, manchmal wütend, oft hält er den Kritiker für einen Wüterich, ja, würde ihn – so ist es nachzulesen in Reich-Ranickis Lebensbericht – am liebsten umbringen. Ein gefährlicher Beruf also!

Und doch, ich fühle mich mit ihm befreundet, es ist also nicht etwa so, dass Marcel Reich-Ranicki, wie ein prominenter Zeitgenosse kürzlich verlautbaren ließ, »alle Freundschaften zerstört« hätte.

Was macht ihn so schwierig? Seine Ausschließlichkeit. Woher rührt sie?

Dem kleinen polnischen Jungen gab seine Lehrerin 1929 bei seinem Umzug nach Berlin die Worte mit auf den Weg: »Du fährst, mein Sohn, in das Land der Kultur.« Musik und Literatur waren gemeint, doch die Literatur war es, die sein Leben bestimmen sollte. »Unentwegt«, schrieb er, auch nach Erfahrungen in *Die Zeit* und der *FAZ*, »versuche ich, der Literatur, die ich für gut halte, den Weg zu bahnen.«

Was hält er für gut? Das Verständliche in erster Linie, und er beruft sich auf Fontane und Heine. Er zitiert gern Alfred Döblin: »Ein Kerl muss eine Meinung haben.«

Wer fragt, welches Kriterium für diese Meinung gilt, erhält eine unverblümte Antwort: »Ich selbst.«

Er hat es immer wieder gesagt: Literatur sei eine Passion, und in diesem Wort steckt: Leiden, Liebe, Liebesleidenschaft. Er will Literatur, gute Literatur »ermöglichen«; das Mittelmäßige und Schlechte will er wegräumen, damit das Gute sichtbarer wird. Ich erkenne noch in seinen Verneinungen, seinen Verrissen, dass einer hier aus Liebe zur Literatur agiert. Dabei ist er – gewiss nicht immer – bereit, Irrtümer und Fehler einzugestehen. Nicht in jedem Fall, nicht bei Martin Walser: Immer wieder in seinen kritischen Schriften und an vielen Stellen seiner Lebensbeschreibung rühmt er Walser als einzigartigen Schriftsteller, doch sei er ein Essayist – und in keinem Fall, »nicht ums Verrecken«, ein Erzähler!

Ich bin sicher, Martin Walser, der für mich auch in seinen Essays ein Erzähler ist, wird auch in Zukunft nicht anders schreiben. Aber dies wiederum wird Reich-Ranicki nicht kümmern, er wird weiterhin für seine Literatur durchs Feuer und auf die Barrikaden gehen, und er wird weiterhin für Leser schreiben und sich in Szene setzen.

Mit dem *Literarischen Quartett* machte er Fernsehgeschichte; er übte hier die größte Wirkung aus, die je einem literarischen Kritiker in Deutschland beschieden war. Es geht nicht in erster Linie darum, dass der Verkauf literarischer Werke stimuliert und forciert wird. Nein, wichtig ist diese Sendung, weil sie Literatur öffentlich macht und öffentlich wichtig macht. Marcel Reich-Ranicki nimmt all seinen Kritikern den Wind aus den Segeln, wenn er bekennt, am meisten höre man, »die Sendung sei banal, bisweilen populistisch und immer oberflächlich, nichts werde hier auf angemessene Weise begründet, hingegen alles vereinfacht … Ich bin es, der für diese Untugenden und Mängel die Verantwortung trägt.« Solche Offenherzigkeit lädt naturgemäß zum Widerspruch ein.

Ich habe sein Buch *Mein Leben* aufmerksam gelesen. Es ist eine Lebensgeschichte im eigentlichen Sinn, in einer nicht erwarteten nüchternen Darstellungsform, bewundernswert, ein großer Wurf. Es sollte in den Schulen gelesen werden.

Man kann den Ghetto-Teil dieses Buches durchaus in Parallele sehen mit Wolfgang Koeppens nacherzählter Geschichte des Jakob Littner. In den letzten Wochen des Krieges verweigert der Führer der Deutschen zur Rettung von Tausenden deutscher Soldaten Eisenbahnwaggons, weil er diese Waggons braucht, um Juden in die Gaskammern zu bringen. Reich-Ranicki nimmt die von Koeppen mitgeteilte Littner'sche Erfahrung auf: »Wer zufällig verschont wurde, während man die Seinen gemordet hat, kann nicht in Frieden mit sich selber leben. Wer aufs Äußerste gedemütigt wurde, bleibt für immer ein Gezeichneter und meist auch ein Getriebener.«

Reich-Ranicki ist ein solcher Getriebener. Und ich bewundere, was er daraus gemacht hat. Ein Leben für Literatur! Ich erwähnte am Anfang den Zorn, die Wut vieler Autoren, von ihm kritisiert, abgefertigt, verrissen zu werden. Am Ende aber sei an Wolfgang Koeppens Einsicht erinnert: »Er schreibt über mich, also bin ich.«

Lieber Marcel, mögest Du solchen Ruf auch in Zukunft vernehmen können!

MARCEL REICH-RANICKI ÜBER SIEGFRIED UNSELD

Als ich Siegfried Unseld 1957 zum ersten Mal gesehen habe, da war er noch jung und beinahe unbekannt, etwas unsicher und ziemlich linkisch. Aber er hat mich gleich beeindruckt, er hat mir imponiert. Durch sein Wissen, durch seine Bildung, seine Intelligenz? Nein, das konnte ich so schnell gar nicht beurteilen. Doch da war etwas anderes, was mir sofort auffiel: Ich spürte einen enormen Willen, eine geballte Energie. Und das eben imponierte mir. Ich überlegte einen Augenblick: Wenn ich Inhaber einer Autofabrik wäre, würde ich keinen Augenblick zögern, diesen kräftigen, etwas robusten Mann zum Direktor der Verkaufsabteilung oder vielleicht der Werbeabteilung zu machen. Er würde sich, davon war ich überzeugt, als Autoverkäufer fabelhaft bewähren.

Aber wir sprachen damals nicht von Autos, sondern von Büchern. Bald begriff ich es: Hier hatte einer aus seinem Hobby einen Job gemacht, aus seiner Passion eine Profession. In allem, was Unseld mir damals sagte, dominierte ein Gedanke, eine unüberhörbare Absicht: Er wollte mich, den er erst seit einer halben Stunde kannte, davon überzeugen, dass der Suhrkamp Verlag, in dem er seit Kurzem angestellt war, ein guter, ein sehr guter Verlag sei. Ich bewunderte den jungen Mann, und ich dachte mir im Stillen: Er wird es schaffen, er wird seinen Weg machen.

Über vierzig Jahre sind seitdem vergangen. Die Welt, in der wir leben, hat sich gewandelt, und mit ihr und in ihr haben auch wir uns geändert. Längst sind wir beide, Siegfried Unseld und ich, Großväter. Unsere Arbeit wird, vorsichtig ausgedrückt, wahrgenommen, dem hohen Preis, den wir heute erhalten, sind schon mehrere andere vorangegangen. Beides wurde uns zuteil, der Lorbeer und die Dornen, der Erfolg und sein unvermeidbarer, sein düsterer Schatten: der Neid.

Doch was mich damals so beeindruckte, das beeindruckt mich auch heute, wie Unseld mir damals imponierte, so imponiert er mir auch jetzt. Nach wie vor bewundere ich ihn, seinen Willen und seine Energie – und immer wieder erstaunt mich seine Fähigkeit, dem Willen die Tat, der Vision ihre Verwirklichung folgen zu lassen.

Nicht anders freilich als damals, vor über vierzig Jahren, will mich Unseld auch heute immer wieder davon überzeugen, dass der Suhrkamp Verlag nun doch ein guter, ein sehr guter Verlag sei. Nun ja, es gibt in Deutschland größere und reichere Verlage als jene, die von Siegfried Unseld geleitet werden. Doch einen besseren, einen vornehmeren Verlag gibt es nicht. Schon vor vielen Jahren hat man den Begriff »Suhrkamp-Kultur« geprägt, der dann von der Werbung verständlicherweise unentwegt verwendet wurde. Das ist eine gerechte, aber, wie mir scheint, doch nicht ganz glückliche Formulierung. Denn sie übersieht zwei andere Verlage, die für mich besonders wichtig sind.

Ich gehöre einer Generation an, die mit der Insel-Bücherei aufgewachsen ist. Als ich 1963 erfahren habe, dass der Insel Verlag von Siegfried Unseld übernommen wurde, da habe ich wortwörtlich aufgeatmet, denn ich wusste, dass dieses ehrenwerte Haus gerettet ist. In den Achtzigerjahren hat er sein gediegenes Imperium in der Frankfurter Lindenstraße noch einmal erweitert und den Deutschen Klassiker Verlag gegründet. Daraus ist eine Institution geworden, der wir alle mittlerweile viele gute und manche herrliche Ausgaben verdanken. Kann man da noch von »Suhrkamp-Kultur« reden? Wäre es nicht richtiger, diesen Begriff gegen einen anderen auszutauschen und jetzt von der »Unseld-Kultur« zu sprechen?

Wir haben in diesem Jahrhundert große deutsche Verleger gehabt, Samuel Fischer zumal und Ernst Rowohlt. Doch die Palme gebührt ihm, Siegfried Unseld, der ein glänzender Organisator und ein begnadeter Manager ist und auch noch ein gründlicher Philologe, gebührt ihm, dem Verleger, der mit seinen Büchern das Gesicht einer Epoche geprägt hat. Nehmt alles nur in allem: Er ist ein Verleger, wie ihn Deutschland noch nie gekannt hat. Wir sind glücklich, dass es ihn in diesem Lande gibt, ihn, Siegfried Unseld.

JÜRGEN HABERMAS
ÜBER MARCEL REICH-RANICKI

Ich bin leider zu spät aus Chicago zurückgekehrt, um aus dem philosophischen Diskurs der Moderne noch das eine oder andere Argument gegen die andernorts gefasste Idee des kleinen interaktiven Kunstwerkes aufzubieten, das wir Ihnen hier vorführen. Das Design ist offensichtlich dem Geist der Postmoderne entsprungen: Drei ältere Herren bilden ein selbstreferenziell geschlossenes System, indem sie füreinander Spiegel aufstellen, um sich darin geistreich reflektiert zu sehen. Meine Aufgabe wird freilich dadurch erleichtert, dass sich Marcel Reich-Ranicki mit seiner Autobiografie selbst einen Spiegel aufgestellt hat und sich in der Reaktion seiner Leser anschauen kann.

Wie viele seiner Leser staune ich über die rätselhaften Kräfte eines Lebens, eines Lebens zu zweit, welches das alles ausgehalten hat. Natürlich bewundere ich auch die moralische Energie, das Selbstvertrauen, die Intelligenz, die dem achtunddreißigjährigen Rückkehrer aus Polen den mühsamen Weg vom freien Mitarbeiter zum einflussreichsten Literaturkritiker Deutschlands gebahnt haben. Der Literaturteil der

FAZ war – von Sieburg über Bohrer bis zu Reich-Ranicki – stets gut für prononcierte Stellungnahmen und bundesweite Kontroversen. Aber erst Reich-Ranicki hat die Buchkritik der Wochenendbeilage durch herausfordernde Werturteile so markiert, dass diese Seiten über den engen Kreis der Experten hinaus eine breite Öffentlichkeit erreichten. Soweit sich das zerfallene bildungsbürgerliche Publikum unter den Bedingungen zerstreuender Medien neu formiert, hat daran keine Einzelperson ein größeres Verdienst als dieser Kritiker. Darin besteht die exoterische Wirkung eines Mannes, der als talentierter Schauspieler zugleich weiß, wie man die Medien bedienen muss.

Eine andere, zwar öffentliche, aber weniger sichtbare Wirkung erzielt Reich-Ranicki mit seinem letzten Buch. Mit dieser Autobiografie hat er auf dem Höhepunkt seiner Karriere die wohlerworbene Reputation eingesetzt, um seinen Landsleuten eine Mitteilung zu machen. Diese Mitteilung ist von der Art, dass sie nur durch die Autorität einer durchlittenen Lebensgeschichte beglaubigt werden kann.

Ein im Nachkriegsdeutschland zu Prominenz gelangter Jude veröffentlicht Erinnerungen, auf deren anekdotische Spitzen die Klatschsucht der Insider schon lauert. Auch das breite Publikum erwartet Eingängiges und Einschlägiges; man kennt die unterhaltsam-expressiven Seiten eines seines polemischen Talents wegen geschätzten Autors. Tatsächlich bestätigt die im ersten Kapitel erzählte Jugend Leser, die die Geschichte von der deutsch-jüdischen Symbiose, nachdem alles vorüber ist, immer wieder gerne hören. Nicht ohne Rührung begegnen sie der etwas konventionellen, vom deutschen Gymnasium geförderten Liebe zur klassischen deutschen Literatur, die den Holocaust überdauern wird. Aber dann folgen einhundertdreißig Seiten, einhundertdreißig schmerzende Seiten eines literarisch schmucklosen, unprätentiös sachlichen Augenzeugenberichts von ungeheuerlichen Szenen – Szenen aus dem entwürdigenden, lebensbedrohenden, vernichtenden und auf die Vernichtung vorbereitenden Alltag des Warschauer Ghettos. Durch das Buch geht ein Riss, in den jeder Leser, der diese Seiten nicht überschlägt, hineingezogen wird.

Dieses Buch hat in wenigen Monaten mehr als eine halbe Million Leser gefunden. Nicht durch Beschweigen, durch Aufdeckung hat der jüdische Intellektuelle Reich-Ranicki zur Wiederherstellung der uns möglichen Normalität im Umgang miteinander mehr beigetragen als alle, die heute vom Wunsch nach Normalisierung besessen sind.

MARCEL REICH-RANICKI ÜBER JÜRGEN HABERMAS

Wer bin ich, dass ich es wagen könnte, Jürgen Habermas zu loben und zu preisen? Mir, der ich kein Philosoph und kein Soziologe bin, steht dies mit Sicherheit nicht zu. Nein, ich kann den Jubilar hier weder würdigen noch rühmen. Aber ich darf ihm danken – als Zeitgenosse und als Leser und vor allem als Bürger der Bundesrepublik.

Es ist bald vierzig Jahre her, dass ich mich zum ersten Mal mit einer Abhandlung von Habermas beschäftigt habe. Damals kannte ich seinen Namen kaum. Doch das Thema seiner Studie hat mich verblüfft: Da hatte ein noch junger Mann über die »so abgründige wie fruchtbare Verwandtschaft« des jüdischen Geistes mit der deutschen Philosophie geschrieben, über den deutschen Idealismus der jüdischen Philosophen des neunzehnten und des frühen zwanzigsten Jahrhunderts.

Aber Habermas zeigte nicht nur, wie deutsch seine Philosophen waren, sondern zugleich – und das war das für mich

Sensationelle –, wie produktiv die zentralen Motive des doch wesentlich protestantisch bestimmten deutschen Idealismus sich aus der Sicht und aus der Erfahrung der jüdischen Tradition erschließen lassen. Denn ähnlich wie die großen jüdischen Schriftsteller des neunzehnten Jahrhunderts, Heine zumal und Börne, profitierten auch die jüdischen Philosophen jener Zeit von ihrer besonderen Perspektive, von der bewussten und, vielleicht häufiger, der unbewussten Distanziertheit der Neuankömmlinge in der deutschen Gesellschaft. Von dieser Abhandlung habe ich viel gelernt, und so habe ich Habermas schon damals, in dem ersten Buch, das von mir in der Bundesrepublik erschienen ist, respektvoll und dankbar zitiert.

In den folgenden Jahren las ich seine Arbeiten immer wieder, aufmerksam und stets interessiert, wenn auch nie systematisch. Was mich vor allem anregte, war die unverkennbare Synthese von Gelassenheit und Souveränität mit Leidenschaft, mit Temperament und fruchtbarer Unruhe, ja, auch mit gelegentlicher Wut. Und es imponierte mir, mit welcher Hartnäckigkeit Habermas um die Vermittlung von Theorie und Praxis bemüht war, um die Verknüpfung also von akademischer Lehre und politischem Handeln, kurz, um die weltliche, die gesellschaftliche Nützlichkeit der Philosophie.

Doch wie wichtig diese Schriften für mich auch waren, erst viel später, im Jahre 1986, erschien ein Aufsatz von Habermas, der mich nicht nur anregte, sondern auch in hohem Maße aufregte. Wieder hatte ich das Gefühl: Mea res agitur, meine Sache ist es, die hier abgehandelt wird. Ich meine den Historikerstreit, der inzwischen Geschichte geworden ist.

Ich habe an diesem Streit gelitten, ich habe mich geschämt. Denn er ging von der *Frankfurter Allgemeinen Zeitung* aus. Und die Zeitung, in der ich seit Jahrzehnten arbeite und der ich auch zu Dank verpflichtet bin, spielte in diesem Streit, den sie inspiriert und zeitweise organisiert hat, keine rühmliche Rolle. Ein inzwischen emeritierter Berliner Historiker hatte in einem von der *FAZ* publizierten Artikel kurzerhand behauptet, der deutsche Mord an den Juden sei keineswegs einzigartig und der Holocaust die Folge, wenn nicht die Kopie der bolschewistischen Schreckensherrschaft. So wurde der Nationalsozialismus verteidigt und das deutsche Verbrechen bagatellisiert.

Der Skandal bestand aber nicht darin, dass dieser Artikel in der *FAZ* gedruckt wurde und auch noch mit einem falschen, einem bewusst irreführenden Vorspann. Er bestand vielmehr darin, dass der damals zuständige Herausgeber der Zeitung eine Erwiderung verhindert hat. Aber sie blieb nicht aus, nur erschien sie in einem anderen Blatt, in der *Zeit*, geschrieben von Jürgen Habermas. Ich konnte aufatmen. Das alles gehört mittlerweile der Vergangenheit an, auch der glücklicherweise längst überwundenen Vergangenheit der *Frankfurter Allgemeinen Zeitung*; dort führen jetzt die Repräsentanten einer neuen, einer viel jüngeren Generation das Wort.

Doch damals, 1986, als sich Habermas der von einigen Historikern angestrebten, der höchst fatalen Revision des Geschichtsbildes mit aller Entschiedenheit widersetzt hat, zeigte es sich abermals, welche Rolle ihm schon seit einiger Zeit in diesem Lande, in der bundesdeutschen Öffentlichkeit zugefallen war: die Rolle einer zentralen moralischen und intellektuellen Instanz. Ich habe, wir haben Jürgen Habermas zu danken.

Friedrich-Hölderlin-Preis der Stadt Bad Homburg, 2000

MICHAEL NAUMANN

Liebe zur Lyrik und Leiden an Deutschland

Im Frühjahr 1799 kann Friedrich Hölderlin der Mutter im fernen Nürtingen endlich einmal eine frohe Botschaft schicken. Rasch hakt er deshalb die üblichen Misslichkeiten ab. Das Allernötigste nur teilt er über den schleppenden Fortgang der Tragödie *Der Tod des Empedokles* mit, ganz kurz wird eine drei Wochen währende, nun aber überwundene »Maladie« erwähnt, auch die finanziellen Sorgen – hervorgerufen dieses Mal durch eine »enorme Holztheuerung« hier, in Homburg vor der Höhe, wo er beim Glaser Wagner in der Haingasse logiert – streift der Briefschreiber bloß beiläufig. Denn die gute Nachricht will heraus: »Zum Schlusse«, notiert er mit gezügeltem, gleichwohl spürbarem Stolz, »will ich Ihnen eine Stelle aus der Jenaer Literaturzeitung abschreiben, wo meiner gedacht wird. So sehr ich es bisher vermied, mit meiner kleinen Schriftstellerreputation vor Ihnen groszuthun, so darf ich doch in der jetzigen Laage keine Gelegenheit vorbeigehn (lassen), wo ich Ihnen etwas Hoffnung geben kann, daß meine gegenwärtige Arbeit eine günstige Aufnahme finden werde.«

Die günstige Aufnahme wird dem neunundzwanzigjährigen Hölderlin vom damals zweiunddreißig Jahre alten August Wilhelm von Schlegel zuteil, den man in Jena gerade zum außerordentlichen Professor ernannt hat und der als Kritiker bereits große Autorität genießt. Schlegels Rezension gilt einem von Hölderlins Freund Christian Ludwig Neuffer herausgegebenen Sammelband, dem *Taschenbuch für Frauenzimmer von Bildung, auf das Jahr 1799* – und sie ist ein schallender Verriss. Neuffers eigene Gedichte, so Schlegel, seien bloß »endlose Reimereyen«, die übrigen lyrischen Versuche bestenfalls »Kleinigkeiten« und die »prosaischen Aufsätze« allesamt »ganz unbedeutend«. Inmitten dieser Belanglosigkeiten findet Schlegel nur einen Autor, dem Aufmerksamkeit gebührt: »Hölderlins wenige Beyträge aber«, stellt er fest, »sind voll Geist und Seele und wir setzen gerne zum Belege ein paar davon hieher.«

Eines der beiden Gedichte, die Schlegel in die *Jenaische allgemeine Literatur-Zeitung* einrückte, schickt Hölderlin in einer Abschrift auch an seine Mutter. Aber was ihr gegenüber als Nachweis seines poetischen Vermögens dienen soll, erweist sich bald als vollkommener Reinfall. Zwar ist ihre Antwort nicht erhalten. Aus dem Brief ihres Sohnes vom 8. Juli 1799 aber kann man unschwer schließen, welch Unheil er damit angerichtet hat – und wie nötig sein Versuch ist, den angerichteten Schaden im Nachhinein wenigstens ein wenig zu begrenzen.

Das fragliche Gedicht heißt *An die Parzen*, die erste Strophe enthält eine Bitte, ja, fast ein Gebet an die Schicksalsgöttinnen: »Nur einen Sommer gönnt, ihr Gewaltigen! / Und einen Herbst zu reifem Gesange mir, / Daß williger mein Herz, vom süßen / Spiele gesättigt, dann mir sterbe.« Wie anders denn als eine Suche nach dem frühen Genietod, vielleicht gar als Einverständnis mit dem Selbstmord sollte die ehrbare schwäbische Hausfrau Johanna Christina Gock, geborene Heyn, verwitwete Hölderlin, diese Zeilen verstehen? Und wie sollte sie zurechtkommen mit der gleich folgenden Wendung: »Doch ist mir einst das Heil'ge, das am / Herzen mir liegt, das Gedicht gelungen, / Willkommen dann, o Stille der Schattenwelt!«?

Sie kam nicht damit zurecht, sie war so entsetzt wie erschrocken. Und also schreibt der Sohn aus Homburg, die hochfahrenden Verse ins Possierliche umbiegend: »Das Gedichtchen« – er schreibt wirklich: das Gedichtchen – »hätte Sie nicht beunruhigen sollen, theuerste Mutter! Es sollte nichts weiter heißen, als wie sehr ich wünsche, einmal eine ruhige Zeit zu haben ... Überhaupt, liebste Mutter!, muß ich Sie bitten, nicht alles für strengen Ernst zu nehmen, was Sie von mir lesen.« Es ist schon zum Verzweifeln: Hatte Hölderlin, was zu seinen Lebzeiten selten genug vorkam, einmal Glück mit der Literaturkritik, so kam ihm gleich ein familiärer Verriss in die Quere.

Zumindest die Ode *An die Parzen* betreffend aber hatte Hölderlin nicht nur Glück mit August Wilhelm von Schlegel, sondern auch mit dessen literarkritischem Nachfahren, mit Marcel Reich-Ranicki. Ihm, dem seit fast vier Jahrzehnten wohl bekanntesten und mächtigsten Kritiker dieses Landes, geht freilich seit dem 7. Juni 1987 nicht gerade der Ruf voraus, ein Freund dieses Dichters zu sein.

»Nein«, so rief Reich-Ranicki vor genau dreizehn Jahren just an diesem Ort und just an dieser Stelle aus, »nein, ich liebe ihn nicht, diesen Friedrich Hölderlin.« Nicht genug mit diesem Donnerwort, nicht genug zudem mit dem Bekenntnis, Schiller und Kleist, Büchner und Heine, ja, man höre und staune, »ja sogar Goethe« stünden ihm ungleich näher als dieser Friedrich Hölderlin: Reich-Ranicki sprach darüber hinaus – und ganz unverhohlen, wie es seine Art ist – auch vom pathetischen Selbstmitleid und von der erhabenen Larmoyanz jenes Autors, in dessen Namen er geehrt wird. Geht es also bei dieser Preisverleihung wirklich mit rechten Dingen zu? Oder handelt es sich in Sachen Hölderlin und Reich-Ranicki nicht doch um ein Missverständnis, um eine Mesalliance?

Vorderhand müssen wir uns an das halten, was wir bisher über dieses Verhältnis wissen. Liest man also jene Rede mit dem Titel »Hölderlin und eine Annäherung«, deren Anlass einst die Verleihung des Friedrich-Hölderlin-Preises an Peter Härtling war, noch einmal nach, so wird man sie in allererster Linie als kritisches und gelegentlich polemisches Resümee nicht so sehr über Hölderlins Werk, sondern vor allem über Hölderlins Wirkung unter den Deutschen verstehen müssen. Wohl wahr, der furiose Redner attackierte damals auch den Dichter selbst, zumal dessen sechsstrophigen Gesang über den »Tod fürs Vaterland«.

Aber stehen diesem singulären lyrischen Sündenfall in antiker Tradition und aus aktueller republikanischer Emphase nicht vielzählig und mehr als versöhnend jene Verse gegenüber, in denen Hölderlin, von der unvergleichlichen Elegie *Brot und Wein* bis zur herrlichen Hymne *Friedensfeier*, Visionen des gelingenden Lebens und Bilder von der möglichen Freundlichkeit der Welt beschwört? Wie dem auch sei – und es ist so –, gewiss richtig ist auch, dass gerade diesem Sänger des irdischen Segens ein, wie es Reich-Ranicki einst formulierte, martialischer »Dauerplatz in der nationalen Weihezone« zugewiesen wurde.

Und selbstredend wird man den Kritiker nicht dafür verantwortlich machen, dass seine frühe Begegnung mit Hölderlin unter dem Unstern der nationalsozialistischen Vereinnahmung stand. »Noch sehe und höre ich«, so Reich-Ranicki, »die Halbwüchsigen in HJ-Uniform, die, verzückt und ekstatisch, Hölderlins Verse rezitierten.« Wer auf diese Weise an einen Dichter gerät, wird ihm nie mehr ganz nahe sein können, sosehr er inzwischen auch um jenen Missbrauch weiß, der ihn damals in die Ferne rückte und fremd werden ließ.

Und doch zeigte sich Reich-Ranicki auch schon 1987 als ein von der Sprache und der Bildmächtigkeit Hölderlins bisweilen ganz und gar Entwaffneter. Er zitierte eine der beiden Strophen des Gedichts *Hälfte des Lebens* und bekannte: »Das haben Schiller und Kleist nicht gekonnt … Dies hat keiner übertroffen.« Und über Hölderlins *An die Parzen*, über jenes »Gedichtchen« also, das in Wahrheit eine poetologische Programmschrift von elementarem Rang genannt werden muss, schrieb Reich-Ranicki, sieben Jahre nach der ersten Homburger Hölderlin-Rede: »Die Ode *An die Parzen* gehört zu den Wundern in deutscher Sprache. Aus ihr sprechen Stolz und Selbstbewusstsein, doch ohne Dünkel und Anmaßung. Mächtig ist die Emphase und dennoch frei von Übermut. Das Pathos lässt sich nicht überbieten und ist doch weder laut noch aufdringlich. Gefühl und Gedanke – hier bilden sie eine vollkommene Einheit. Die makellose Harmonie von Ton und Bild – hier ist sie verwirklicht.«

Kann man Hölderlin überzeugender loben als durch diese Zeilen, kann man begeisterter und zugleich kontrollierter formulieren, worin die Unausweichlichkeit dieses Dichters besteht?

Veröffentlicht hat Reich-Ranicki seine Interpretation des Parzen-Gedichts zuerst in der *FAZ* vom 2. April 1994. Es war ein Beitrag zur *Frankfurter Anthologie* – und doch entschieden mehr. Denn an diesem Tag erschien die wöchentliche Reihe, zwanzig Jahre nach ihrer Gründung, zum tausendsten Mal. Und ihr Gründer, eben Marcel Reich-Ranicki, verneigte sich aus diesem ziemlich ungewöhnlichen, fast ein wenig feierlichen Anlass ausgerechnet vor ihm – vor Friedrich Hölderlin, über den er bemerkte, es sei nichts aus ihm geworden – nur ein Dichter, und es sei ihm alles im Leben misslungen – außer der Poesie. Auch dies ein höchstes Lob sogar, wenn man bedenkt, dass es von einem Kritiker stammt, für den die Formel »Ecce Poeta« nicht weniger bedeuten muss als eine Art weltlicher Seligsprechung. Halten wir fest: Reich-

Ranicki hat sich Hölderlin genauso genähert wie den anderen Klassikern unserer Literatur: mit Respekt, aber ohne Ehrfurcht, mit Neugier, aber ohne Verneigung, mit Entdeckerlust, aber ohne die Bereitschaft zu verherrlichen.

Angesichts der seltsamen, aber unbestreitbaren Machtfülle, die ihn umgibt, fällt es manchem Zeitgenossen nicht eben leicht, an die vor allem dienende Rolle gegenüber der Literatur und den Literaten zu glauben, die Marcel Reich-Ranicki in zahlreichen Interviews und Stellungnahmen für sich in Anspruch genommen hat. Es duldet indes keinen Zweifel, dass sein Dienst an der deutschen Literatur nirgends größer war und ist als bei der Arbeit, die er sich mit der *Frankfurter Anthologie* macht. Die Selbstbescheidung des Interpreten Reich-Ranicki ist dabei nur die Kehrseite des immensen Fleißes und der heroischen Geduld, mit denen er die Mitarbeiter dieser längst umfangreichsten Lyrik-Sammlung des Landes fürsorglich ermahnt, väterlich erzieht und liebevoll umschmeichelt – Letzteres allerdings nur, wenn sie sich seiner Erziehung durch glanzvolle Beiträge würdig erwiesen haben.

Ein deutsches Gedicht mit maximal zweiundvierzig Verszeilen – die Grenzen der Zeitungsrubrik machen Goethes *Grenzen der Menschheit* zum Maßstab des Umfangs –, ein deutschsprachiges Gedicht vom Mittelalter bis zur unmittelbaren Gegenwart sollen die inzwischen mehr als zweihundert Beiträger der *Frankfurter Anthologie* jeweils vorschlagen, es soll ihnen gefallen, es soll ihnen, jenseits einer lediglich wissenschaftlichen Analyse, auch persönlich etwas bedeuten, kurzum: Sie sollen an es glauben. Und sie sollen vor den Augen der Leser und auf nicht mehr als sechzig Schreibmaschinenzeilen dann bitte zeigen, ob der Glaube an das Gedicht die Prüfung besteht. »Der Dichtung eine Gasse« lautete das Motto, unter das Reich-Ranicki die *Frankfurter Anthologie* stellte.

Aus der Dichtergasse, darf man unbefangen sagen, ist im Lauf der Zeit eine Prachtstraße der Poesie geworden. Der fortwährende Dienst, den ihr Reich-Ranicki in der Redaktionsstube zuteilwerden lässt, gehört gewiss nicht zu seinen kleinsten Verdiensten. Und er hat damit, wenn nicht alles täuscht, bereits im jugendlichen Alter von achtzig Jahren etwas Bleibendes gestiftet, obwohl er kein Dichter, sondern weil er fürwahr ein Diener ist.

Nirgends besser als an seinem Liebesverhältnis zur Lyrik kann man auch sein lust- und, vor allem, sein leidvolles Verhältnis zu Deutschland erkennen.

Es ist eine beiläufige, leicht zu überlesende Passage in seiner Autobiografie *Mein Leben*, in der er dieses Verhältnis lakonisch und im Grunde auch nur zwischen den Zeilen beleuchtet. Die Szene spielt 1967 – Reich-Ranicki lebt in Hamburg, ist Literaturkritiker der Wochenzeitung *Die Zeit*. Er rezensiert, zu Hause im Stadtteil Niendorf, Buch um Buch, schreibt Kolumnen, Glossen und Essays. Dann gibt ihm Rudolf Walter Leonhardt, damals Feuilletonchef der *Zeit*, durch die Blume des Lobs zu verstehen, dass er, Reich-Ranicki, zwar mit deutscher und fremdsprachiger Prosa bestens umzugehen verstehe, dass aber »die zarten Schwingungen der holden deutschen Poesie wohl nicht ganz meine Sache seien«. Der Autobiograf kommentiert dies Jahrzehnte danach mit der ihm eigenen Prägnanz: »Das wollte ich nicht auf mir sitzen lassen.«

Für ihn hatte sich, wieder einmal, eine Konstante seines Lebens gezeigt: Man wollte ihn, nein, dieses Mal keineswegs bewusst und nicht mit Absicht, aber man wollte ihn erneut ausgrenzen, dieses Mal aus der Lyrik, dem Innersten der deutschen Literatur – und damit aus dem Innersten jenes Deutschtums, das auch die Nazis nicht hatten zerstören können: aus dem Deutschtum Lessings, Goethes, Schillers und, nicht zuletzt, Hölderlins.

Nein, er hat auch diese kleine, unbeabsichtigte, seelenseismografisch aber bedeutungsvolle Kränkung nicht auf sich sitzen lassen. Er hat, noch im Nachkriegspolen und seit seiner Rückkehr nach Deutschland im Jahr 1958, ein Kritikerleben lang über deutsche Autoren und deutsche Dichter, über deutsche Romane, Erzählungen und Gedichtbände geschrieben, mit jener verstehbaren Deutlichkeit, die das lesende Publikum ebenso auf seine Seite zog wie die Zuschauer des *Literarischen Quartetts*, das nun auch schon über ein Jahrzehnt lang das literarische Leben in Schwung und in Spannung hält.

Für seine Rolle bei diesem Fernsehereignis ist Reich-Ranicki, wenn ich mich recht erinnere, sowohl mit dem »Bambi« als auch mit der »Goldenen Kamera« ausgezeichnet worden. Allein dieser Umstand hätte, an normalen deutschen Maßstäben gemessen, den Friedrich-Hölderlin-Preis für Reich-Ranicki eigentlich unerreichbar machen müssen. Wer die Nation unterhält – und sei es auch mit Fernsehdebatten über Literatur –, wer sich darüber hinaus auch noch in Fernsehshows mit Thomas Gottschalk, Harald Schmidt oder Alfred Biolek unterhält: Hat der nicht ein für alle Mal die höheren Weihen verwirkt?

Egal, ob man es ein Wunder nennt oder ein Phänomen: Marcel Reich-Ranicki hat die deutschen Maßstäbe außer Kraft gesetzt, indem er bewies, dass sich über Thomas Mann und Franz Kafka, über Heinrich Böll, Max Frisch, Wolfgang Koeppen und Thomas Bernhard, über John Updike, Andrzej Szczypiorski und Javier Marías so erhellend wie kenntnisreich schreiben lässt – und dass sich vor Kameras nicht weniger erhellend und kenntnis- und anekdoten- und pointenreich debattieren und plaudern lässt über die Heroen der Literatur, über die Triumphe und die Malaisen ihres jeweiligen Lebens, übrigens auch über die Triumphe und Malaisen der Kritik.

Reich-Ranicki ist bei alldem nie unter sein Niveau gegangen, im Gegenteil: Er hat für das Niveau der Kritik und der Vermittlung von Literatur höchst eigene und sehr urbane Maßstäbe gesetzt, Maßstäbe, denen im Augenblick wahrscheinlich nur einer gerecht wird: er selbst. »Was wir heute über die Literatur unserer Zeit erfahren«, hat der Germanist Helmut Koopmann geschrieben, »erfahren wir aus den Kritiken über sie, und nicht selten hellen sie das Bild auf, das wir von der Literatur über uns und unsere Zeit ausgemalt bekommen.« Koopmanns Satz ist ein Satz über Reich-Ranicki – und insofern jedenfalls wahr. All dies freilich hat den diesjährigen Hölderlin-Preisträger nie ganz von der Empfindung befreien können, ein Außenseiter zu sein, einer, der nicht, der nie ganz dazugehört.

Die Ausgrenzung und die Vernichtung der Juden, seine Ausgrenzung aus der Universität und aus Deutschland, sein so zufälliges wie glückhaftes Überleben des Holocaust: Er hat es in den beklemmendsten und zugleich unwiderstehlichsten Kapiteln seiner Autobiografie geschildert. Und er hat ein ums andere Mal betont, dass er auf diese Ausgrenzung, auf die Demütigungen mit Widerstand und Trotz reagiert habe, ja, dass Trotz und Widerstand entscheidende Elemente seiner Existenz seien. Gewiss, diese Eigenschaften haben ihn gegen die Schrecknisse seines Lebens gewappnet – und sie haben seinen enormen Fleiß, seine ungeheure Disziplin angestachelt. Sie haben, nicht zuletzt, die jahrelange Arbeit an der Autobiografie ermöglicht.

Wenn nicht alles täuscht, hat dieses Buch, hat *Mein Leben* aber auch die Wahrnehmung seiner Person in der Öffentlichkeit verändert. Zum ersten Mal erfährt der stets heftig Umstrittene nicht nur den großen Verkaufserfolg des Bestsellerautors, sondern auch eine fast ungeteilte Zustimmung, ja, fast so etwas wie landesweite Verehrung. Auf emphatische

Weise jedenfalls könnte Marcel Reich-Ranicki angekommen sein in Deutschland, angekommen, weil man, lesend und hörend, sein Leben angenommen hat.

Erntezeit also für diesen Kritiker, Ordnung und spätes Glück. Aber wie wir ihn kennen – und wir meinen, ihn schon ein wenig zu kennen –, wird er all dies nicht als Lorbeer verstehen, auf dem sich ausruhen ließe. In Interviews der vergangenen Wochen hat er wiederholt angekündigt, bereits auf neuen Wegen zu wandeln. Er wird sie uns, da kann man sicher sein, nicht verheimlichen.

In einem ersten Ansatz zur später vierstrophigen Ode *Lebenslauf* hat Friedrich Hölderlin die Verse notiert: »Hoch auf strebte mein Geist, aber die Liebe zog / Schön ihn nieder; das Leid beugt ihn gewaltiger; / So durchlauf ich des Lebens Bogen und kehre, woher ich kam.« Dies sind Zeilen, die das Höchste schildern, was Menschen erreichbar ist: Des Lebens Bogen durchmessen zu können, Jugend und Alter harmonisch verbindend dabei. Marcel Reich-Ranicki scheint dieses Schwierigste geglückt: Im Band *Sein Leben in Bildern* kann man einige Fotos finden, die ihn vor wenigen Monaten beim Besuch seiner elterlichen Wohnung zeigen, mehr als sechzig Jahre, nachdem er sie zuletzt betreten hatte. Dieser Bogen, er hätte Hölderlin gefallen, dieser Bogen, er ist in seinem Sinne.

MARCEL REICH-RANICKI

Kein Rabatt für Märtyrer

Es gehört sich, dass derjenige, der im Namen eines wahrhaft großen Dichters geehrt und ausgezeichnet wird, sich, für den ihm zuerkannten Preis dankend, über ebendiesen Dichter äußert. Ich will es versuchen, aber es sei gleich zugegeben:

Ich tue es nicht ohne Hemmungen und nicht ohne Bedenken. Denn schon einmal habe ich hier über ihn gesprochen. Es war 1987. Ich begann damals mit den Worten: »Nein, ich liebe ihn nicht, diesen Friedrich Hölderlin« – und sofort hörte ich Laute des Unmuts, wenn nicht des Protestes. Später, als ich meinen Wagen aus der Tiefgarage holte, wurde ich zum unfreiwilligen Zeugen des Gespräches einiger Bürger der Stadt Bad Homburg. Da konnte von Unmut nicht mehr die Rede sein, da war schon Empörung zu vernehmen.

Was hatte ich mir zuschulden kommen lassen? Habe ich etwa Hölderlin unterschätzt? Ich habe gesagt, dass es in seinem Werk Gedichte gibt, die von niemandem übertroffen wurden, nicht einmal von Goethe – und damit war ihm doch ein Platz auf der höchsten Ebene der deutschen Dichtung zugewiesen. Aber nein, darum handelte es sich nicht, mein Fehlgriff war von ganz anderer Art: Ich hatte es gewagt, öffentlich zu erklären, dass ich Hölderlin nicht liebte. Darf man das nicht?

Natürlich ist in einem freien Land auch dies zulässig. Nur ist es nicht üblich, es verstößt, ob sich die drei oder vier Bürger, damals in der Tiefgarage, dessen bewusst waren oder nicht, gegen eine angeblich ehrwürdige Tradition, gegen eine Regel und Sitte, die seit bald hundert Jahren existieren: Hölderlin muss man lieben. Warum? Was verbirgt sich dahinter?

Die erste ausführliche Arbeit über ihn stammt von einem seiner dichtenden Zeitgenossen, von dem über dreißig Jahre jüngeren schwäbischen Poeten Wilhelm Waiblinger. Er hat Hölderlin, als er schon seit längerer Zeit vom Wahnsinn befallen war, häufig in Tübingen besucht. Waiblingers 1831 erschienene Schrift, eine vornehmlich biografische Darstellung, mag in mancherlei Hinsicht unzulänglich, ja, fragwürdig sein. Doch ist sie ein bis heute bewegendes, ein rührendes Dokument geblieben. Beschrieben werden hier vor allem das

Befinden und der Alltag des kranken, des unzurechnungsfähigen Dichters – und sie werden sorgfältig und höchst anschaulich beschrieben.

Später, noch im neunzehnten und erst recht im zwanzigsten Jahrhundert, hat man Waiblingers Arbeit immer wieder ausgeschlachtet, man hat sie oft zitiert und gern plagiiert. Bisweilen entsteht der Eindruck, als habe auch seine Perspektive Schule gemacht. Denn Waiblinger sah Hölderlin (und das ist nicht verwunderlich) vor allem als Opfer – als beklagenswertes Opfer seiner Epoche oder seines Vaterlandes oder der herzlosen Gesellschaft und natürlich seiner schrecklichen, seiner trostlosen Krankheit. Er betrachtete ihn mit der Nachsicht, die einem unglücklichen Patienten gebührt, er behandelte ihn als einen Dulder, als einen Märtyrer.

Waiblinger war auch der Erste, der sich bemühte, Hölderlins Krankheit zu verklären und zu nobilitieren. Er glaubte, die Ursachen dieses Leidens zu kennen: Es seien »verfehlte Pläne des Ehrgeizes«, »überspanntes Streben« und »unglückliche Liebe«. Hölderlins Lieblingsausdrücke übernehmend, zögerte er nicht, dessen Krankheit ins Metaphysische anzuheben: Aus »Gotttrunkenheit« sei er wahnsinnig geworden, aus dem »Streben nach dem Göttlichen«. Noch zu Lebzeiten Hölderlins hatte Waiblinger Nachfolger gefunden. Bettina von Arnim nannte Hölderlins Krankheit einen »heiligen Wahnsinn«, Georg Herwegh erklärte, Hölderlin habe sich in die »heilige Nacht des Wahnsinns gerettet«. Allmählich wurde es üblich, sachliche, prosaische Ausdrücke für Hölderlins Leiden zu meiden: Stattdessen sprach und spricht man von »Seelenfinsternis« und von »verdunkelten Jahren« und, am häufigsten, von der »Umnachtung«.

Zur Wiederentdeckung Hölderlins am Anfang des zwanzigsten Jahrhunderts hat, wie bekannt, der Kreis um Stefan George wesentlich beigetragen. Doch hat er leider auch viel

Unheil angerichtet: George feierte ihn als »Hüter des Neuen Gottes«, und Friedrich Gundolf rühmte ihn als »Hüter des heiligen Feuers« und nannte ihn »königlich und heilig«. Damit war die Verklärung Hölderlins in regelrechte Anbetung übergegangen, der religiöse Anstrich wurde unverkennbar. Noch heute kann man gelegentlich lesen, Hölderlin sei »der Reinste der Reinen« gewesen, bis heute kann man sich des Verdachts nicht erwehren, dass manche, die sich mit Hölderlin beschäftigten, in höherem Maße der Theologie verpflichtet sind als der Literaturbetrachtung.

Ähnliches hat man keinem deutschen Dichter angetan. Niemals hat man ernsthaft versucht, Goethe, sosehr er auch verehrt wurde, zum Objekt der Anbetung zu machen. Zu gewaltig und zu vielseitig ist seine Persönlichkeit, um sich anbeten zu lassen, zu herrlich sein Werk, um einen Heiligenschein zu ertragen oder seiner gar zu bedürfen. Und keinen unserer Dichter hat man so beklagt wie Hölderlin. Wirklich keinen? Auch nicht Kleist? Nein, keineswegs.

Denn Kleist war ein Kämpfer, ein Streiter, einer, wie es sich für einen guten Preußen schickt, der nicht selten auch gegen den preußischen Geist rebellierte. Er ist gescheitert und hat daraus die Konsequenzen gezogen. Ist Hölderlin gescheitert? Hat er überhaupt gekämpft? Kleists Dasein schloss mit einer Tat, Hölderlins Weg führte in einen Zustand. Kleist sehen wir immer noch im Lichte jenes trüben Novembertages, an dem er sich entschieden hat – und es war nicht etwa im Affekt –, sein Leben zu beenden. Hölderlin hat nichts entscheiden können, wir sehen ihn nach wie vor als Leidtragenden.

Den Pistolenschüssen am Kleinen Wannsee entspricht also, mag dies auch paradox klingen, das jahrzehntelange Vor-sich-hin-Dämmern im Tübinger Turmzimmer. Natürlich werden sie beide verehrt, doch auf sehr unterschiedliche Weise: Kleist wird vor allem bewundert, Hölderlin vor allem bemitleidet.

Damit mag es zusammenhängen, dass man Kleists Werk bei allem Respekt auch durchaus kritisch betrachtet, dass uns in manchen seiner Werke, so in der *Hermannsschlacht* oder im *Käthchen von Heilbronn*, auch Peinliches und Schlechtes auffällt. Hölderlin hingegen wird stets gefeiert und zugleich geschont. Vor lauter Mitleid kommt hier die Kritik nicht zum Zuge, sie ist unwillkommen.

Zum Mitleid gesellt sich noch die Liebe hinzu. Die Liebe jedoch, belehrt uns Shakespeare, »sieht mit dem Gemüt, nicht mit den Augen. / Und ihr Gemüt kann nicht zum Urteil taugen. / Drum nennt man ja den Gott der Liebe blind«. Es ist noch nicht lange her, da hat es ein bekannter Autor und Germanist, den ich sonst schätze, fertiggebracht, den verblüffenden Satz zu schreiben: »Es gibt kein schlechtes Gedicht von Hölderlin ...« Da frage ich mich, ob der Kollege die furchtbare, die aufregend-abstoßende Ode *Der Tod fürs Vaterland* schon vergessen hat.

Hölderlin war nicht ein König, sondern ein Bettler, nicht ein Heiliger, sondern ein armer Sünder, er war genial, doch leider weltfremd und letztlich lebensunfähig. »Denn für dieses Leben / Ist der Mensch nicht schlecht genug« – heißt es bei Brecht. In der Tat, Hölderlin war nicht schlecht, nicht stark und nicht schlau genug – zumindest nicht für das Leben im Deutschland jener Zeit. Er war überzeugt, er habe sich – so schrieb er in einem Brief an seinen Freund Christian Ludwig Neuffer – »in dies arme geist- und ordnungslose Jahrhundert verirrt«. Man liest dies mit einiger Verwunderung: Denn die Epoche, die ihm, Hölderlin, geistlos vorkam, war immerhin jene Goethes und Schillers, Kants und Beethovens, und das waren ja nicht die allerkümmerlichsten Repräsentanten des deutschen Geistes.

Lange bevor er in die Tübinger Klinik eingeliefert wurde, sah sich Hölderlin von einem unüberbrückbaren Abgrund umgeben. Er dichtete: »Ich verstand die Stille des Äthers, / Der Menschen Worte verstand ich nie.« In seiner Einsamkeit versuchte er sich zu trösten, indem er sein Elend und seine Leiden idealisierte: »Wer auf sein Elend tritt, steht höher. Und das ist herrlich, daß wir erst im Leiden recht der Seele Freiheit spüren.«

Was der junge Hölderlin werden wollte, das wusste er genau – nichts anderes wollte er sein als ein deutscher Dichter. Das wurde er denn auch, aber in der Zeit, die er bewusst erlebte, war er ein Autor beinahe ohne Leser. Er hat den von ihm gewünschten Beruf besungen und verklärt – übrigens wie kein anderer Deutscher vor ihm und auch nach ihm.

Zu den beliebtesten Hölderlin-Zitaten gehört der letzte Vers seiner Hymne *Andenken*: »Was bleibet aber, stiften die Dichter.« Das ist ernst gemeint, und es bezieht sich nur auf die Dichter und nicht etwa, wie gelegentlich vermutet wurde, auf die Künstler überhaupt. Denn Hölderlin folgt hier einer alten und nicht ganz unkomischen Tradition. Schon die antiken Poeten – Pindar etwa oder Ovid – neigten zum ausgiebigen Selbstlob, und sie rührten gern und schamlos die Trommel für die eigene Zunft. Aber ist Hölderlins mittlerweile zum Slogan und Reklamespruch degradierte Verkündung denn falsch? Nun ja, bisweilen trifft sie schon zu, nur könnte es ebenso gut heißen: »Was bleibet aber, stiften die Baumeister«, oder vielleicht »die Bildhauer«.

Hölderlin scheute sich auch nicht, in seinem Gedicht *Buonaparte* tatsächlich zu erklären: »Heilige Gefäße sind die Dichter.« Wie denn: die Dichter heilige Gefäße? Die Großen der Antike waren da ganz anderer Ansicht: Von Plato bis Plutarch liebten sie die Dichtung und die Kunst und haben die Dichter und die Künstler verhöhnt und vor ihnen nachdrücklich gewarnt. Ich kenne in der Geschichte der Weltliteratur keinen einzigen heiligen Dichter – und wenn es einen gegeben haben soll, dann hat er bestimmt nichts getaugt. Auch jene Juden, die vor Jahrtausenden allerlei Texte, grandiose und schwächere, verfasst und zusammengestellt haben, waren, jedenfalls bis zum Gegenbeweis, schuldhafte Literaten mit viel Fantasie und mit noch mehr Talent – sonst hätte sich ihre Anthologie, genannt die Bibel, nicht als Weltbestseller bewährt.

Kein Zweifel, Hölderlin wollte die Poesie allen Ernstes zu einer Religion erheben, jedenfalls gehen in seinen Schriften Dichtkunst und Religion ineinander über und lassen sich schließlich überhaupt nicht mehr unterscheiden. Die zentrale Idee seines Werkes ist die Erlösung des Menschen durch die Poesie. In einer seiner Hymnen verkündet er ganz ungeniert: »Das Heilige sei mein Wort.« Und in einer anderen geradeheraus: »Von Gott aus geht mein Werk.« Der christliche Gott kann es nicht sein, schon deshalb nicht, weil Hölderlin diese Vokabel in der Regel mit dem unbestimmten Artikel versieht oder im Plural gebraucht.

Die Elegie *Der Gang aufs Land*, vielleicht eines der schönsten Gedichte Hölderlins, hat ein prosaisch-banales Thema: Es geht um die Einweihung eines ländlichen Gasthauses, irgendwo vor den Toren einer Stadt, möglicherweise Stuttgarts. Das Richtfest wird von oben beobachtet, denn es schauen so oft lächelnd die Götter auf uns. Was haben in dieser Elegie die Götter zu suchen? Das ist, ich weiß es, eine ganz respektlose Frage, nur hat sie schon einer vor mir gestellt, nämlich Hölderlin selber. In einem seiner hellen, selbstkritischen Augenblicke notierte er: »Was sollen die Götter im schwäbischen Gasthaus?« Eine Antwort auf die so berechtigte Frage vermissen wir bei Hölderlin. Und sie kann nur lauten: Hölderlin mythologisierte die Erde und den Himmel, die Natur und die ganze Welt und somit auch ein ländliches Wirtshaus.

In der Elegie *Brot und Wein* sagte er von den Göttern, dass sie zwar leben, aber über dem Haupt oben in anderer Welt. Auch er lebte, anders als Lessing, anders als Goethe und Schiller, auf der Erde zwar, aber zugleich in den Wolken. Man nannte ihn gelegentlich einen Seher. Nur war er ein rückwärtsgewandter Visionär. Vielleicht war er ein Prophet, doch was er prophezeite, war nie recht greifbar, es blieb immer verschwommen. Und ich habe den leisen Verdacht, dass wir dies nicht unbedingt bedauern sollten.

Denn Hölderlins utopische Hoffnungen und Erwartungen zeugen von einem deutschen Sendungsbewusstsein, das manche unserer Germanisten entschuldigend und rechtfertigend auf ein ausländisches Vorbild zurückführen möchten, nämlich auf die Bestrebungen der französischen Revolutionäre von 1789. Denn viele von ihnen wollten ihre Errungenschaften auf ganz Europa ausgebreitet sehen.

Nicht ohne Schadenfreude oder Wollust zitiert man die Worte aus dem *Hyperion*, die Deutschen seien »Barbaren von alters her durch Fleiß und Wissenschaft und selbst durch Religion barbarischer geworden«. Doch beinahe gleichzeitig, im *Gesang des Deutschen* von 1799, nennt Hölderlin das deutsche Vaterland das »heilig Herz der Völker«, das allverkannt sei, »wenn schon aus deiner / Tiefe die Fremden ihr Bestes haben! // Sie ernten den Gedanken, den Geist von dir …«. In der Hymne *Germanien* geht Hölderlin noch weiter: Im Fazit dieses Gedichts erscheint Germania als Priesterin, die Rat gibt rings den Königen und den Völkern – immerhin, sie erteilt in Hölderlins Vision ihre Ratschläge wehrlos, also ohne Gewaltanwendung.

Später, aber noch vor der Gründung des Kaiserreiches, wurde es etwas anders formuliert, doch gemeint war dasselbe. Da hieß es: »Und es mag am deutschen Wesen / Einmal noch die Welt genesen.« Ich frage mich schüchtern: Barbaren von alters her oder die Erzieher der Könige und der Völker ringsumher? Wenn ich Derartiges lese, blicke ich dankbar zu Goethe auf, der sich zu patriotischen oder gar nationalistischen Äußerungen nie hat hinreißen lassen.

Hölderlin sei es gelungen, hört man immer wieder, den deutschen Geist mit dem griechischen zu einer Einheit zu verbinden; von Harmonie ist oft die Rede. Allerdings handelt es sich um eine recht sonderbare Harmonie. Denn er hat ein widerspruchsvolles und mitunter wirres Deutschtum mit einem mehr oder weniger utopischen Griechentum verschmolzen. Das Resultat sollte als pädagogisches Gegenbild zu den Verhältnissen in Deutschland dienen.

Aber hinter Hölderlins Griechenliebe verbirgt sich noch ein anderer, vielleicht wichtigerer Grund, dessen er selber sich möglicherweise nicht immer bewusst war. Er hat die Antike bewundert und geliebt, das ist sicher. Und er ist der Erste nicht, der sie konsequent geplündert hat. Sie war für ihn eine unvergessliche Schatzkammer, aus ihr holte er sich die Elemente, die er für seine unterschiedlichen Entwürfe brauchte, insbesondere für die oft so fragwürdigen Zukunftsentwürfe. Hölderlins Bilder und Requisiten, die Orte und die Personen, die vielen poetischen Versatzstücke – sie stammen alle aus dieser Schatzkammer.

Daher kommt auch sein sprachlicher Fundus, in dem Vokabeln wie »die Himmlischen« oder »das Göttliche« dominieren und das Wort »heilig« zum ärgerlichinflationär verwendeten und nicht selten auch austauschbaren Begriff avanciert: Das Wasser und der Wald, das Licht und die Dämmerung, die Sonne und die Natur, die Liebe und die Liebeslust und sogar das eigene Herz – alles kann bei Hölderlin heilig sein. Und die zahllosen, in deutschen Ohren so reizvoll klingenden griechischen Namen und Bezeichnungen – sie weckten und beflügelten stets aufs Neue seine Fantasie.

Doch die wunderbare Antike, die uns sein Werk offeriert, hat es in Wirklichkeit nie gegeben. Ein utopischer Traum war es, aus dem eine Legende hervorgegangen ist. Er hat sie erfunden, um sie besingen zu können. Mit anderen Worten: Ähnlich wie Schiller die Philosophen des Idealismus, Kant zumal, als geistiges Fundament für sein Werk benötigte, verwendete Hölderlin die griechische Welt (oder: was er für die griechische Welt hielt) als Impuls, als Stoff und Thema, als utopische Zielvorstellung.

In einem guten *Handbuch der Weltliteratur*, vor vierzig Jahren erschienen, fiel mir unlängst die Formulierung auf, Hölderlin, der spät Erkannte, sei »noch immer nicht völlig erforscht«. Das stimmt und ist heute noch so richtig, wie es vor vierzig Jahren war und wie es wohl auch in Zukunft sein wird. Sein Werk wird sich, glaube ich, nie gänzlich erforschen lassen.

Hölderlins fortwährende Flucht ins Symbolische und ins Mythische bewirkt die erhabene, die in Deutschland oft so beliebte Dunkelheit und jene Aura des Geheimnisvollen. Gerade sie hat ihm viele unkritische Leser und sogar ekstatische Bewunderer eingebracht. Vor allem aber: Sie bot und bietet den Interpreten nach wie vor nahezu unendliche Möglichkeiten.

Was den Dichter Hölderlin gefährdete, hat keiner früher und besser erkannt als Friedrich von Schiller. Er hat ihm 1796 in einem Brief geraten, die philosophischen Stoffe zu meiden und stattdessen der Sinnenwelt näher zu bleiben. So werde er, Hölderlin, weniger in Gefahr sein, die Nüchternheit in der Begeisterung zu verlieren oder sich in einen gekünstelten Ausdruck zu verirren. Er empfahl ihm »einen klaren einfachen Ausdruck«. Ja, das war es, was dem jungen Poeten Hölderlin am meisten fehlte: Klarheit, Nüchternheit und Einfachheit. Und vielleicht war dies das größte Unglück, das der deutschen

Literatur in ihrer langen Geschichte widerfahren ist – dass Schiller die Fragwürdigkeit der Hölderlin'schen Lyrik durchschaut hatte, ohne deren Genialität zu begreifen.

Die wenigen Zeitgenossen, deren Aufmerksamkeit er nicht ganz entging, sahen wohl in ihm einen bemitleidenswerten, einen hochgradig hysterischen Poeten. Die jüngeren Autoren hielten ihn für einen Nachahmer der Klassiker, also für einen Dichter von gestern, während die älteren, wie eben Schiller, gar nicht auf den Gedanken kamen, es könnte sich um einen Poeten von morgen handeln. Sie hatten wenig Lust, eine neuartige Komponente in seinem Werk wahrzunehmen: die romantische.

Die Klassiker liebten den Tag und das Licht, die Romantiker die Nacht und das Dunkel. Hölderlin war so verliebt und vernarrt in seinen griechischen Kosmos, dass er sich um die Sonne und um den Mond wenig kümmerte und den Gegensatz von Tag und Nacht großzügig überwand: In seinem Werk finden wir Gedichte, die es uns erlauben zu sagen, dass er drauf und dran war, ein Romantiker unter den Klassikern zu werden, und dass er natürlich ein Klassiker unter den Romantikern blieb. Letztlich gehörte er weder zu den einen noch zu den anderen: Sie wollten alle mit ihm nichts zu tun haben – die Klassiker ebenso wie die Romantiker.

Die schönsten Verse Hölderlins erzeugen gleich beim ersten Lesen und noch bevor man ihren Sinn verstanden hat, eine eigenartige, eine außergewöhnliche Stimmung. Und nachdem man sie kritisch geprüft hat, auch dann büßen diese Verse nur wenig oder gar nichts von ihrem Geheimnis ein. Den Schauer, den manche seiner Gedichte in meiner Jugend bei mir auslösten, empfinde ich mitunter noch heute. Nur frage ich mich, ob diese Wortmusik mich narkotisiert und vielleicht sogar entmündigt. Einen solchen Schauer, eine ähnlich berauschende Wirkung kenne ich wohl, doch nicht im

Bereich der Literatur. Ich denke hier an den ersten Akt der *Walküre* oder an den letzten Akt der *Götterdämmerung* oder an alle drei Akte des *Tristan*.

Wenn ich Hölderlin lese und mich also von ihm berauschen lasse, werde ich bisweilen von einem dunklen, einem irritierenden Gedanken befallen, eine Befürchtung ist es. Könnte es sein, dass in nicht wenigen dieser Verse das Wort dem Gedanken auf fatale Weise vorauseilt? Dass die Sprache Hölderlins dem Wert seiner Erkenntnisse haushoch überlegen ist?

Man kann es noch deutlicher sagen: Dem Intellekt dessen, der einst im Tübinger Stift der Freund und Nachbar Hegels und Schellings war, wollte es nicht gelingen, seinen poetischen Genius hinreichend zu kontrollieren, er konnte mit ihm nicht Schritt halten. Er selber mag dies gespürt haben, denn damit hängt es wohl zusammen, dass er in seinen späteren Jahren (aber noch vor Ausbruch der Geisteskrankheit) viele seiner Gedichte verworfen und wiederholt überarbeitet hat, ohne seine Leser von der Notwendigkeit der Neufassungen immer überzeugen zu können.

Das dichterische Handwerk hat Hölderlin rasch erlernt, es hat ihm offenbar kaum Schwierigkeiten bereitet, seine Lehrmeister in frühen Jahren, Klopstock und den jungen Schiller, zu überflügeln und seine Kunst bis zur Vollendung zu entwickeln. Enorm war sein Ehrgeiz, sein Selbstvertrauen hingegen schwankte zwischen den Extremen – zwischen höchstem Lebensgefühl und tiefster Verzweiflung, zwischen Euphorie und Melancholie.

Er war hilflos angesichts seiner Leidenschaften, seiner Ängste und Komplexe, er war ratlos angesichts einer ihm unbegreiflichen Welt. So war er, wie von Furien gejagt, auf der Suche nach Schutz und Unterschlupf. Doch wurden sie ihm vom Leben verweigert. Freilich hat er es allen, die ihm auf diese oder jene Weise helfen wollten, sehr schwer gemacht.

Nur die Poesie konnte ihm helfen, nur sie, glaubte er, konnte ihn retten: »Sei du, Gesang, mein freundlich Asyl« flehte er in dem Gedicht *Mein Eigentum*. Nach einem zuverlässigen Halt sehnte er sich, er war auf ihn angewiesen, und er fand ihn auch: Feste dichterische Formen, meist hehren antiken Vorbildern virtuos nachempfunden, wurden gleichsam zu seinen Rettungsringen.

Zu den Gedichten, die mich mein Leben lang, zumal in hoffnungsloser Zeit, begleiteten, gehört – wie Goethes *Grenzen der Menschheit* – auch *Hyperions Schicksalslied*. Hier dessen letzte Verse:

Es schwinden, es fallen
Die leidenden Menschen
Blindlings von einer
Stunde zur andern,
Wie Wasser von Klippe
Zu Klippe geworfen,
Jahr lang ins Ungewisse hinab.

Die deutsche Literatur hat, sieht man von Goethe ab, diesen hohen Ton noch nicht gekannt. Und ohne Hölderlin hätten wir ihn später wohl kaum gehabt – weder bei George noch bei Rilke.

Er war ein exakt planender, ein sorgfältig kalkulierender Artist. Die Wirkung seiner Verse rührt vor allem von ihrem aus der Form sich ergebenden, von der Form bestimmten Rhythmus. Die größte Tugend seiner Lyrik ist ein einzigartiger Wohlklang. Ihre Musikalität verdankt sich einem in deutscher Sprache unbekannten poetischen Stil: Man kann, so widerspruchsvoll dies auch scheinen mag, bei Hölderlin von strenger, ja, von asketischer Prachtentfaltung sprechen.

Eichendorff hat einmal einen wunderschönen, einen unvergesslichen Vierzeiler gedichtet, der übrigens nicht auf Hölderlin, den er wahrscheinlich nie gelesen hat, gemünzt war:

> Schläft ein Lied in allen Dingen,
> Die da träumen fort und fort,
> Und die Welt hebt an zu singen,
> Triffst du nur das Zauberwort.

Das ist es: Hölderlin hat die Dichtung zum magischen Machtmittel gemacht. Er hat den Dingen ihre Träume, ihre Lieder abgenötigt, also ihre poetische Realität. So hat er die Welt zum Singen und zum Klingen gebracht. Denn über das Wort verfügte er wie ein Zauberkünstler.

Aber Hölderlins Stilwille, sein Zauber, triumphiert da vor allem, wo er die ihn reizende und faszinierende, die mysteriöse, die hartnäckige Verschlüsselung seines Universums, seine (man darf sagen: bedauerliche) Chiffrierungssucht über wand und, statt die Welt in der Mythologie aufzulösen, irdische, reale Motive aufgriff. Die berühmte erste Strophe der Elegie *Brot und Wein* beginnt:

> Ringsum ruhet die Stadt; still wird die
> erleuchtende Gasse,
> Und mit Fackeln geschmückt,
> rauschen die Wagen hinweg.

Je bescheidener, je konkreter die Aufgabe, die er sich gestellt hat, umso bedeutender, umso erstaunlicher das Ergebnis. In der Ode *Heidelberg* verzichtet er auf die gelegentlich schon routiniert anmutende mythologische Phraseologie. Heilig ist hier glücklicherweise gar nichts und unübertrefflich sichtbar und anschaulich alles, was er mit wenigen Worten ausdrücken, was er zeigen und bewusst machen will – einschließlich des Verkehrs auf der neuen Brücke:

> Wie der Vogel des Waldes über
> die Gipfel fliegt,
> Schwingt sich über den Strom, wo er
> vorbei dir glänzt,
> Leicht und kräftig die Brücke,
> Die von Wagen und Menschen tönt.

Hölderlin hat die deutsche Sprache in seinen Hymnen und Elegien bis zur äußersten Grenze ihrer Möglichkeit, ihrer dichterischen Ergiebigkeit getrieben. Ja, er überschritt mitunter den Bereich des Sagbaren und hier und da vielleicht auch des Verstehbaren. Jedenfalls vermochte er dem Deutschen abzugewinnen, was niemand vor ihm zu ahnen imstande war. Doch will ich es nicht aussparen: Die erhabenen Hymnen und die feierlichen Elegien Hölderlins, diese großen Dichtungen, die, einen eigenen Kosmos bildend, immer wieder auf eine Heilslehre hinauslaufen – sie haben die beiden vergangenen Jahrhunderte überstanden, sie sind noch nicht vom Flugsand der Zeit bedeckt. Aber sie sind mir doch etwas fremd geworden, und ich bin ganz sicher, dass dies nicht nur für mich gilt.

Viel näher standen mir in meiner Jugend und stehen mir jetzt erst recht jene seiner Gedichte, in denen er eben ohne das »Heilige« auskommt und ohne die Göttlichen, in denen er vielmehr von menschlichen und allzu menschlichen Leiden spricht, von der Einsamkeit, vom Unglück und vom Elend des Individuums. Nichts vermochte die Zeit, die grausame, den leider nicht sehr zahlreichen seiner Gedichte antun, die ich für die schönsten und die (aus heutiger Sicht) modernsten in seinem ganzen Werk halte – den Gedichten über die Liebe, der er so dringend bedürftig war und die ihm so selten zuteilwurde. Immer noch fühlen sich unzählige Liebende getroffen, mitten ins Herz getroffen von Hölderlins Frage, von seinem verzweifelten Schmerzensruf:

> Trennen wollten wir uns, wähnten es
> gut und klug;
> Da wir's taten, warum schröckt' uns,
> wie Mord, die Tat?

Und alle Liebenden sind Hölderlin für die Zauberformel dankbar, die er für die erotische Beziehung des weisen Sokrates zum schönen Jüngling Alicibiades geprägt hat – und damit für die Liebe der Reifen zu den ganz Jungen, welchen Geschlechts auch immer: »Wer das Tiefste gedacht, liebt das Lebendigste.«

Wenn Hölderlin in seinen Gedichten, bewusst oder unbewusst, dem Ratschlag Schillers folgte, das Philosophische mied und zusammen mit seinen Schmerzen zugleich die Leiden anderer ausdrückte, sprach er auch von meinen Leiden. Nie werde ich seinen Ausruf in der Ode *Abendphantasie* vergessen – den Ausruf »Wohin denn ich?«. Und: »Warum schläft denn / Nimmer nur mir in der Brust der Stachel?« Immer noch werden, glaube ich, meine Augen feucht, wenn ich die Frage lese: »Weh mir, wo nehm ich, wenn / Es Winter ist, die Blumen, und wo den Sonnenschein …«

Wahrlich, Hölderlin hat es nicht verdient, dass man sein Werk fortwährend mit gütiger Nachsicht behandelt, dass man ihm einen Extrarabatt für Märtyrer zugesteht und ihm also die Kritik verweigert. Nehmt alles nur in allem: Er hat in deutscher Sprache jene Musik geschaffen, die – verzeihen Sie das Wort, das ich nur ganz selten verwende – aus der Seele fließt.

So verneige ich mich vor Friedrich Hölderlin in Bewunderung und in Dankbarkeit. Und immer noch ganz ohne Liebe? Einst habe ich an dieser Stelle trotzig gesagt: Ich liebe ihn nicht. Aber war das ganz richtig? Jedenfalls ist es vorbei, jetzt strecke ich die Waffen, und ich verdränge alle Bedenken. Ich weiß schon, ich weiß es heute besser als damals: Wo ich mich vor der deutschen Dichtung in Dankbarkeit und in Bewunderung verneige, da ist stets auch sie im Spiel, die Liebe.

Ehrendoktorwürde
der Ludwig-Maximilians-Universität
München, 2002

WOLFGANG FRÜHWALD

Das »portative Vaterland«

Vorbemerkung

Erlauben Sie mir, sehr verehrter Herr Reich-Ranicki, dass ich mich bei der Laudatio, die Sie sich von mir gewünscht haben, auf eines Ihrer Worte berufe. Demnach ist das, was Sie zur Literatur zu sagen hatten und haben, nach wie vor in Ihren Aufsätzen für Zeitungen und Zeitschriften und in Ihren Büchern zu finden. Daher beziehe ich mich auf Bücher und Artikel, obwohl es mir nicht gelungen ist, mehr als höchstens fünfundzwanzig Prozent dieser rund hundert Bücher und Editionen zu lesen. Ich hoffe trotzdem, dass Sie sich in der Laudatio wiedererkennen. Und erlauben Sie, meine Damen und Herren, mir bitte auch, dass ich mich in dieser Stunde und bei dieser Gelegenheit nicht mit der unstreitig wichtigen Frage auseinandersetze, ob es in Deutschland einen neuen, lange unterdrückten Antisemitismus gibt. Ich bin überzeugt, es gibt ihn nur in rechtsradikalen Schmuddelecken, nicht als Grundstimmung des Bürgertums, wie in den Dreißigerjahren, es gibt ihn nicht einmal als den von Ruth Klüger sogenannten guten alten Risches von 1910, also in der Form des bürgerlichen Antisemitismus der Treitschke-Ära. Der bösartige und infantile Versuch allerdings, mit der Kritik am Staate Israel muslimische Wählerstimmen zu gewinnen, und der damit zusammenfallende Streit um Martin Walsers Roman *Tod eines*

Kritikers hat (übrigens weltweit) den Eindruck erweckt, in Deutschland erwache das Gespenst des Jahres 1933 zu neuem Leben. Ich empfinde es als empörend, dass jetzt politisch und literarisch mit alten antisemitischen Klischees Menschen, Bürger dieses Landes, geängstigt werden, die in ihrem Leben wahrhaftig genug geängstigt und bedroht worden sind. Eindrücke können sich zu politischen Fakten verfestigen, und wir müssen gemeinsam alles tun, um den Eindruck des neuen Antisemitismus nicht zu einem politischen Faktum werden zu lassen. Heute Abend aber geht es um diese Auseinandersetzung nur insofern, als die Lebensleistung und der öffentliche Erfolg eines Mannes zu würdigen sind, der mit jedem Atemzug und mit jedem gesprochenen und geschriebenen Wort Literatur als ein Humanum verkündet, das auch dieses uns alle bedrohende Gespenst zu bannen vermag.

Laudatio

»Die Worte ›Ich bin stolz, daß ich ein Deutscher bin‹ oder ›Ich bin stolz, daß ich ein Jude bin‹ klingen mir so töricht, wie wenn ein Mensch sagte: ›Ich bin stolz, daß ich braune Augen habe.‹ / Soll ich dem Wahnwitz der Verfolger verfallen und statt des deutschen Dünkels den jüdischen annehmen? Stolz und Liebe sind nicht eines, und wenn mich einer fragte, wohin ich gehöre, ich würde antworten: Eine jüdische Mutter hat mich geboren, Deutschland hat mich genährt, Europa mich gebildet, meine Heimat ist die Erde, die Welt mein Vaterland.«

Ernst Toller, der zu seiner Zeit bekannteste deutsche Dramatiker der Weimarer Republik, der dies 1933 schrieb, hatte an der Universität München Jurisprudenz studiert. Er hatte an dieser Universität (von ihr bis heute kaum wahrgenommen) auch die Kollegs des Kunsthistorikers Heinrich Wölfflin gehört, er war im Seminar des Theaterwissenschaftlers Arthur Kutscher der literarischen Moderne begegnet: Thomas Mann, Karl Henckell, Max Halbe, Frank Wedekind. Mit Rainer Maria Rilke hatte er über das Verstummen der Lyrik im Kriege debattiert, im Englischen Garten Frieden und Sonne geatmet. 1918/19 war er an der Revolution in Bayern beteiligt, für wenige Tage als Vorsitzender des Zentralrats der bayerischen Arbeiter-, Bauern- und Soldatenräte sogar eine Art von Ministerpräsident des sozialistisch beherrschten Bayern. Im heute der Katholischen Akademie gehörenden Schlösslein Suresnes an der Werneckstraße hat er sich vor den Freikorpstruppen verborgen; er wurde verraten und verhaftet, in München wegen Hochverrats zu fünf Jahren Festungshaft verurteilt und 1924, nach Verbüßung der Strafe, als ein Preuße, aus Bayern ausgewiesen.

An Tollers mutiges Bekenntnis zum Weltbürgertum, inmitten der damals hochgehenden Brandung des Nationalismus, wurde ich erinnert, als ich in den Schriften von Marcel Reich-Ranicki von dem wie ein Basso continuo das ganze Werk durchziehenden Nachdenken über Heimat und Herkunft, über Zugehörigkeit und Gemeinschaft, über Stolz und Liebe las. Im Herbst 1958, bei einer Tagung der Gruppe 47, berichtet Marcel Reich-Ranicki, habe ihn ein jüngerer, noch wenig bekannter Autor – als Günter Grass aus Danzig stellte er sich vor – gefragt: »Was sind Sie denn nun eigentlich – ein Pole, ein Deutscher oder wie?« Er habe rasch geantwortet: »Ich bin ein halber Pole, ein halber Deutscher und ein ganzer Jude.« Grass sei zufrieden gewesen, »ja beinahe entzückt: ›Kein Wort mehr. Sie könnten dieses Bonmot nur verderben.‹« Ein Bonmot, gewiss! Aber auch mehr? »Die arithmetische Formel«, sagte ihr Verfasser in der Münchner Rede *Über das eigene Land* (1994), sei »so effektvoll wie unaufrichtig. Da stimmt kein einziges Wort.« Nie sei er ein halber Pole, nie ein halber

Deutscher gewesen, nie in seinem Leben ein ganzer Jude, er sei es bis heute nicht geworden. So sei er zwar einer Einladung gefolgt, über das eigene Land zu sprechen. »Aber«, heißt es lapidar und wiederholt, »ich habe kein eigenes Land, keine Heimat und kein Vaterland.«

In einem anderen Text – für ihn ganz untypisch *Des Lebens ungemischte Freude* überschrieben – hat Marcel Reich-Ranicki noch einmal über Heimat und Zugehörigkeit nachgedacht. Er hat dabei über eine Chinareise berichtet, über »die dunkle und staubige Stadt Peking«, über die Große Mauer bei Badaling, die zu besteigen zum eintönigen Besuchsprogramm der Chinareisenden gehört, über den Besuch in einem chinesischen zoologischen Garten, in dem der weißhäutige Fremdling die Sensation der neugierigen Schulkinder war, kurz: über ein Land, das ihm fremd geblieben ist. Die Journalistin, die ihn nach dieser Reise interviewte, wollte die »glücklichen Momente« der Reise erkunden; doch dem Befragten fiel nur ein Augenblick des Glücks ein: in Hongkong, im Flugzeug der Lufthansa, als ihm die Stewardess zwei Wünsche erfüllte, ihm einen doppelten Whisky und die *Frankfurter Allgemeine Zeitung* brachte. Das war der Moment der Ruhe, der Entspannung: »Glücklich lehnte ich mich zurück.« Wer die Beschreibung dieses Glücksgefühles als bare Ironie versteht, hat ihn vielleicht noch nie selbst erfahren, diesen Augenblick der Entspannung nach der Mühsal der Fremde. Doch ist die Anekdote mehr als die Illustration von Goethes – nach Reich-Ranicki – »erstaunlich nüchternem Wort«: »Wo mir's wohl geht, ist mein Vaterland!« Denn nach langem Schlaf, so erzählt der Reisende, sieht er aus dem Fenster des Flugzeuges in der Morgendämmerung die Umrisse eines großen Gebäudes: »Bald war ich sicher. Was da sichtbar wurde, das war die Akropolis. Ich atmete tief, es war, glaube ich, ein Aufatmen. Denn ich wußte, ich war wieder in Europa.«

Marcel Reich-Ranicki gebraucht in seinem ganz in Forte geschriebenen, dem Piano wenig zugeneigten Werk gerne starke Bilder. So erscheint bei ihm im Augenblick des Glücks kaum zufällig die Akropolis, Inbegriff abendländisch-europäischer Kultur. Darum nämlich geht es in der Tradition einer bis zu Moses Mendelssohn zurückreichenden Reflexion von Heimatlosigkeit und Kulturglaube des deutschen Judentums: Diese Menschen waren und sind ganze Europäer, lange ehe sich Europa auf den beschwerlichen Weg seiner wirtschaftlichen und politischen Einigung machte. Ernst Tollers zitiertes Bekenntnis zum Weltbürgertum ist in Wahrheit ein Bekenntnis zu Europa, denn es ist dem Grabepigramm des Vergil nachgebildet, das der Legende folgend der sterbende Dichter, der »Vater des Abendlandes«, noch selbst verfasst hat: »Mantua me genuit, Calabri rapuere, tenet nunc / Parthenope; cecini pascua, rura, duces.« (Mantua gab mir das Leben, Kalabrien nahm es; nunmehr / birgt mich Neapel. Die Weiden besang ich, die Fluren und Helden.)

Marcel Reich-Ranicki, der Europäer, der in der Großstadt zu Hause ist, für den die Provinz ihren fremdenfeindlichen Schrecken nie verloren hat, gehört mit manchen seiner Lehrer und Freunde, zum Beispiel mit Thomas Mann und dessen älteren Kindern Erika, Klaus und Golo, zu den wenigen in der Öffentlichkeit wirkenden Menschen, denen wir die kulturelle Vision eines europäischen Deutschland verdanken, wurzelnd in dem (hoffentlich) unverlierbaren Erschrecken vor dem 1945 gescheiterten Plan eines deutschen Europa. Dem Mut und der Entschlossenheit ungezählter Menschen außerhalb Deutschlands, aber auch im Herrschaftsbereich des Nationalsozialismus, haben wir es zu danken, dass die Vision des europäischen Deutschland in den Köpfen und den Herzen der Europäer und der Deutschen lebendig werden konnte.

Ihnen allen hat Marcel Reich-Ranicki in dem Schriftsetzer Bolek, der Tosia und Marcel Reich nach der Flucht aus dem Warschauer Ghetto 1943 in seinem Haus versteckt hat, ein Denkmal gesetzt. So jedenfalls meine ich, das Kapitel »Geschichten für Bolek« aus Reich-Ranickis Autobiografie auch lesen zu dürfen. In diesem Kapitel erzählt Marcel Reich bekanntlich um sein und seiner Frau Leben. Als eine andere Scheherezade reduziert er die großen Texte der abendländischen Literatur auf lebensrettende und abendfüllende Handlungskerne. Damit wird vielleicht deutlich, warum er ein Meister der dramatischen, auch der polarisierenden Zuspitzung, der anekdotischen Verkürzung geworden ist: Dieses im Untergrund täglich geübte Talent hat die Gastfreunde bei Laune gehalten, den Verfolgten das Leben gerettet. Bolek, heißt es da, blickte »uns eines Tages – wir waren noch nicht lange bei ihm – übermütig an und erklärte mit verwegener Miene, besonders langsam und nicht ohne Feierlichkeit: ›Adolf Hitler, Europas mächtigster Mann, hat beschlossen: Diese beiden Menschen hier sollen sterben. Und ich, ein kleiner Setzer aus Warschau, habe beschlossen: Sie sollen leben. Nun wollen wir mal sehen, wer siegen wird.‹« Bolek hat gewonnen!

In seinem für mich – trotz der Autobiografie – eindrucksvollsten Text, der 1995 aus Anlass des fünfzehnjährigen Bestehens der Hochschule für Jüdische Studien in Heidelberg gehaltenen Rede »Die verkehrte Krone oder Juden in der deutschen Literatur«, erzählt Marcel Reich-Ranicki eine andere, nicht weniger charakteristische Anekdote, diesmal aus dem Leben des Schriftstellers Erich Maria Remarque. Remarques berühmter Roman einer verlorenen Generation, vor allem die Verfilmung dieses 1929 erschienenen Buchs *Im Westen nichts Neues,* hatte heftige und handgreifliche nationalsozialistische Proteste hervorgerufen. Trotzdem wurde der seit 1931 im Tessin lebende Remarque von Goebbels, der 1933 dem nationalsozialistischen Regime Dignität verschaffen wollte, durch einen Emissär umworben, nach Deutschland zurückzukehren. »Indes wollte Remarque«, so berichtet Marcel Reich-Ranicki, »davon nichts hören. Aber er werde sich doch, meinte schließlich der Emissär, nach der Heimat zurücksehnen? Remarques denkwürdige Antwort lautete: ›Ich mich nach Deutschland zurücksehnen? Bin ich denn ein Jude?‹«

Das Heimweh der aus Deutschland und Österreich vertriebenen deutschen Juden ist sprichwörtlich geworden, nicht sosehr, weil man schwerer aufgibt, was man noch nicht lange besitzt, sondern weil die deutschen Juden seit Moses Mendelssohns Psalmenübersetzung 1783 mit geradezu religiöser Inbrunst in deutscher Sprache und Literatur verwurzelt waren (und verwurzelt sind). Claus Victor Bock berichtet in seiner Lebensbeschreibung von verfolgten Juden in Amsterdam, die hinter zugezogenen Vorhängen auf den Marschtritt der einziehenden deutschen Truppen hörten, leise deutsche Gedichte rezitierten und meinten, sie seien unsichtbar. Leidenschaftlich fühlten sich diese Menschen in der deutschen und der österreichischen Kultur aufgehoben. Der Raubzug also, den die Nationalsozialisten gegen das deutsche und das europäische Judentum unternommen haben, zielte von Beginn an nicht nur auf Besitz und Eigentum und Heimat, sondern auf Identität und Leben. Widerstand zu leisten gegen die Enteignung, ja, gegen die Vernichtung der kulturellen Identität, zu der deutsche Sprache und deutsche Literatur wesenhaft gehörten, war die Lebensaufgabe und die Lebensleistung der ins Exil oder in den Untergrund entkommenen Elite des Judentums – und jener deutschen Schriftstellerinnen und Schriftsteller im Exil, die sich, wie etwa Carl Zuckmayer, deshalb Juden ehrenhalber genannt haben.

Marcel Reich-Ranicki bewahrt in seiner Person und in seinem Werk eine kulturelle Tradition, die der Barbarei in einem unvorstellbaren Maße ausgesetzt war. Um diese Tradition auszurotten, um an die Stelle von Wort und Schrift und Literatur die dumpfe Tat und den Ungeist einer Kriegerkaste zu setzen, wurden ihre Träger zu Ungeziefer erklärt, zu Tausenden und Abertausenden vertrieben, verfolgt, erschossen, erschlagen, vergast. Dass Reich-Ranicki dieser Tradition, ihrem Leben und ihrer Entwicklung, existenziell, das heißt durch Schicksal und Willen, verbunden ist, gibt seiner Auseinandersetzung mit Literatur, mit Literaten und Kultur eine nicht zu überhörende Schärfe. Es ist die Schärfe der Absicht, einer aus Todesnot durch Todesnot geretteten literarisch-humanen Kultur im Lande der »traditionellen Diskontinuität« (wie er Deutschland charakterisiert) nun auch Leben und Zukunft zu garantieren.

Das Verhältnis des Judentums zum Wort ist oft beschrieben worden. Jahrtausendelang der Verfolgung ausgesetzt, beraubt, vertrieben, im Exil und auf der Wanderung haben die Juden jene menschheitsprägende Entdeckung gemacht, dass es Heimat auch außerhalb eines Territoriums und außerhalb von Staatseinrichtungen geben kann, dass – wie Jan Assmann verdeutlicht – schon im fünften Buch Mose (im Deuteronomium) eine Gruppe, eine Bewegung, eine Schule auftritt, die Träger einer neuen, verinnerlichten und vergeistigten Form von Identität ist, »die sich nur noch auf die Torah stützt und in diesem einen Fundament alles besitzt, was andere Gesellschaften in Form von Territorien und Institutionen, Machtapparaten und Monumenten aufbauen und sichtbar machen müssen: ein ›portatives Vaterland‹, wie Heinrich Heine (der es wissen musste) die Torah genannt hat. Damit sind die Grenzen zwischen Heimat und Fremde in einem anderen als dem geografischen Raum gezogen, in jenem ›geistigen

Raum‹, als den Hugo von Hofmannsthal in seiner Rede von 1927 ›das Schrifttum‹ einer Nation bezeichnete«. Die alten Israeliten scheinen die Entdecker, vielleicht sogar die Erfinder dieses »geistigen« Raumes zu sein, in dem »Urvertrauen« in Schrift und Wort hergestellt wird. Und Heimat hat viel, wenn nicht alles, mit Urvertrauen zu tun, mit Urvertrauen in die Laute der Muttersprache, mit Urvertrauen auch in Kultur und Zivilisation. Dass Auschwitz, Treblinka, Majdanek und andere Stätten des technisierten Massenmordes das »zivilisatorische Urvertrauen« (J. B. Metz) zerstört und damit den Menschen heimatlos gemacht haben, ist eine der nicht historisierbaren Fernwirkungen jener programmatischen Antihumanität, welche die Nationalsozialisten praktizierten. Es gibt keine stärker dem Wort, der Schrift, dem Text verbundene Kultur als die jüdische. Überleben durch das Wort, durch die Sprache, durch Literatur, diese Maxime gehört zur jüdischen Kultur!

Marcel Reich-Ranicki hat Heines Wort vom »portativen Vaterland« mehrfach und zu Recht für sich in Anspruch genommen. Sein Bekenntnis zur Literatur als »Lebensgefühl«, zur Literatur, genauer, zur deutschen Literatur als Heimat, ist die Säkularisierung und damit auch die Modernisierung jener deuteronomistischen Entdeckung einer Heimat in Wort und Schrift und heiligem Text. Gegen alle Versuchungen eines dogmatischen Nationalismus und eines ideologischen Regionalismus bewahrt dieser Gedanke die lebendige Erinnerung an das Humane und das Zivilisatorische. »Unter den viel behandelten Folgen der Schriftkultur«, sagt Jan Assmann, sei die Erschließung »eines extraterritorialen oder ›geistigen‹ Raumes der Beheimatung wohl die bedeutendste«. Dabei genügt es nicht, diese Entdeckung zu kennen, wir brauchen Menschen, die sie leben. Marcel Reich-Ranicki gehört zu diesen Menschen. Dass er Hugo von Hofmannsthal bewundert und sich zu Thomas Mann als seinem Lehrer bekennt, wurzelt wohl in deren Sprach- und Heimatgefühl. »Nicht durch unser Wohnen auf dem Heimatboden, nicht durch unsere leibliche Berührung in Handel und Wandel, sondern durch ein geistiges Anhangen vor allem sind wir zur Gemeinschaft verbunden.« So beginnt Hofmannsthals berühmte Rede über »Das Schrifttum als geistiger Raum der Nation«, die er am 10. Januar 1927 im Auditorium maximum der Münchner Universität gehalten hat. Es ist eine durchaus europäische Rede, mit der er die Staaten des alten Kontinents von den Vereinigten Staaten absetzt und hinzufügt: »In einer Sprache finden wir uns zueinander, die völlig etwas anderes ist als das bloße natürliche Verständigungsmittel; Kräfte wirken auf uns ein und werden unmittelbar gewaltig, denen die politischen Einrichtungen weder Raum zu geben, noch Schranken zu setzen mächtig sind.« Thomas Mann aber hat im Exil und nach dem Exil die Entdeckung eines »portativen Vaterlandes« für sich selbst, den Repräsentanten des anderen Deutschland, und für seine Leidensgenossen reklamiert. Er kenne keine Besatzungszonen, sagte er im Goethe-Jahr 1949, seine wahre Heimat sei »die freie, von Besatzungen unberührte deutsche Sprache«.

Als ich mir diesen grundlegenden Zusammenhang der Schriften Marcel Reich-Ranickis verdeutlichte, habe ich verstanden, woher die geistige Energie stammt, die aus diesen Schriften spricht. Wer Literatur als sein Lebensgefühl bezeichnet, wer Literatur lebt, hat auch und gerade als Kritiker ein anderes, vielleicht sogar ein grimmigeres Verhältnis zu den Literaten, den Poeten, den Schriftstellern, weil ihn jeder Verstoß gegen die Qualität der Sprache und der Darstellung persönlich verletzt. Die eigene Sprache jedenfalls ist bei diesem Kritiker auch da, wo er nur holzschnittartig wertet, makellos. Bei ihm finden sich die in unserer sorglosen Standardsprache inzwischen eingerissenen Verstöße gegen Grammatik und Form nicht.

Dieser Kritiker ist auch seiner Sprache gegenüber kritisch. Er beherrscht – o Wunder! – die so schwierige Consecutio temporum, da wird die indirekte Rede nicht mit dem Konjunktiv verwechselt, da wird in klarer und verständlicher Sprache über Literatur so konkret gesprochen, dass auch der Verriss zur Lektüre animiert. Hier wird auch in der Schrift gesprochen. Wer Marcel Reich-Ranicki liest, hört ihn reden, weshalb ich auch die Parodie seines Sprechens für keinen sonderlich intelligenten Einfall halte. Den Sprechenden im Lesen zu hören, hat uns Romano Guardini vor fünfzig Jahren hier in München als Kriterium eines guten Stils gelehrt. Marcel Reich-Ranicki ist kein Theoretiker, auch für ihn gilt, was er von seinen Kritikerkollegen Alfred Kerr und Ernst Robert Curtius gesagt hat, »daß ihre literarkritischen Schriften, in denen sie dicht am Gegenstand bleiben, ungleich nützlicher und wertvoller sind als ihre allgemeinen Theorien«. Sein theoretisches Credo ist auf einige wenige Grundlinien zu reduzieren: Große Literatur braucht den kritischen Widerstand, doch hat die Kritik traditionell in Deutschland keine Heimat. Zwar fehlte es Deutschland nicht an Kritikern, »aber den großen deutschen Kritikern fehlte Deutschland«. Vielleicht beruht dieser kaum zu bezweifelnde Befund in der noch immer verbreiteten deutschen Abneigung gegen Aufklärung und Rationalität.

So hat sich Marcel Reich-Ranicki den Brüdern Schlegel angeschlossen, die zwar der romantischen Bewegung zugehörten, aber tief im Zeitalter der Vernunft verwurzelt sind. August Wilhelm von Schlegels Bekenntnis zur Individualität und zur Subjektivität des ästhetischen Urteils gehört also zum kritischen Credo Reich-Ranickis ebenso wie die (von ihm selbst als provozierend und bewusst überspitzt bezeichnete)

Sentenz von Friedrich von Schlegel: »Die Kritik ist die Kunst, die Scheinlebendigen in der Literatur zu töten.« Als Kritiker, scheint mir, hat Marcel Reich-Ranicki den schwierigen und den geistreich-unsystematischen Friedrich von Schlegel, an dem ich manchen begabten jungen Literaturwissenschaftler habe scheitern sehen, überhaupt erst entdeckt. Einen »prophetischen Kritiker« hat Reich-Ranicki Friedrich von Schlegel genannt und dessen Perspektive auf die Literatur übernommen. »Alle höchsten Wahrheiten«, behauptete nämlich Friedrich von Schlegel, »seien durchaus trivial und eben darum solle man sie immer neu und womöglich immer paradoxer ausdrücken –, damit nicht vergessen wird, daß sie noch da sind und daß sie nie eigentlich ganz ausgesprochen werden können«. Was solche höchsten, trivialen Wahrheiten denn sind, könnte man fragen. Vielleicht ist die Antwort am besten mit Wolfgang Koeppen, dem von Marcel Reich-Ranicki gefeierten und im Bewusstsein des lesenden Publikums befestigten Romancier, zu geben. Als ich Koeppen einmal mit dem Unterton der Verzweiflung fragte, warum um des Himmels willen er denn nicht mehr schreibe, hat er mir geantwortet: In der Literatur sei längst alles gesagt: Adam begegnet der Eva, Kain beneidet den Abel! Liebe und Hass hat dieser große Autor deutscher Zunge als die einfachen Grundwahrheiten der Literatur benannt.

Das Medium, das zu Verkürzung, Reduktion und Überspitzung verleitet, ist das Fernsehen. Für dieses Medium gilt mehr als für alle anderen Medien der von Marcel Reich-Ranicki betonte Grundsatz der »Deutlichkeit«. Ich gestehe offen, dass ich keine Sendung des *Literarischen Quartetts* gesehen habe – und doch in all den Jahren, seit 1988, genau wusste, was dort verhandelt wurde, weil alle meine Bekannten und Freunde am jeweils nächsten Tag von nichts anderem sprachen als davon, was dort gesagt und geurteilt worden war. Die gewollte Mischung aus Unterhaltung und Kritik, aus Polemik und Urteil hat der Kritik – und hat vor allem durch Kritik der Literatur – ein Millionenpublikum erschlossen, das sich sonst in Scharen von der Literatur und vom Lesen abwendet. Die PISA-Studie hatte das erschreckende Ergebnis, dass zweiundvierzig Prozent aller fünfzehnjährigen Jungen und Mädchen in Deutschland noch niemals in ihrem Leben zum Vergnügen gelesen haben. Es gibt Bundesländer, in denen dieser Prozentsatz auf sechzig Prozent steigt. Für das Vergnügen am Lesen aber hat in den letzten vierzig Jahren in Deutschland niemand mehr getan als Marcel Reich-Ranicki. Das allein schon ist einen Ehrendoktor wert. In der Tat, es ist so, wie Reich-Ranicki in der Laudatio auf Peter Demetz sagte: »Wir leben in einem Zeitalter, in dem die Philologen und die Kritiker eine große gemeinsame Aufgabe haben: die Existenz der Literatur zu verteidigen. Nie, will es scheinen, war sie so gefährdet wie gerade in unseren Tagen.« Die Existenz der Literatur zu verteidigen: durch Deutlichkeit, durch Konkretion, durch die Erweckung von Vergnügen am Lesen, auch dazu dient das Bündnis von Philologie und Kritik, an dem Marcel Reich-Ranicki lebenslang gearbeitet hat, und niemand müsste dies besser verstehen als die Poeten.

Verehrter Herr Reich-Ranicki! Als Sie in Uppsala die Würde eines Ehrendoktors erhielten, haben die Kirchenglocken geläutet. Die Münchner Universität hat keinen Einfluss auf den Glöckner der Frauenkirche oder auch nur auf den der Ludwigskirche. Doch kann ich Ihrem Anekdotenschatz eine Anekdote hinzufügen. Ich habe in diesem Saal, der Großen Aula der Universität München, vor dem heutigen Abend nur ein einziges Mal eine Laudatio zur Verleihung der Würde eines Dr. phil. honoris causa gehalten. Es war der letzte Ehrendoktor, den die alte Philosophische Fakultät verliehen hat, ehe sie in Fachbereiche zersplittert wurde.

Heute haben sich sechs Fachbereiche, also im Grunde die alte Philosophische Fakultät, vereint, um die Verleihung der Ehrendoktorwürde an Marcel Reich-Ranicki zu beschließen. 1976 galt meine Laudatio dem in Deutschland damals noch wenig bekannten Dichter Elias Canetti. Er hat wenige Jahre später den Nobelpreis für Literatur erhalten und war immer der Meinung, der Münchner Ehrendoktor habe daran mitgewirkt. Ich gratuliere Ihnen, verehrter Herr Reich-Ranicki, zum Ehrendoktorat der Universität München.

MARCEL REICH-RANICKI

München und der Geist der Erzählung

In angelsächsischen Ländern wird dringend empfohlen, eine Rede mit einem Scherz zu beginnen. Ich bitte um Entschuldigung, denn ich kann diesen Ratschlag hier und heute nicht befolgen. Missverstehen Sie mich nicht: Ich habe nicht plötzlich meinen Humor eingebüßt, ich möchte auch niemandem die gute Laune verderben. Aber jubeln und jauchzen kann ich nicht. Und ich kann nicht verheimlichen, was ich in diesen Wochen in dem Land empfinde, dessen Bürger ich bin: Ich empfinde Verachtung und – Angst. Das sind große Worte, ich weiß es. Aber ich kann sie nicht mildern oder gar zurücknehmen.

Ein Autor, der von einem Kritiker mehrfach ungünstig und vielleicht auch gelegentlich boshaft beurteilt wurde, holt zum Gegenschlag aus. Das ist in der Geschichte der Literatur unzählige Male passiert. Ein Grund zur Aufregung ist das nicht. Jeder kennt Goethes Gedicht, das mit den Worten endet: »Schlagt ihn tot, den Hund! Es ist ein Rezensent.« Damals wurde sofort verstanden, wogegen dieser Aufruf gerichtet war – gegen die Kritik als neu etablierte Institution des literarischen Lebens. Goethe wurde nicht ganz ernst genommen, man hielt ihm seine Jugend zugute.

Auch dem Erzähler vom Bodensee, der freilich keine Ermäßigung für Jugendliche in Anspruch nehmen kann, da er über fünfundsiebzig Jahre alt ist, hätte man ein hartes Wort gegen seinen Kritiker gewiss verziehen. Nur hat er nicht ein freches Gedicht geschrieben, sondern einen ganzen Roman, und dessen Fazit lautet nicht etwa »Schlagt ihn tot, den Hund! Es ist ein Rezensent«, sondern »Schlagt ihn tot, den Hund! Es ist ein Jude«. So lese ich diesen Roman, anders kann ich es nicht.

Was ist so schrecklich an diesem Buch? Einen Autor, der im »Dritten Reich« aufgewachsen ist und, wie er uns selber berichtete, im nationalsozialistischen Geist erzogen wurde, überkommt die Wut: Er kann seine Affekte nicht mehr beherrschen. Das ist zunächst einmal abstoßend.

Dass aber dieser Autor tatsächlich glaubte, jetzt, gerade jetzt sei in der Bundesrepublik Deutschland endlich der Augenblick, seinem Hass freien Lauf zu lassen – das ist das Beunruhigende, das Gefährliche. Mehr noch: Dass manche Journalisten und vereinzelte Germanisten mit dem Mann vom Bodensee gemeinsame Sache machen, dass ein bekannter Münchener Kritiker, den ich zu meinen Freunden zählte, sich nicht entblödet, diesen Roman zu verteidigen und zu loben, dass der Suhrkamp Verlag, dessen Chef und Mitinhaber, Siegfried Unseld, sich rühmte, in seinem Haus sei »wie an keinem anderen Ort die unvergleichliche Produktivität einer letzten Generation deutsch-jüdischer Gelehrsamkeit« konzentriert, dieses schändliche Buch verlegt hat und an ihm jetzt ein Vermögen verdient – das alles, ich gebe es zu, erfüllt mich mit Trauer und eben auch mit Angst.

Was hat sich geändert? Die oft beschworene Ära der »Suhrkamp-Kultur« ist abgeschlossen, es wird sie nie wieder geben.

Der Ruf dieses Hauses ist in hohem Maße beschädigt, der Verlag ist besudelt. Wir werden uns damit abfinden. Die Publizisten und einige wenige Publikationsorgane, die ebenfalls besudelt dastehen, werden weiterwirken, natürlich. Auch damit werden wir uns abfinden, und es fällt nicht sonderlich ins Gewicht, wenn man bedenkt, dass in den meisten Blättern, vor allem in der *Frankfurter Allgemeinen Zeitung*, in der *Frankfurter Rundschau*, im *Spiegel* und in der *Literarischen Welt* ausführliche Artikel erschienen sind, die den Roman aufmerksam analysieren und empört zurückweisen.

Wo also, frage ich noch einmal, ist der Grund zur Angst und zur Trauer? Ganz einfach: Schon sind rund hundertfünfzigtausend Exemplare dieses Buches im Umlauf, eines Romans, der gegen die Juden hetzt, der, hier und da dem Vorbild des *Stürmers* folgend, Ekel hervorrufen möchte. Welche Folgen werden sich daraus ergeben? Ich weiß es nicht, denn ein solcher Roman ist nach 1945 in deutscher Sprache noch nicht veröffentlicht worden. Ich weiß es nicht, ich fürchte mich. Ich bin nun zweiundachtzig Jahre alt, doch der Autor vom Bodensee kann sich nicht damit abfinden, dass ich noch lebe und arbeite. Er kann sich ja ausrechnen, dass das nicht mehr lange dauern wird. Aber er ist auf grausame Weise ungeduldig.

Und wie viele Nachahmer werden diesem Autor folgen? Schon hat sich ein Trittbrettfahrer zu Worte gemeldet, und es könnten sich noch andere an dem schmutzigen Erfolg beteiligen wollen. Wenn ein solches Buch, das man doch als trübes Symptom verstehen muss, in Deutschland im Jahre 2002 möglich ist – was kann da noch möglich sein? Das frage ich. Und ich bitte Sie um Verzeihung, dass ich mir erlaubt habe, in dieser festlichen Stunde von jenem dubiosen und düsteren Buch zu sprechen, das vom Ufer des Bodensees kommt und nun in ganz Deutschland verbreitet ist. Diese neue deutsche

Mordfantasie hat meine Frau und mich, das darf ich doch sagen, tief getroffen.

Jetzt aber ist es höchste Zeit, sich dem Anlass zuzuwenden, der uns heute hier zusammengeführt hat. Ich danke von Herzen dem Rektor der Ludwig-Maximilians-Universität München für die hohe Auszeichnung, die mir zuteilwird. Ich danke jenen, die an diesem Beschluss beteiligt waren, ich danke ganz besonders Wolfgang Frühwald für seine schöne, seine nachdenkliche Lobrede.

Doch will ich nicht verheimlichen, dass sich zur Freude über diese hohe Ehre gleich eine gewisse Verlegenheit gesellte. Seine Magnifizenz, der Herr Rektor Heldrich, sagte mir, dass man von mir eine Dankrede erwarte, möglichst vierzig Minuten lang. Ich fragte schüchtern nach dem gewünschten Thema und bekam zu hören, dies sei nun ganz mir überlassen. Sie erwarten vielleicht, bemerkte ich scherzhaft, dass ich das Thema »München leuchtete« wähle. Kaum war mir das Wort entfahren, wollt' ich's im Busen gern bewahren. Doch schon war es zu spät. Denn seine Magnifizenz sagte rasch, dies sei in der Tat das allerbeste Thema, darüber müsse ich unbedingt sprechen. Da war's um mich geschehn, da steh' ich nun, ich armer Tor – und muss über München reden.

Nun, ich will nicht sagen, ich sei ein extrem wortkarger und schweigsamer Mensch. Aber München kenne ich kaum. Als ich, beinahe noch ein Kind, jene Novelle Thomas Manns las, die mit den berühmten Worten beginnt, übrigens eine seiner schwächsten Geschichten, da habe ich mir die Frage, wer oder was in München leuchtet, noch gar nicht gestellt. Es konnte ja nur, meinte ich, die Sonne sein. Aber das trifft eben nicht zu.

Wie sie in München leuchtet, genauso versieht die Sonne ihren Dienst in Wien oder in Stuttgart. Sie scheint über Gerechte und Ungerechte, sie ist gleichgültig und gnadenlos.

Als im Warschauer Ghetto tagaus, tagein Tausende und Zehntausende in stinkende Viehwaggons gepeitscht wurden, um zu den Gaskammern gebracht zu werden, was tat da die Sonne? Nun ja, sie tönte, wie es ihre Art ist, nach alter Weise in Brudersphären Wettgesang, sie strahlte vom frühen Morgen bis zum späten Abend – ununterbrochen und unbarmherzig. Nie habe ich an der Weichsel herrlicheres Wetter erlebt. Ich habe damals, so kindisch oder kurios dies auch klingen mag, die Sonne gehasst.

Und wie war das denn vor genau hundert Jahren, im Juli 1902, als Thomas Manns Novelle *Gladius Dei* zum ersten Mal gedruckt wurde? Das habe ich erst erheblich später begriffen, als ich einen zu wenig bekannten Roman Thomas Manns las, den raffiniertesten und prächtigsten Unterhaltungsroman, den ich kenne, den *Erwählten.* Das Buch beginnt mit »Glockenschall« und »Glockenschwall« über der ganzen Stadt. Aber wer – fragt der Erzähler – läutet die Glocken? Denn die Glöckner sind an jenem Tag, wie alles Volk, auf die Straße gelaufen, die Glockenstuben sind leer. Wer also läutet die Glocken Roms? Thomas Mann antwortet klar: Es ist der Geist der Erzählung.

Genauso ist es um München in der Novelle *Gladius Dei* bestellt. Also: Es stimmt schon, in München lag alles, wie es bei Thomas Mann heißt, »in dem Sonnendunst eines ersten, schönen Junitages«, und es »spannte sich strahlend ein Himmel von blauer Seide«. Ja, tatsächlich war es anders als in Wien oder in Stuttgart oder sonstwo, aber es war in München anders nur deshalb, weil Thomas Mann es so wollte. München leuchtete, jawohl, doch nur deshalb, weil es dem Geist der Erzählung gefiel, München leuchten zu lassen.

Meine Vorstellung von München wurde erst einmal von der Literatur geprägt. Denn es ging meinen Eltern schlecht, die Bahnreise nach München konnten sie mir nicht spendieren. Aber ich las viel, ich las auch den Münchener Autor Lion Feuchtwanger. Wenn die Rede auf seine Vaterstadt kam, nahm er kein Blatt vor den Mund. Er war ein Schriftsteller mit Witz und Pfiff, nur näherte er sich bisweilen dem Albernen, und hier und da hat ihn sein Geschmack im Stich gelassen. In Bayern jedenfalls hatte man wenig Sinn für Feuchtwangers Humor, und man nahm ihm vor allem sein Hauptwerk übel, den Roman *Erfolg* aus dem Jahre 1930.

Dieses München-Buch spielt in der Geschichte der modernen deutschen Literatur eine immer noch unterschätzte Rolle. Es demonstrierte, seinen Schwächen zum Trotz, neue Möglichkeiten, den Alltag der Großstadt, ihren Rhythmus und ihre Atmosphäre mit den Mitteln der Epik bewusst und spürbar zu machen. Die Modernität hätte man Feuchtwanger schon verziehen, nicht aber den Spott, mit dem er die Bewohner dieser Stadt überschüttete. Neben den vielen scharf verhöhnten Figuren im *Erfolg* gibt es nicht wenige, die Feuchtwanger bewundert und liebevoll behandelt – und auch die sind allesamt Münchener. Die heimliche Liebe des Juden Feuchtwanger zu Bayern fand keine Gegenliebe. Mitte der Zwanzigerjahre wurde für ihn die antisemitische Atmosphäre in der Stadt, die sich zum Zentrum des Nationalsozialismus auswuchs, unerträglich, ähnlich wie einem anderen deutsch-jüdischen Schriftsteller von Rang, wie Arnold Zweig, ging auch Feuchtwanger von München nach Berlin.

1933 – er war schon im Exil – hat ihm die Ludwig-Maximilians-Universität seinen Doktorgrad aberkannt. Zu einer Versöhnung zwischen Feuchtwanger und München ist es nie gekommen. Den Doktortitel hat man ihm zwar wieder zuerkannt, aber erst sieben Jahre nach dem Ende des Zweiten Weltkrieges. Offenbar hat sich die Universität nur einer lästigen Pflicht entledigt, denn er wurde nicht etwa eingeladen, seine Geburtsstadt aus diesem Anlass zu besuchen, ja, man hat ihn überhaupt nicht informiert: Die neue Urkunde fand Feuchtwanger überraschend in seiner Post.

Vielleicht sollte man diesem Umstand keine sonderliche Bedeutung beimessen, gleichwohl ist er symptomatisch. An den Schriftstellern, die man 1933 verjagt hatte, war man nach 1945 in den westdeutschen Ländern nicht interessiert. Wer nicht in die DDR gehen wollte – wie es Brecht, Anna Seghers, Arnold Zweig und einige andere taten und wie es Heinrich Mann jedenfalls beabsichtigte –, hatte in Deutschland nichts zu suchen. Feuchtwanger blieb in den Vereinigten Staaten, Remarque und Zuckmayer entschieden sich für die Schweiz, Döblin kehrte nach Frankreich zurück.

Und wie war es mit ihm, der in den Jahren der deutschen Schuld und Schande das deutsche Gewissen verkörperte, mit ihm, der Deutschlands Glück in Deutschlands Unglück war, mit ihm, der während des Zweiten Weltkrieges zur weithin sichtbaren Gegenfigur zu Adolf Hitler wurde? Thomas Mann hatte in den Jahren der Weimarer Republik freundliche und anerkennende Worte für München, er rühmte das Münchener Gemüt, aber er wusste auch, dass der Weg vom Gemüt zur Gemütskrankheit bisweilen nur kurz ist. Wenn das deutsche Gemüt nicht vom Verstand kontrolliert wird, dann könne es, Thomas Mann hat es schon 1926 erkannt, eine große Gefahr werden, ja, eine »Weltgefahr«. Dass München die »Hauptstadt der Bewegung« wurde, das konnte also Thomas Mann am wenigsten überraschen.

Verwundern musste es ihn aber, wie sich sein Vaterland nach dem Zweiten Weltkrieg ihm gegenüber verhalten hat. »Deutschland ist mir in all diesen Jahren« – schrieb Thomas Mann – »doch recht fremd geworden.« Es sei »ein beängstigendes Land«. Das änderte sich nicht, es blieb für ihn ein beängstigendes Land, denn niemand gab sich Mühe, Thomas Mann von seiner Furcht zu befreien. Natürlich, es war die

Zeit des Kalten Krieges, und Thomas Mann war zu der von ihm verlangten Pauschalverurteilung der DDR nicht bereit. Gleichwohl ist es heute unbegreiflich, dass er auf den von ihm insgeheim erhofften Ruf nach Deutschland vergeblich wartete.

München vor allem, München, das er in seiner Prosa leuchten ließ, München, das ihn 1933 als »Wagnerverächter« verjagt hatte, München hätte alles Denkbare tun müssen, um dem bedeutendsten Schriftsteller, der je in dieser Stadt gelebt hat, die Heimkehr zu ermöglichen. Ob solche Bemühungen erfolgreich gewesen wären, steht auf einem anderen Blatt. Dass sie aber ganz unterlassen wurden, ist und bleibt eine Schande, für die es viele Gründe geben mag und für die es letztlich keine Entschuldigung gibt.

Und hat man sich in Bonn über jenen Gedanken gemacht, der Deutschland in schwierigster Zeit vor der internationalen Öffentlichkeit repräsentiert hat? Im April 1948 hat der bayerische Staatssekretär für die Schönen Künste, Dieter Sattler, Thomas Mann in Pacific Palisades besucht. Unter anderem bat er Thomas Mann, einen Aufruf an Schriftsteller und Künstler zu initiieren, der sie zur Rückkehr bewegen sollte. Thomas Mann war für diese Idee verständlicherweise nicht zu haben, sie schien ihm zumindest verfrüht. Recht hatte er, denn die westdeutschen Landesregierungen haben in ihrer Mehrheit einen solchen Aufruf keineswegs befürwortet.

Im Sommer 1949 war Sattler beim Bundeskanzler Adenauer. Er versuchte ihn zu überzeugen, dass es sich schicke, ja, dass es sich dringend empfehle, Thomas Mann zu bitten, nach Deutschland zu kommen, sich in Deutschland niederzulassen. Sattler gab dem Bundeskanzler auch zu verstehen, dass eine solche Einladung und Bitte mit keinem Risiko verbunden wäre. Zwar erwäge Thomas Mann die Rückkehr nach Europa, doch nicht nach Deutschland. Adenauer indes war an der Sache nicht im Geringsten interessiert, er sprach damals die denkwürdigen Worte: »Dieser Thomas Mann, der paßt doch besser in die Soffjetzone.«

Dabei ist es geblieben: Deutschland und Thomas Mann haben sich nie versöhnt. Aber sollte ich mit zwei Namen andeuten, was ich als Deutschtum im zwanzigsten Jahrhundert verstehe, dann antwortete ich, ohne zu zögern: Deutschland – das sind in meinen Augen Adolf Hitler und Thomas Mann. Sie symbolisieren die beiden Möglichkeiten des Deutschtums.

1963 hatte ich in München einen Vortrag zu halten, der hier in dieser Aula stattfand. Ich begann mit den Worten: »Zum ersten Mal spreche ich in der Stadt, in der die NSDAP gegründet und der *Zauberberg* geschrieben wurde.« Der plötzliche, mich überraschende Beifall des vorwiegend jugendlichen Auditoriums ließ mich vermuten, dass ich nicht etwa – wie ich meinte – etwas Banales, sondern offenbar etwas Ungewöhnliches gesagt hatte. Denn es war damals nicht gerade üblich, in der Aula dieser Universität an die düstere Vergangenheit zu erinnern.

Und ich müsste auch hier und heute den Blick zu Boden senken, wollte ich Ihnen und mir eine Erinnerung an das, was mit den Münchener Juden geschehen ist, ersparen. Nein, ich werde hier mit keiner Statistik aufwarten, mit keinem Bericht und keiner Zeugenaussage. Ich möchte Ihnen lieber einige Zeilen vorlesen, die ich 1960 in der *Süddeutschen Zeitung* in einer Buchbesprechung gefunden habe und die ich nie vergessen konnte.

Sie stammen von einem Schriftsteller, den ich seit einem halben Jahrhundert bewundere, von Wolfgang Koeppen. Um zu vergegenwärtigen, was geschehen ist – aber nicht etwa in Auschwitz oder Treblinka, sondern hier, in München –, schrieb Koeppen: »Es ist so, als ob man heute in dieser Zeitung Bilder sehen würde, von einer gestern auf dem Marienplatz geschehenen Demütigung, Auspeitschung, Marterung, Ermordung des Münchener Oberbürgermeisters, der Ratsherren und, sagen wir, aller Papierhändler der Stadt und ihrer Frauen und Kinder – und die Polizei und jedermann hätte drum herum gestanden, sich fürs Familienalbum fotografieren lassen und gegrinst. Das war jüdisches Schicksal.«

München hat viel Grund, Wolfgang Koeppen dankbar zu sein. Denn er, der empfindsame Asphaltliterat aus Berlin, der ein Münchener geworden ist, freilich ein heimatloser Münchener, ist der Autor des wohl schönsten Romans über diese Stadt, des Romans *Tauben im Gras*. Ich habe, glaube ich, viel getan, um Koeppen zum Erfolg zu verhelfen. Einiges habe ich auch erreicht, aber er wird nach wie vor unterschätzt.

Nach München bin ich im Laufe von Jahrzehnten häufig gekommen. Ich kam immer aus beruflichen Gründen und blieb nie länger als drei oder vier Tage. Dennoch hatte ich immer das sonderbare Gefühl, dass ich hier im Urlaub bin. München schien bisweilen ein bayerischer Ferienort, eine Stadt, in der das Oktoberfest nicht nur im Oktober, sondern das ganze Jahr über begangen wird, eine Stadt der Festspiele, versteht sich, doch der Festspiele in Permanenz, eine Stadt, in der die Einheit von Kunst und Bürgerlichkeit, von der Wagner in den *Meistersingern* träumte, verwirklich ist oder zumindest verwirklicht scheint. Immer schon hatte ich den Eindruck, dass sich die Festwiese, auf der Stolzing endlich sein Evchen bekommt, nicht an der Pegnitz befindet, sondern an der Isar.

Was dem Besucher aus Berlin oder Hamburg hier auffällt, das ist zunächst der Glanz des Alltags und die Sinnlichkeit. Die erotische Atmosphäre, die gibt es auch in dieser oder jener deutschen oder österreichischen Stadt. Aber hier ist sie wohl etwas beschwingter, etwas anmutiger. Man spürt die

Steigerung der Lebenslust, denn man ist in München, glaube ich, dankbarer als sonstwo für das Geschenk des schönen Augenblicks, für das Geschenk des Lebens. Man sehnt sich nach dem Genuss, welchem auch immer, und vielleicht ist diese Sehnsucht das Bemerkenswerteste an der Stadt, die katholisch und gar nicht protestantisch wirkt, die deutsch und bayerisch und so gar nicht teutonisch ist.

Ich beobachte die Menschen auf den Straßen und Plätzen dieser Stadt. Was sind denn das für Leute, die ich auf der Theatinerstraße sehe oder auf der Maximilianstraße? Es sind, so will mir scheinen, lauter Schauspieler und Musiker, sie eilen zu der Oper oder zu den Kammerspielen, zur Probe oder zur Vorstellung, oder es sind Journalisten auf dem Weg in die Redaktion und Maler auf dem Weg ins Atelier. Wer flaniert denn da, im Englischen Garten, im Hofgarten? Vielleicht lauter junge Lyrikerinnen und gescheiterte Künstler. Und in und vor den Cafés in der Leopoldstraße – wer sitzt denn da? Sind es nicht etwa Statisten in Erwartung des Regisseurs?

Ach nein, das stimmt ja alles nicht, es ist alles barer Unsinn. Das sind gar keine Schauspieler, keine Musiker, keine Statisten. Es sind Kellnerinnen und Verkäuferinnen, es sind Köche und Friseure, es sind Ärzte und Rechtsanwälte und deren Patienten und Mandanten – es sind ganz einfach Münchener Bürger, die eifrig und fröhlich mitmachen. Sie alle spielen mit, ohne Gage und mit viel Vergnügen. Hier ist alles inszeniert. Anders als Berlin oder Hamburg oder Frankfurt am Main ist München eine theatralische Stadt. Die ganze Welt ist hier eine Bühne.

Halt, was red ich denn da, das ist ja Shakespeare: »Die ganze Welt ist eine Bühne, / Und alle Männer und Frauen sind nur Spieler / Sie treten auf und gehen wieder ab …« Das lässt er den Jacques in *Wie es euch gefällt* sagen, im Ardenner Wald. Ob diese Worte vielleicht gar auf München abzielen? Wie denn: Shakespeare und München – was soll denn das?

Vor genau dreißig Jahren habe ich in Frankfurt am Main die deutsche Erstaufführung des Schauspiels *Lear* von Edward Bond gesehen. Nach Ende der Vorstellung traf ich meinen Freund Hellmuth Karasek. Ich fragte ihn: »Dieses Stück von dem Bond – das gefällt Ihnen wohl.« Er antwortete trotzig: »Jawohl.« Ich hatte Bedenken, die Blendung des Herzogs Gloucester sei doch hier eine ganz schwache Szene, Shakespeare habe die gleiche Szene viel besser gemacht. Darauf sagte mein Freund Hellmuth Karasek ein Wort, das ich bis heute nicht vergessen habe und nie vergessen werde, das bedeutendste Wort, das ich je aus seinem Munde hörte. Er sagte nämlich: »Shakespeare hat alles besser gemacht.« Das hatte mir die Sprache verschlagen, ich blieb vollkommen stumm – ganze zehn Sekunden.

So ist es: Er, der größte Unterhaltungsschriftsteller der Welt, er hat tatsächlich alles besser gemacht. Bei ihm ist alles möglich. Wenn in seinem *Wintermärchen* Böhmen am Meer liegen kann und *Maß für Maß* in Wien spielt, warum soll er nicht, als er Jacques im Ardenner Wald von der Welt als Bühne sprechen ließ – warum soll er da nicht an München gedacht haben? Beweisen kann ich das nicht. Aber doch weiß ich es genau, was Shakespeare damals im Sinn hatte – natürlich die Stadt München.

Goethe-Preis der Stadt Frankfurt am Main, 2002

PETER VON MATT

Der Kampf für die Literatur ist auch ein Kampf für die Freiheit

Hier ist nicht die Rede von einem skandalösen Sommer. Hier ist die Rede von einem arbeitsreichen Leben. Der Mann, der heute den Goethe-Preis der Stadt Frankfurt am Main erhält, hat eine von Goethes höchsten Lebensregeln mit eminenter Folgerichtigkeit erfüllt: die unablässige Tätigkeit. Das Wort »Wirken« zählt zu Goethes Hauptbegriffen. Wenn es eine Sünde gab für ihn, der doch die Kategorie der Sünde nicht ausstehen konnte, war es die willentliche, wissentliche Untätigkeit, das apathische Sinkenlassen der Hände. Seit er Spinoza begegnet war, seit der großartigen Hochzeit des Geistes zwischen dem ausgestoßenen Juden aus Amsterdam und dem wilden Patriziersohn aus Frankfurt, war für Goethe das Tätigsein weit mehr als die bürgerliche Tugend des Fleißes. Es war der Einklang mit dem Weltganzen, das Einschwingen in die Bewegung der göttlichen Substanz und also verwandt mit dem Gang der Gestirne, dem Strömen des Wassers, dem Wachsen der Pflanzen, dem Fluten des Lichts. Und es war verwandt mit der Liebe. Als er Charlotte von Stein am stürmischsten verbunden war, las er mit ihr Spinoza. Da wird sie den Satz verstanden haben, den er ihr früher einmal geschrieben hatte: »Was hilft alle das kreuzigen und seegnen der Liebe, wenn sie nicht thätig wird.«

Mit allen Fasern seiner Existenz hat Goethe Spinozas Axiom aufgenommen: »Je mehr Vollkommenheit ein Ding hat, desto mehr handelt es ..., je mehr es handelt, desto vollkommener ist es.« Bis ans Ende seines Lebens hat er dieses Axiom unbedingt vertreten. Es steht auch als Parole über seiner größten Dichtung. Und Faust, der Bibelübersetzer, zögert nicht, die Tat höherzustellen als das Wort und dessen Sinn.

Wie wurde Goethe gereizt, als er im Stammbuch seines Enkels Walther auf die klagenden Worte Jean Pauls stieß: »Der Mensch hat hier dritthalb Minuten: eine zu lächeln, eine zu seufzen und eine halbe zu lieben; denn mitten in dieser Minute stirbt er.« Grimmig griff der Alte zur Feder und schrieb darunter hin, was er von jeder einzelnen Minute im menschlichen Leben hielt: »Ihrer sechzig hat die Stunde, Über tausend hat der Tag. Söhnchen! Werde dir die Kunde, Was man alles leisten mag.«

Das war ein kleines, blitzendes Manifest gegen den Weltschmerz, gegen die Maladie d'être, jene luxuriöse Schwermut, welche die Dichter des neunzehnten Jahrhunderts immer neu in Versuchung führte. Jean Pauls Satz löste die Welt in eine flüchtige Fata Morgana auf. Dieser gegenüber gab es nichts zu tun. Dieser gegenüber gab es nur viel zu fühlen. Gefühl ohne Handeln aber, das war für einen, dem sich sogar die Liebe erst im Tätigsein erfüllte, unerträglich. Das konnte er im Stammbuch des Enkels denn doch nicht einfach so stehen lassen.

Der Mann, der heute den Goethe-Preis der Stadt Frankfurt am Main erhält, gehört nicht zu jenen frommen Verehrern Goethes, die ihr eigenes Leben als dessen Nachfolge begreifen, die alles lieben, was er geliebt hat, alles pflegen, was er gepflegt hat, und unverzagt darauf warten, dass die moderne Physik die Wahrheit von Goethes Farbenlehre endlich schamrot eingesteht. Es gibt Gründe für die Annahme, dass diesem Mann der Zwischenkieferknochen völlig gleichgültig ist und dass ihn die Metamorphose der Pflanze so wenig beschäftigt wie die Frage, ob es je ein Tier mit Hörnern gegeben hat, das zugleich über sämtliche Zähne des Oberkiefers verfügte. Auch seine Bewunderung für Napoleon und andere kolossale Schlächter in der Geschichte dürfte sich in Grenzen halten. Seine Verehrung für den größten deutschen Dichter hat vielmehr einen angenehm pragmatischen Einschlag. Er kann zum Beispiel, wenn wieder einmal ein Goethe-Jahr ansteht, zu Ehren des Gefeierten dessen Briefwechsel mit dem Verleger Cotta minutiös studieren, kann mit unverstelltem Vergnügen Goethes Strategien zur Erhöhung der Tantiemen aufdecken und zeigen, wie er bei Werken mit begrenzten Absatzchancen besonders große Vorschüsse einzuholen verstand.

Aber in keinem Moment steckt dahinter jener hämische Entlarvungsgestus, der sich in Deutschland so oft an Goethe versucht und der als intellektuelle Kühnheit verstanden wissen will, was doch nur aus kümmerlichen Seelen stammt. Wenn Marcel Reich-Ranicki sich mit Goethe befasst, sind die zwei Energien, die sein intellektuelles und schriftstellerisches Leben prägen, stets gleichzeitig in Tätigkeit: die kritische Neugier und das bewundernde Gedenken. Und nie richtet sich das eine gegen das andere. Wenn die Neugier fragt: Was hat er unternommen, um seine Bücher an den Mann zu bringen? Hat er unter Umständen den Verleger ein wenig eingeseift? Dann sollen die Antworten nicht das bewundernde Gedenken unterlaufen, sondern es soll die ganze Spannbreite einer unentwegt schaffenden und tätigen Existenz sichtbar werden. Von den Dingen des Alltags ziehen sich geheime Fäden zu den Dingen der Kunst, und es ist wichtig und notwendig, dass die zu Monumenten erstarrten Dichter wieder erkennbar werden als lebendige Menschen.

Ein wunderbares Beispiel für diese Art von Neugier und Erkenntnis findet sich einmal bei Grillparzer. In seiner Autobiografie schildert er den Besuch in Weimar und beschreibt, wie Goethe bei der ersten Begegnung in unangenehm »gerader, beinahe steifer Haltung« unter die Anwesenden getreten sei, »wie ein Audienz gebender Monarch«. Dieser Vorgang ist vielfach überliefert und hat zum Klischeebild des abweisenden Olympiers einiges beigetragen. Nun sieht aber Grillparzer Goethe am andern Tag in seinem »Hausgärtchen« auf und ab spazieren. Und jetzt kommt der Psychologe aus Wien zu einer andern Einsicht: »Nun wurde mir die Ursache seiner steifen Körperhaltung gegenüber von Fremden klar. Das Alter war nicht spurlos an ihm vorübergegangen. Wie er so im Gärtchen hinschritt, bemerkte man wohl ein gedrücktes Vorneigen des Oberleibs mit Kopf und Nacken. Das wollte er nun vor Fremden verbergen und daher jenes gezwungene Emporrichten, das eine unangenehme Wirkung machte. Sein Anblick in dieser natürlichen Stellung, mit einem langen Hausrock bekleidet, ein kleines Schirm-Käppchen auf den weißen Haaren hatte etwas unendlich Rührendes. Er sah halb wie ein König aus und halb wie ein Vater.«

Das ist der genaue Blick, die kritische Neugier ohne hämische Absicht. Ihr allein gelingt es, die Großen menschlich zu sehen, ohne sie abzuwerten. Sie allein kann ihnen Gerechtigkeit widerfahren lassen und die falsche Starre der ragenden Monumente auflösen.

So geschieht es auch, wenn Marcel Reich-Ranicki über Goethe schreibt, wenn er über Thomas Mann und alle die Seinen schreibt, wenn er von Heine und Börne berichtet oder von Ricarda Huch oder von Kleist oder von Fontane. Er lässt sich keine Frage verbieten. Er verweigert den falschen Respekt und besteht auf dem Recht auf seine Neugier weit über die Fragen der Kunst hinaus, Neugier auch im Ökonomischen, Neugier auch im Intimen und Erotischen. Aber sie alle, Goethe und Kleist, Heine und Börne, Fontane und Ricarda Huch, stehen am Ende unbeschädigt da, unverleumdet, im klaren Licht einer vernunftgelenkten Bewunderung.

Die kritische Neugier und das bewundernde Gedenken, von beiden Energien zehrt die unablässige Arbeit, mit der Marcel Reich-Ranicki sich seit Jahrzehnten um die lebendige Überlieferung der deutschen Literatur bemüht. Diese Arbeit beschränkt sich nicht auf Festreden an Jahrestagen. Sie greift entschlossen in die Buchproduktion ein. Sie verwirklicht sich in Editionen und Anthologien. Und auch wo sie zunächst als Artikelserie erscheint wie etwa in dem Projekt »Romane von gestern – heute gelesen«, werden zuletzt Bände daraus, drei schwere Bände, in denen der deutsche Roman der ersten Hälfte des zwanzigsten Jahrhunderts aus dem Blickwinkel und den Erfahrungen der zweiten Hälfte gesehen, gedeutet, vergegenwärtigt wird. Und gibt es ein großartigeres Unternehmen zur Vergegenwärtigung vergangener und heutiger Poesie als die *Frankfurter Anthologie*? Auch sie hat zu Bänden geführt, etwas leichteren als jene andern, aber auf vierhundert Gramm bringt es der einzelne auch, und da es inzwischen fünfundzwanzig Bände sind, ergibt das zusammen volle zehn Kilogramm, und das trägt sich nicht so leicht unter einem Arm.

Und nun wird gleich einer aufstehen und sagen: So spricht man nicht über deutsche Lyrik. Bei Kartoffeln spricht man von Gewicht und Umfang, aber nicht bei Dichtung, und schon gar nicht bei deutscher. Als ob die Dichtung aus Luft bestünde! Als ob sie wär ohne die handfeste Materialität von Papier und Leim und Zwirn und Druckerschwärze!

Dichtung besteht nicht aus Luft, und notfalls soll man von ihr auch nach Gewicht und Umfang reden dürfen. Dichtung setzt nicht nur einen Autor im Begeisterungszustand voraus, sondern ebenso sehr die Institutionen der Verlage und des Druckgewerbes, der Buchbindereien und Buchhandlungen und Bibliotheken.

Der gescheiteste Deutsche, Georg Christoph Lichtenberg, hat sich oft Gedanken gemacht über diese materielle Existenz der Bücher. Er war ein Aufklärer und ließ sich seine kritische Neugier nicht verbieten. Ihm war die Materialität der Bücher so interessant wie deren Spiritualität. »Schreibt man denn Bücher bloß zum Lesen«, fragte er, »oder nicht auch zum Unterlegen in die Haushaltung? Gegen eins, das durchgelesen wird, werden Tausende durchgeblättert, andere Tausend liegen stille, andere werden auf Mauslöcher gepreßt, nach Ratzen geworfen, auf andern wird gestanden, getrommelt, Pfefferkuchen gebacken, mit andern werden Pfeifen angesteckt, hinter dem Fenster damit gestanden.« Das ist respektlos, aber wohltuend nüchtern, und es ist eine kleine ironische Einschulung in die handgreifliche Wirklichkeit der Literatur. Und Lichtenberg, der seinem bewundernden Gedenken stets seine kritische Neugier zur Seite stellte, konnte sogar das Denkspiel wagen, dass die Bücher über das eigene Wort und über den eigenen Sinn dergestalt triumphieren, wie beim Bibelübersetzer Faust die Tat über das Wort und den Sinn triumphiert: »Eine seltsamere Ware als Bücher, gibt es wohl schwerlich in der Welt. Von Leuten gedruckt, die sie nicht verstehen; von Leuten verkauft, die sie nicht verstehen; gebunden, rezensiert und gelesen von Leuten, die sie nicht verstehen; und nun gar geschrieben von Leuten, die sie nicht verstehen.«

Das schreibt jener Lichtenberg, von dem Goethe gesagt hat, wo er einen Spaß mache, liege ein Problem verborgen. In diesem Fall sind es mehrere Probleme. Das wichtigste ist die Spannung zwischen dem reinen Ereignis des Geistes und den Institutionen der technischen und ökonomischen Produktion. Der ganze irdische Lebenslauf eines Buches wird in dem kurzen Passus abgeschritten: vom Autor über die Drucker, die Buchbinder, die Buchhändler, die Rezensenten bis hin zu den Lesern. Und wenn der Satz auch behauptet, dieser Lebenslauf sei möglich, ohne dass das Ereignis des Geistes, das dabei transportiert wird, auch nur einen einzigen

Adressaten erreiche, weist er doch gleichzeitig nach, dass ohne diesen irdischen Lebenslauf des Buches das reine Ereignis des Geistes blauer Dunst bliebe.

Marcel Reich-Ranicki hat in seiner vielfältigen Tätigkeit für die deutsche Literatur, die überlieferte wie die aktuelle, immer mit dem klaren Wissen um die institutionellen Fundamente der Literatur gearbeitet. Nichts belegt das besser als der großartige Aufsatz, den er Friedrich Nicolai gewidmet hat, dem ersten und wichtigsten Organisator einer literarischen Öffentlichkeit in Deutschland. Die Verabsolutierung der Dichtung zum reinen Ereignis des Geistes hat in Deutschland stets eine eigentümliche Verachtung ihrer materiellen Basis und die Bereitschaft zu Spott und Hohn über die Institutionen und Medien der literarischen Öffentlichkeit mit sich gebracht. Keiner hat diesen Spott mehr auf sich gezogen als Nicolai, und keiner hat ihn weniger verdient als er. Man hat ihn verlacht wegen seiner kritischen Urteile, und das war gelegentlich nicht unbegründet, aber man hätte ihn feiern müssen als eine Gründergestalt epochaler Natur. Als Verleger, Buchhändler, Zeitschriftenmacher, Rezensent und Autor, als Mann immer neuer Projekte und einer verblüffenden ökonomischen Fortune schuf er das Netz und die Strukturen, in denen ein Lessing überhaupt erst zur weit vernommenen Stimme werden konnte. Nicolai war es, der in Deutschland die verzweigten Institutionen einer literarischen Kritik einrichtete, über die alle Leser erreicht und das fatale Defizit der fehlenden Metropole wettgemacht werden konnte. Dass Marcel Reich-Ranicki diesem Mann die Ehre erweist, die ihm so viele vor ihm verweigert, wenn nicht gar abgeschnitten hatten, ist nicht nur eine kulturelle und sittliche Tat, sie charakterisiert auch ihn selbst. Auch er hat die Institutionen und Medien der literarischen Öffentlichkeit nie als Niederungen betrachtet, vor denen der erhabene Geist auf die Marmorklippen flieht oder in eine Klause im Schwarzwald. Der Sakralisierung der Dichtung, die in Deutschland stets größer war als anderswo, weil sogar die Aufklärung in Deutschland noch eine Form der Frömmigkeit darstellte, hat er hartnäckig Gegensteuer geboten durch die Arbeit an ihren institutionellen Fundamenten und durch den Willen, das ganze, weitverbreitete Volk der Lesenden zu erreichen.

So wurde die literarische Kritik zu einem Brennpunkt nicht nur seiner täglichen Arbeit, sondern auch seines historischen Interesses. Wenn man sein Werk überblickt, sieht man rasch, wie häufig er zurückkommt auf die Geschichte der Kritik in Deutschland und auf ihre großen Köpfe, seien es die Gründerfiguren wie Nicolai und Lessing, seien es die Weimarer Klassiker, seien es deren kritische Gegenspieler in der frühen Romantik mit Friedrich von Schlegel an der Spitze, seien es die kritischen Gegenspieler aus der späten Romantik, Heine und Börne, die zwei Piratensender aus Paris, sei es schließlich Fontane, der geheime Herzbruder, oder Alfred Kerr, der geheime Mentor. Wenn er von Kerr sagt, er sei »des Jahrhunderts wohl mächtigster Kritiker«, sagt er es in bewunderndem Gedenken und ohne jede Andeutung, aus welchem sehr konkreten Grund man diese Einzigartigkeit in Zweifel ziehen könnte.

Marcel Reich-Ranicki hat sich mit Ironie und Einfühlung der Generationenfolge deutscher Literaturkritik immer neu zugewandt, und sein Feuer, sein Wissensdurst, sein passioniertes Zustimmen oder Ablehnen waren dabei um keine Spur geringer, als wenn es um Lyriker oder Romanciers ging. In der Auseinandersetzung mit den Vorgängern steckt die theoretische Basis seiner eigenen Kritik. In dieser unablässigen Auseinandersetzung versicherte er sich seines eigenen Standpunktes. So gewann er das Zutrauen zur eigenen kritischen Praxis. Und nichts hat er häufiger beklagt als die chronische Verdächtigung und Verächtlichmachung der Kritik in Deutschland. Er verfügt über einen ausgedehnten und pittoresken Zitatenschatz aus der Geschichte der Kritikbeschimpfung in Deutschland. Und es geschieht nicht nur mit Zorn, wenn er in diesen Fundus greift und ganze Klumpen böser Sätze hervorholt, es geschieht auch mit Schmerz und Kummer.

Denn es lässt sich nicht bestreiten, dass die Auseinandersetzungen um die Literaturkritik und um die Kritiker selbst und um den Kritiker Marcel Reich-Ranicki im Besondern bis heute auf einem Niveau ablaufen, welches dem Niveau der übrigen literarischen Produktion nicht entspricht. Dass beide einander eigentlich die Waage halten sollten, hat Goethe einmal mit dem Satz festgestellt: »Keine Nation hat eine Kritik als in dem Maße, wie sie vorzügliche, tüchtige und vortreffliche Werke besitzt.« Der Satz meint zunächst, dass ohne die erfahrene Gegenwart großer Literatur kein Wissen um Rang und Qualität und also auch keine kritische Urteilsbildung möglich ist. Aus dem Satz geht aber auch hervor, dass die Gegenwart »vortrefflicher Werke« nicht nur eine entsprechende Kritik, sondern auch ein Bewusstsein von deren Notwendigkeit hervorbringen muss. Denn in der Tat kann es in einem demokratischen Land Literatur ohne deutliche Kritik nicht geben. Und was heute das größte Übel darstellt in den Debatten über die Literaturkritik, das ist die obsessive, aber verkehrte und im Grunde unsinnige Vorstellung, Literaturkritik bestehe in einem Showdown zwischen Autor und Rezensent.

Das wird dann jeweils etwa so dargestellt: Da schreibt einer ahnungslos und guten Willens ein Buch, er hat seine Freude daran, der Verleger druckt es mit einem hübschen Umschlag, die Freunde rühmen es und freuen sich mit dem Verfasser, und was geschieht? Aus düsteren Hinterhöfen taucht ein Wesen auf, das niemand gerufen hat, und ist ein Kritiker. Der hat allerlei geschliffene Waffen bei sich und macht sich über das Buch und den Verfasser her, dass es eine Art hat, und zuletzt liegt das schöne Werk in Fetzen am Boden, und der Verfasser sitzt verbeult daneben, ein Opfer öffentlicher Gewalt. Man kann diese Szene vielfach abwandeln, kann sie bald etwas delikater, bald noch drastischer gestalten, solange die Vorstellung von einem Zweikampf mit ungleichen Waffen die Voraussetzung bildet, läuft sie immer aufs Gleiche hinaus. Und dieses ist falsch von Grund auf.

Gewiss, es ist nachvollziehbar, dass Autoren den Vorgang der Kritik so erleben und dass sie nicht anders darüber reden mögen als in den endlos wiederholten Metaphern von Hinrichtungen und Todesurteilen. Aber falls sie bei dieser Rhetorik bleiben, auch wenn der erste Ärger vorbei ist, gehen sie unter ihr intellektuelles Niveau. Sie reduzieren und personalisieren das institutionelle Ganze der Literatur auf das Gegenüber von Autor und Kritiker. Dadurch wird die dritte Instanz, die entscheidende Instanz eliminiert, das Publikum. Die Gesamtheit der Leserinnen und Leser ist in den Prozess der Kritik untrennbar verflochten. Das Publikum ist es, welches jene Medien will und ermöglicht, in denen die Kritik sich ereignet, und es will auch diese Kritik, sonst gäbe es die entsprechenden Medien nicht mehr. Ihren Ursprung und ihre Legitimation hat die Kritik allein in dieser Volonté générale der Lesenden, ebenjener Lesenden, für die auch die Bücher geschrieben werden und die sich an diesen Büchern freuen oder sich ärgern über sie.

Die Literaturkritik im modernen Sinne ist entstanden, als die Produktion von Büchern in einem Maße zunahm, das von niemand mehr überblickt, geschweige denn bewältigt werden konnte. Gleichzeitig hatte diese Literaturkritik die Funktion, in der politischen Unterdrückung der späten Feudalzeit das Ereignis der öffentlichen Debatte zu ermöglichen, stellvertretend für den verbotenen politischen Disput und als dessen Vorläufer. Auch die Debatte in der politischen Öffentlichkeit beruht auf einer Volonté générale, dem Willen der stimmberechtigten Bürgerinnen und Bürger, die sich entscheiden müssen, wem sie ihre Stimme geben, und die wissen, dass sie damit über ihr eigenes Schicksal und über Recht und Gesetz im Land bestimmen. Der Wille zur Demokratie, der das ganze heutige Europa trägt, ist auch ein Wille zum öffentlichen politischen Streit, wie erbittert es dabei immer zugehen mag, und wer diesen öffentlichen politischen Streit diffamiert, votiert damit für eine politische Macht, die nicht mehr vom souveränen Volk ausgeht und nicht mehr von diesem Volk auf Zeit und Zusehen hin delegiert wird. Wie man dazu dann sagt, ist bekannt.

Auch die Macht des Kritikers ist delegierte Macht, und sie stammt vom weitverbreiteten Volk der Lesenden. Sie kann missbraucht werden, wie auch die Politiker zuzeiten ihre Macht missbrauchen. Aber man soll das Volk nie unterschätzen. Es weiß genau, warum und wie lange es einen Politiker trägt, und es weiß genau, warum und wie lange es einen Kritiker trägt. Wenn ein Volk über zwei, drei Generationen hin seine freien Erfahrungen gemacht hat mit der Demokratie, lässt es sich nicht mehr so leicht übers Ohr hauen. Das gilt auch in Bezug auf das Volk der Lesenden. Es kann zwar die Kritiker nicht abwählen, aber es kann sich abwenden, es kann sie wechseln. Wenn es dem einen nicht mehr traut, liest es eben den andern, der ihm genauere Auskunft gibt. Kritik ist ein polyfones Ereignis. Es gibt viele gute, viele glänzende Kritiker in der deutschsprachigen Welt, und wer bei der Auseinandersetzung mit Marcel Reich-Ranicki so tut, als wäre dieser der einzige, macht ihm zwar ein unfreiwilliges

Kompliment, aber er beleidigt damit auch das vielstimmige Ganze der Literaturkritik.

Die Einzigartigkeit des Mannes, der heute den Goethe-Preis der Stadt Frankfurt am Main erhält, beruht nicht darauf, dass er der Einzige wäre. Sie beruht darauf, dass die Deutlichkeit seiner kritischen Stimme, sein Witz, sein scharfes Auge und seine Lust, lauthals zu rühmen und zu tadeln, zusammengehen mit einer enormen Produktivität in vielen Sparten, mit einem Tätigsein und ausdauernden »Wirken« für die Kunst durchaus nach Goethes Sinn. Die »Kunde, was man alles leisten mag«, sie lässt sich wahrhaftig auch gewinnen, wenn man das Lebenswerk Marcel Reich-Ranickis betrachtet. Dieses Lebenswerk hat seinen Ursprung in der Liebe zur Literatur, und von ihr gilt, was Goethe an Charlotte schrieb: »Was hilft sie, wenn sie nicht tätig wird!« Selbst seine große Autobiografie, die 1999 so unerwartet, so bedeutend und ergreifend in die Welt trat, in seinem neunundsiebzigsten Jahr wie der *Stechlin* des geheimen Herzbruders Fontane, ist beides, das Dokument von der Schuld und Niedertracht eines Jahrhunderts und das Zeugnis einer dennoch unzerstörbaren Liebe zur deutschen Sprache und Literatur.

»Leben die Bücher bald?«, heißt es in Hölderlins Gedicht *An die Deutschen*. Ich habe über diesen Satz immer hinweggelesen, bis Marcel Reich-Ranicki ihn einmal im Gespräch zitiert hat, mit jener leisen, aber eindringlich fragenden Stimme, mit der er immer dann von Literatur, die ihm am Herzen liegt, spricht, wenn er nicht ganz sicher ist, ob der Gesprächspartner seine Einschätzung teilt. »Leben die Bücher bald?« Der Satz meint bei Hölderlin, ob denn nicht einmal der Tag komme in Deutschland, wo die Wahrheit und das Wissen von Philosophie und Literatur durchbrechen in die politische und gesellschaftliche Welt und diese umschaffen in ein Land der Freiheit. Als ich den Satz damals hörte, herausgelöst aus dem Gedicht, vibrierte er von einer andern Bedeutung. Er erschien mir als die Vision eines Mannes, der möchte, dass die Dichtung von allen Leuten so selbstverständlich als lebendige, wachsende und wuchernde, blühende und früchteregnende Wirklichkeit anerkannt würde wie die Natur. In der Art, wie Marcel Reich-Ranicki die Hölderlin-Stelle zitierte, war etwas von der Aufgabe zu spüren, unter die er sein arbeitsreiches Leben gestellt hat. »Dieser Wirksamkeit bleibt mein Leben gewidmet; es ist mein Amt.« So könnte er mit Heinrich Heine sagen, dem Heine der Vorrede zu den *Französischen Zuständen*. Heine meinte mit seinem »Amt« die Aufklärung Deutschlands über Frankreich und Frankreichs über Deutschland, er meinte die Versöhnung der beiden Länder und sagte für den Fall von deren Scheitern jene Katastrophen voraus, die tatsächlich eingetreten sind. Auch Heine wollte die Bücher zum Leben bringen, die deutschen Bücher in Frankreich. Dafür schrieb er seine Literatur- und seine Philosophiegeschichte. Auch über seiner Arbeit stand also die hoffende Frage: »Leben die Bücher bald?«

Er wusste, man kann kein Land hassen, wenn man dessen Bücher liebt und sie für das eigene Leben braucht. Und er wusste, warum die Gewaltherrscher so rasch und eifrig nach den Büchern greifen, die sie den Leuten vorenthalten wollen. Wo die Bücher leben, frei und wuchernd, und die Debatten darüber gestattet sind, frei und krachend, ist es schwierig, die Leute zu belügen und zu betrügen und zu unterdrücken. Insofern ist jede Arbeit am Leben der Bücher auch eine Arbeit an der Freiheit und Gerechtigkeit der Republik. Und insofern gebührt dem Mann, der heute in der Paulskirche den Goethe-Preis der Stadt Frankfurt am Main erhält, auch der Dank der Republik.

MARCEL REICH-RANICKI

Die Literatur ist ein Spiel – wie die Liebe

Das also darf ich noch erleben: diesen Tag, der so wunderbar, diese Stunde, die so herrlich für mich. Im Namen Goethes ausgezeichnet zu werden, das ist die höchste Ehre, die einem Schreibenden widerfahren kann. Sigmund Freud erhielt diesen Preis 1930 und schrieb später in einer autobiografischen Darstellung: »Es war der Höhepunkt meines bürgerlichen Lebens.« Und auch ich darf, dem großen Vorbild Freuds folgend, hier bekennen: Dies ist der Höhepunkt meines Lebens. Ein helleres, ein strahlenderes Licht kann auf mein Dasein nicht mehr fallen.

Aber diese so schöne Stunde ist für mich zugleich eine schwere Stunde. Es ziemt sich, dass ich jetzt über Goethe rede. Ich würde lieber über Lessing oder Schiller, über Kleist oder Heine zu Ihnen sprechen. Denn ich habe Angst vor dem Thema Goethe. Es ist ja schon unendlich viel, vielleicht sogar alles über ihn gesagt worden, in Deutschland und in der ganzen Welt. Diese Furcht, immer nur längst Bekanntes zu wiederholen, hat mich jahrzehntelang gehindert, über Goethe überhaupt zu schreiben. Ich war längst sechzig Jahre alt, als ich es zum ersten Mal gewagt habe, eine kleine Arbeit über ihn zu verfassen.

Mein Weg zu Goethe begann schon in meiner Jugend, wenn nicht in meiner Kindheit. Einfach und geradlinig war dieser Weg freilich nicht. Er stand zunächst im Schatten einer Liebe, zu der ich mich auch heute noch bekenne – meiner frühen Liebe zu Schiller. Zwei Dramen, das Stück über die Rebellion der Jugend und jenes, das den politischen Mord glorifiziert, die *Räuber* also und der *Tell*, hatten mich in jenen Jahren erregt und beunruhigt und bald begeistert.

Beide Stücke waren für mich ungleich wichtiger als etwa der *Götz von Berlichingen*, der mich überhaupt nichts anging. Und keine Ballade von Goethe beeindruckte mich mehr als Schillers *Kraniche des Ibykus*. Schlimmer noch: Die Verse, die ich zunächst von Goethe gelesen hatte, gefielen mir überhaupt nicht. Nun hatte, was mir von ihm damals in die Hände fiel, mit der wohl nicht ganz glücklichen Auswahl zu tun, die in unserem Schullesebuch geboten wurde.

Erst las ich – leider – das Gedicht *Die wandelnde Glocke*. Dass ein menschliches Wesen und obendrein ein unschuldiges Kind gejagt, in Schrecken versetzt und dann auf brutale Weise zum Gottesdienst in die Kirche getrieben wird – dies fand ich abscheulich, weil inhuman. Auf mein kritisches Verhältnis zu den Kirchen aller Religionen hat vielleicht auch dieses Gedicht Einfluss ausgeübt. Nein, das war mein Gedicht nicht.

Ich nahm mir dann den *Schatzgräber* vor und war enttäuscht. Sie erinnern sich an das Fazit dieser kurzen Ballade: »Tages Arbeit! Abends Gäste! / Saure Wochen! / Frohe Feste! / Sei dein künftig Zauberwort.« Das, glaubte ich, seien primitive Schlagzeilen, sie kamen mir abstoßend vor. Das war in meinen Augen biedere und billige Poesie.

Ähnlich erging es mir mit dem *Zauberlehrling*. Ich hatte kein Verständnis für diese Ballade, zumal ich noch nicht wusste, dass es hier möglicherweise um Meisterschaft und Dilettantismus ging und dass sich hier vielleicht Goethes Abrechnung mit den Romantikern verbarg.

Nun, da ich die verschiedenen Deutungen kenne, finde ich diese Gedichte nicht besser. Was mich vor allem störte, was ich nicht ertragen konnte, das war deren Treuherzigkeit, deren aufdringliche Pädagogik. Doch meine entschiedene Abwendung von Goethes Poesie stand mir noch bevor. Es war aber mehr als eine Abwendung, es war schon ein wütender Protest. Ich las das Gedicht, dessen erste Strophe lautet:

Edel sei der Mensch,
Hülfreich und gut!
Denn das allein
Unterscheidet ihn
Von allen Wesen,
Die wir kennen.

Das, dachte ich mir, ist in ihrer Direktheit, klar gesagt, schlechte Poesie: Die Strophe beginnt ja mit einer simplen Ermahnung und knüpft daran eine gänzlich absurde Feststellung. Denn es ist doch wirklich barer Unsinn, dass Güte und Hilfsbereitschaft den Menschen von allen Wesen unterscheiden, die wir kennen. Hilfreich und gut kann zur Not auch ein Hund sein. Was wirklich den Menschen von allen anderen Wesen unterscheidet, sei vielmehr – meinte ich – die Fähigkeit, zu sprechen und zu lachen und meinetwegen zu schreiben.

Es hat sich inzwischen nichts geändert, nach wie vor bin ich keineswegs bereit, ein gutes Wort für derartige Gedichte einzulegen. Aber während ich mich fragte, warum man sich in Deutschland über Goethe in der Regel so ganz und gar unkritisch zu äußern pflegt, begann ich in seinem Gedichtband zu blättern. Da fand ich das Gedicht, das mit den Worten beginnt: »Ein Veilchen auf der Wiese stand, / Gebückt in sich und unbekannt.« Diese Verse lösten bei mir keinen Widerstand aus, sie gefielen mir, aber ich wusste nicht, warum sie schön waren. Das ist mir übrigens Jahrzehnte später, als ich schon längst Kritiker war, nicht selten wieder passiert. Ich lese ein Gedicht und spüre sofort: Das ist wunderbare Lyrik – und dann suche ich und finde schließlich für diese unmittelbare emotionale Reaktion die sachliche Begründung.

Bei dem »Veilchen«, da war es aber anders. Ich war beinahe noch ein Kind, ziemlich isoliert. Das Gedicht hatte sich gleich meinem Gedächtnis eingeprägt, auf dem Weg zur

Schule sprach ich, einsam inmitten des Berliner Verkehrs, die Verse leise vor mich hin: »Ein Mädchen auf der Wiese stand, / Gebückt in sich und unbekannt.« Plötzlich merkte ich, dass ich ja falsch zitierte, in dem Gedicht war nicht von einem Mädchen die Rede, sondern von einem Veilchen.

Aber durch meinen Irrtum – das habe ich irgendwann begriffen – wurde dieses Gedicht gar nicht so arg entstellt. Denn Blumen sind in Goethes Versen nicht unbedingt reale Pflanzen, es sind vielmehr, jedenfalls sehr häufig, Zeichen und Symbole. Nun, Zeichen wofür? Sie beziehen sich stets auf die Frauen und auf die Liebe. Das aber ist bei Goethe so gut wie immer ein und dasselbe Thema. Sein Veilchen denkt: »Wär ich nur die schönste Blume der Natur ...« Die Schäferin aber, die »mit leichtem Schritt und munterm Sinn« daherkommt, nimmt das Veilchen »nicht in Acht«. Was sich also zwischen der Blume und dem Mädchen abspielt, ist nichts anderes als eine erotische Geschichte.

»Sah ein Knab ein Röslein stehn, / Röslein auf der Heiden.« Auch dieses Röslein, das »so jung und morgenschön« lockt, ist natürlich ein Mädchen. Nur geht es hier nicht um die Liebe, sondern um bare Sexualität: Ein wilder Knabe will das Röslein brechen, das sich wehrt, das sich dem Zugriff entziehen will: Aber »half ihr doch kein Weh und Ach, / Mußt es eben leiden.« Das geschätzte und so beliebte Lied ist ein Gedicht über die Vergewaltigung.

Herrlich leuchtet die Natur in Goethes *Mailied*: »Es dringen Blüten / Aus jedem Zweig«, von »Blütendampf« hören wir. Doch gleich werden die aus dem Botanischen bezogenen Zeichen und Symbole aufgegeben, und es heißt einfach und ohne Umschweife: »O Mädchen, Mädchen, / Wie lieb' ich dich, / Wie blickt dein Auge, / Wie liebst du mich!«

Das Goethe-Gedicht *Mit einem gemalten Band* beschwört »kleine Blumen« und »kleine Blätter« und auch noch Rosen.

Aber sie haben nur einen einzigen Zweck: Die Liebste sollen sie schmücken. In dem berühmten *Ich ging im Walde / So für mich hin* wird ein Blümchen »mit allen den Würzlein« ausgegraben und zu Hause wieder eingepflanzt: »Nun zweigt es immer / Und blüht so fort.« Gemeint ist, versteht sich, wieder eine Frau, diesmal Christiane Vulpius, die Goethe wie jenes im Wald gefundene Blümchen in sein Haus genommen und Jahre später geheiratet hat.

Es waren immer wieder kurze Gedichte, die mir besonders gefielen, die mich für Goethe gewannen – damals und für mein ganzes Leben. Jetzt ist es nicht anders als in meiner Jugend.

Ich bin überzeugt, dass die Qualität des lyrischen Gedichts auch mit seinem Umfang zu tun hat, dass das kurze Gedicht dem langen meist überlegen ist. Das ist, ich weiß es, eine ungeheuerliche Vereinfachung, und ich hätte sie wohl nicht riskiert, wenn mir nicht neulich eine verblüffende Bemerkung des alten Goethe aufgefallen wäre. In einem Gespräch aus dem Jahre 1828 sagte er: »Jedes Gedicht ist gewissermaßen ein Kuß, den man der Welt gibt. Aber« – fuhr Goethe fort – »aus bloßen Küssen werden keine Kinder.« Nur ein kurzes Gedicht kann zu dem Kuss werden, mit dem die ganze Welt bedacht sein soll. Und mit den Kindern, die diesen Küssen nicht folgen, meinte Goethe wohl jene Wirkung, die ein Drama oder ein Roman ausüben kann und die man von einem kurzen Gedicht nicht erwarten darf.

Welches sind denn die schönsten, die dauerhaftesten Gedichte von Goethe? Vielleicht, neben denen, die ich schon genannt habe: Klärchens Lied *Freudvoll und leidvoll* und Mignons Lied *Kennst du das Land, wo die Zitronen blühn*, das Lynkeus-Lied *Zum Sehen geboren, zum Schauen bestellt* und Wanderers Nachtlied *Über allen Gipfeln ist Ruh*. Allesamt ganz kurze Gedichte. Und die Balladen? Die herrlichsten, die

Goethe geschrieben hat, sind ebenfalls verhältnismäßig kurz: Gretchens *Es war ein König in Thule* und die beiden Balladen über die Verführung: *Der Fischer* und der *Erlkönig*.

Ich will es nicht verheimlichen, dass ich die Balladenform nicht gerade liebe. Die meisten erzählen in Versen, was sich ebenso und meist auch viel klarer und anschaulicher in Prosa erzählen ließe. Wie aber ist es um das philosophische Gedicht bestellt, das doch in der Regel lang ist? Da wird, fürchte ich, nicht selten, sogar von den bedeutendsten Dichtern, um des Reimes oder des Rhythmus willen die Exaktheit des Gedankens, der Formulierung vernachlässigt, wenn nicht geopfert.

Heute fällt mir auch auf, dass mich an Goethes Lyrik vor allem das erotische Gedicht fasziniert hat. Und neben der Lyrik war es ein erotisches Drama, das mich ergriffen und aufgewühlt hat wie kaum ein anderes Werk der Weltliteratur. Ich spreche von der Gretchen-Tragödie, der erfolgreichsten deutschen Liebesgeschichte.

Faust und Gretchen werden in der Regel den klassischen Liebespaaren der Weltliteratur zugezählt, man nennt sie zusammen mit Hero und Leander, Paolo und Francesca, mit Romeo und Julia. Die poetische Kraft und Qualität der Dichtung Goethes rechtfertigt diese hohe und höchste Einstufung mit Sicherheit. Etwas anders freilich verhält es sich, wenn man genau und nüchtern, vor allem aber unvoreingenommen betrachtet, was Goethe gezeigt und dargestellt hat. Wir wollen dieses Risiko auf uns nehmen und einer schlichten Frage nicht ausweichen, nämlich: Wovon handelt denn eigentlich diese Tragödie?

Also: Faust, der erkennen wollte, was die Welt im Innersten zusammenhält, scheitert und resigniert – als Gelehrter, als Wissenschaftler. Von den beiden Seelen in seiner Brust siegt jene, die »in derber Liebeslust sich an die Welt mit klammernden Organen« hält. Zum Augenblicke will er sagen können:

»Verweile doch, du bist so schön!« Wie er sich das vorstellt, erklärt er seinem Partner und Begleiter, dem Mephisto: »Mir ekelt vor allem Wissen. / Laß in den Tiefen der Sinnlichkeit / Uns glühende Leidenschaften stillen!«

Natürlich begreift Mephisto, was man tun muss, damit Faust die »Tiefen der Sinnlichkeit« genießen kann: Er bringt ihn in die Hexenküche, lässt ihn verjüngen und serviert ihm einen Zaubertrank: »Du siehst, mit diesem Trank im Leibe, / Bald Helenen in jedem Weibe.« Das nächste weibliche Wesen auf seinem Weg ist Gretchen vor dem Dom. Und wenn es, frage ich ganz leise, Marthe gewesen wäre oder zufällig die schmutzigste Hure des kleinen mittelalterlichen Städtchens? Welches weibliche Geschöpf auch aufgetaucht wäre, Faust, mit einer Droge, einem Aphrodisiakum präpariert, hätte dieses Geschöpf, ob jung oder alt, ob schön oder hässlich, gleich begehrt.

Das ist ein unseliger, ein unheilvoller Ausgangspunkt. Denn der Held der Tragödie ist seiner Entscheidungsfreiheit beraubt. Da stellt sich die Frage: Hat Faust je mit Frauen zu tun gehabt, war es ihm je vergönnt, ein weibliches Wesen zu lieben? Seine Selbstdarstellung – in den Monologen, im »Osterspaziergang«, in den Gesprächen mit Mephisto – ist nicht knapp. Doch mit keinem einzigen Vers wird etwas Erotisches in Fausts Vergangenheit erwähnt. In der Hexenküche wird ihm in einem »Zauberspiegel« das Bild von einer (offenbar nackten) Frau geboten. Er verliert beinahe die Fassung:

Das schönste Bild von einem Weibe!
Ist's möglich, ist das Weib so schön?
Muß ich an diesem hingestreckten Leibe
Den Inbegriff von allen Himmeln sehn?
So etwas findet sich auf Erden?

Die Kommentatoren, die vermuten, Faust sei ein »frauenferner Gelehrter« gewesen, haben gewiss recht.

Sein sofortiges Interesse für Gretchen hat nichts mit Liebe zu tun. Es handelt sich vielmehr um ein rein sexuelles Verlangen, ein heftiges Verlangen des Mannes, der, nach den Tiefen der Sinnlichkeit lechzend, in einen ekstatischen Zustand versetzt wurde. Der Trank, den er in der Hexenküche zu sich nahm, hat keinen Einfluss auf die Liebe, er wirkt lediglich auf das Sexuelle, was in Fausts Gretchen-Erlebnis auf unzweifelhafte Weise zum Vorschein kommt.

Er sieht das Mädchen vor dem Dom nur ganz kurz, da sie ihn mit, alles in allem, zehn Worten schroff abweist und gleich weggeht. Die wenigen Augenblicke reichen aus, er will sie unverzüglich im Bett haben: »Du mußt mir die Dirne schaffen!«, befiehlt er dem Mephisto. Und: »Wenn nicht das süße junge Blut / Heut' nacht in meinen Armen ruht: / So sind wir um Mitternacht geschieden.«

Dies lässt sich, wie Mephisto erklärt, so schnell nun doch nicht machen. Es muss also eine vorläufige Lösung, eine Ersatzlösung gefunden werden. Bei der Annäherung des Mannes an eine Frau werden – lehrt Sigmund Freud – in dem Stadium, da das Sexualziel noch nicht erreichbar ist, häufig starke fetischistische Neigungen bemerkbar. Als bevorzugte Objekte sexueller Erregung und Befriedigung erweisen sich Kleidungsstücke, solche zumal, die von der begehrten Person in der Nähe der erogenen Teile oder Stellen ihres Körpers getragen werden. Ich weiß schon: Goethe hat Freud nicht gelesen, aber er kannte das Leben. Die Art der Beziehung Fausts zu Gretchen wird zunächst deutlich erkennbar durch seinen dringenden Wunsch oder, wenn man so will, seine Bestellung: Da er Gretchen nicht sofort im Bett haben kann, benötigt er für seine »Liebeslust« »ein Halstuch von ihrer Brust« und »ein Strumpfband«. Überdies soll Mephisto ihm ein passendes Geschenk beschaffen, das Gretchen rasch gefügig machen soll.

Doch kaum hat Faust mit ihr geschlafen, schon will er, da das sexuelle Bedürfnis offenbar befriedigt wurde, von ihr nichts mehr wissen. Gretchen war Fausts einstweiliger Bettschatz – nicht mehr. In der Szene »Wald und Höhle«, deren Platzierung innerhalb des *Faust* allerdings unsicher ist, hält es Mephisto für angebracht, den Verführer ernsthaft zur Rede zu stellen:

> Dein Liebchen sitzt dadrinne,
> Und alles wird ihr eng und trüb,
> Du kommst ihr gar nicht aus dem Sinne,
> Sie hat dich übermächtig lieb.

Und etwas weiter bringt Mephisto die Sache auf den Punkt: »Sie meint, du seist entfloh'n. / Und halb und halb bist du es schon.«

Eine eventuelle Begegnung zwischen Faust und Gretchen nach ihrer ersten gemeinsamen Nacht wird von Goethe mit keinem Wort erwähnt. Offenbar hat Faust sie monatelang überhaupt nicht gesehen. Er sieht sie erst im Kerker.

Was treibt denn – müssen wir fragen – diesen Faust? Albrecht Schöne meint in seinem sehr nützlichen Kommentar, es sei »unstillbares Verlangen nach Weltgewinn und Ich-Erweiterung«. Natürlich, das ist schon richtig. Aber ich würde hier doch andere Vokabeln vorziehen und von Fausts Begierde nach Lebensgenuss sprechen und, um einen in unserer Zeit beliebten Begriff zu verwenden, von seiner Sucht nach Selbstverwirklichung. Diese Sucht gleicht einer dämonischen Triebkraft.

Wir wissen es längst: Goethes Helden – die Männer meine ich – sind so gut wie immer gebrochene Individuen, schwache und scheiternde Menschen, Neurotiker und Neurastheniker. Von hemmungsloser Egozentrik und brutalem Egoismus kann man sie allesamt nicht freisprechen. Doch keiner scheint eine so extreme Figur zu sein wie Faust: Die Rücksichtslosigkeit, mit der er Gretchen an sich reißt und verführt, ist grausam und schließlich unmenschlich.

Wer will, kann ihm die Droge zugutehalten, die er von Mephisto in der Hexenküche bekommen hat. Dass er Gretchens tiefstes Elend verschuldet und schließlich ihr Leben zerstört hat, dafür kann man nicht mehr den aphrodisischen Trank verantwortlich machen. Aber was er ihr angetan hat, ist ihm offenbar gleichgültig. Als er hört, was mit Gretchen geschehen ist, klagt er an. Wen? Nicht etwa sich selber, sondern Mephisto, der ihn kühl fragt und sehr zu Recht: »Wer war's, der sie in's Verderben stürzte? Ich oder du?«

Im Kerker findet Faust große und schöne Worte für das Unglück, doch nicht etwa für das Unglück der verzweifelten, der verwirrten, der in Ketten liegenden Frau. Er hat hingegen das Bedürfnis, sich über sein Unglück zu verbreiten: »Mich faßt ein längst entwohnter Schauer, / Der Menschheit ganzer Jammer faßt mich an.« Er gibt zu: »Du zauderst zu ihr zu gehen! Du fürchtest, sie wieder zu sehen!« Er erlaubt sich die rhetorische Frage: »Werd ich den Jammer überstehen!« Und: »Du bringst mich um.« Am Ende ruft er wahrlich nicht ohne Selbstmitleid: »O wär' ich nie geboren!«

Und doch wird im *Faust* eine unvergessliche Geschichte erzählt, die poetische Geschichte einer Liebe. Aber es ist ausschließlich jene der Liebe Gretchens zum Faust. Ja, so ist es, auch wenn es Gretchen noch nicht weiß: Sie liebt ohne Gegenliebe.

Woher rührt denn der unvergleichliche Zauber dieses Mädchens? Über vierzehn Jahre ist sie alt, gerade noch ein Kind und schon eine Frau. Sie ist auf rührende Weise naiv und zugleich erstaunlich gescheit. Goethe hat sie großzügig ausgestattet: mit Instinkt ebenso wie mit Intelligenz.

Sie ist von schlichter Geistesart und so ungebildet, wie die Mädchen ihres Alters und ihrer sozialen Herkunft es damals waren. Gleichwohl ist sie auf höherem geistigem Niveau als diese Mädchen.

Goethe sagte einmal im Gespräch mit Eckermann, seine Frauencharaktere seien allesamt »gut weggekommen, sie sind alle besser, als sie in der Wirklichkeit anzutreffen sind«.

So ist es in der Literatur, der großen zumal, immer: Kein Prinz von Dänemark hatte je das Format des Hamlet, kein Prinz von Preußen das Format des Friedrich von Homburg. Und die liebenden Frauen im *Werther* und in den *Wahlverwandtschaften*, in der *Stella*, im *Egmont* und im *Tasso* – sie sind alle tatsächlich und glücklicherweise besser, als man sie in der Wirklichkeit antreffen kann. Hat es in Griechenland je eine Königstochter gegeben, die so reif und klug, so gebildet gewesen wäre wie unsere Iphigenie, sie, die aus dem fluchbeladenen Geschlecht der Atriden stammt und doch aus der Familie der Frau von Stein? Und Gretchen, die »Ohnegleiche«?

Sachlich und klar sind die Fragen, die sie Faust stellt: »Wie hast du's mit der Religion?« Und: »Glaubst du an Gott?« Faust antwortet ihr ausführlich und, zugegeben, effektvoll, doch letztlich nur ausweichend. Seine feierliche Rede lässt sie kalt, sie durchschaut seine Phraseologie sofort: Er wiederhole doch nur – bemerkt sie nicht ohne Ironie –, was sie auch vom Pfarrer gehört habe.

Dem Mann, der Gretchen bloß ins Bett haben wollte, und dies so schnell wie möglich, ihm verdankt sie eine Erfahrung, die ihr Leben verändert: die Liebe. Der poetische Höhepunkt des ersten Teils der *Faust*-Tragödie sind die Verse, die Gretchen am Spinnrad spricht und die, auch wenn sie von den größten Komponisten vertont wurden, doch keiner Musik bedürfen. Sie sind selber Musik und, man muss es sagen, unüberbietbare. Refrain und Leitmotiv dieses Monologs ist die erste Strophe, die von Gretchen noch zweimal wiederholt wird: »Meine Ruh' ist hin, / Mein Herz ist schwer; / Ich finde sie nimmer / Und nimmermehr.«

Der Monolog zeigt in dichterischer, in äußerster Verknappung, was die Liebe zur Folge hat. Das sie überwältigende Erlebnis bringt das Mädchen wie jeden, dem das Glück der Liebe zuteilwird, in eine Abhängigkeit, die sie bisher nicht kannte: »Wo ich ihn nicht hab' / Ist mir das Grab, / Die Welt / Ist mir vergällt.« Zugleich gerät die Liebende in einen Zustand, dem sie hilflos ausgeliefert ist, einen Zustand an den Grenzen der Verwirrung: »Mein armer Kopf / Ist mir verrückt, / Mein armer Sinn / Ist mir zerstückt.«

Zur Abhängigkeit und zur Verwirrung kommt noch ein dritter, ein für Gretchen unbegreiflicher Umstand, etwas, was sie als beängstigend, als unheimlich, empfindet: der Sexualinstinkt. Sie kann es niemandem sagen, sie kann es nur sich selber gestehen: »Mein Busen drängt / Sich nach ihm hin / Ach dürft' ich fassen / Und halten ihn.« Lassen diese Worte auf Sexuelles schließen? Nein, zunächst nicht unbedingt.

Doch in der frühen Fassung des *Faust*, im sogenannten *Urfaust*, lautete dieser Vers anders. Da sprach Gretchen nicht von ihrem Busen, da war es ihr »Schoß«, der sich nach dem Mann, den sie liebt, hindrängt. Das ist für Gretchen eine Entdeckung, beklemmend und erschreckend in einem. Daher folgt diesem Wort im *Urfaust* der Aufschrei einer Ratlosen: »Mein Schoß! Gott! drängt / Sich nach ihm hin. / Ach dürft ich fassen / Und halten ihn.« Man kann sich denken, warum Goethe das Wort »Schoß« wieder gestrichen hat: Es war nichts anderes als ein Zugeständnis an die gesellschaftliche Konvention seiner Epoche.

Die nächsten vier Szenen (»Am Brunnen«, »Zwinger«, »Nacht« und »Dom«) sind einem einzigen Thema gewidmet: der Ächtung und Verfolgung Gretchens und deren Konsequenz. Goethe lässt Faust in diesen Szenen kein einziges Mal auftreten. Es gibt auch nicht den geringsten Anhaltspunkt für die etwaige Vermutung, er habe sich um das schwangere Gretchen je gekümmert. Darauf, was nun im Vordergrund von Fausts Leben steht, verweisen seine Worte: »So tauml' ich von Begierde zu Genuß, / Und im Genuß verschmacht' ich nach Begierde.«

Gretchen hat ihre Mutter umgebracht, sie hat ihr Kind ertränkt, sie hat zum Tod ihres Bruders beigetragen. Sie ist schuldig geworden, sie ist unschuldig geblieben, sie ist ein Opfer der Welt, in der sie lebte. So wird sie gerichtet, so wird sie gerettet. Das Wort, auf das die ganze *Faust*-Dichtung hinausläuft, das Wort vom »Ewig-Weiblichen«, das uns hinanzieht – ihr gilt es, ihr, die Gnade walten lässt und ihm verzeiht, dem Geliebten, dem »nicht mehr Getrübten«. Nichts anderes ist mit dem »Ewig-Weiblichen« gemeint als die Liebe, die schenkende und beglückende, die verzeihende.

Es war nie Goethes Ehrgeiz oder Absicht, dem Volk, den Menschen, dem Ganzen zu nützen oder gar zu dienen. Und keine Idee hat er im Sinne gehabt. Er wollte vielmehr, wie er selber es einmal gesagt hat, nur sein Ich ausdrücken. Er hat es, wie man weiß, immer wieder getan – vom Werther, Clavigo und Tasso bis zum Faust und Mephisto, doch nirgends reizvoller und anmutiger als in seinen Frauenfiguren, vor allem in der Gestalt des Klärchens, die spürt und erkennt, dass glücklich allein die Seele ist, die liebt, und noch einmal und auf der höchsten uns vorstellbaren Ebene der Dichtung in der Geschichte Gretchens, die sündigte, weil sie liebte.

Zur Sehnsucht nach Liebe gehörte in Goethes Leben, immerfort und unzertrennlich, seine Angst vor der Liebe:

Er benötigte sie als Zuflucht, er war auf sie angewiesen. Und er floh vor ihr, die ihn immer wieder in Schrecken versetzte. Ob er ihr Siege oder Niederlagen verdankte, die Liebe war jedes Mal eine Steigerung seines Lebens, eine selige oder eine verzweifelte. Er und seine Mädchen und Frauen werden von der Liebe gesegnet und geschlagen, gestärkt und entwaffnet. Berückend bleibt das eine wie das andere.

Letztlich ist die Liebe in Goethes Dichtung – erschrecken Sie nicht! – ein Spiel, aber ein leidenschaftliches und erhabenes, ein den Menschen bezauberndes Spiel – ein Spiel wie die Literatur. Und die Literatur ist für Goethe eine zarte und gewaltige Passion – wie die Liebe.

Zum 85. Geburtstag, 2005

THOMAS GOTTSCHALK

Ob Sie es wollen oder nicht, ich spüre Sie an meiner Seite

Mit den Namen Dr. Richard von Weizsäcker, Dr. Frank Schirrmacher und Thomas Gottschalk klingt die Rednerliste des heutigen Abends ähnlich verwunderlich wie ein Konzertprogramm, das Werke von Brahms, Bruckner und Dieter Bohlen ankündigt.

Ich stehe hier als der Abgesandte einer Gruppe, die bei Bellow an einen Hund und bei Lenz an den Frühling denkt. Aber dass ein Vertreter des Unterschichtenlesers heute als Gratulant an Ihrer Geburtstagstafel sitzen muss, das, sehr verehrter Herr Reich-Ranicki, haben Sie sich selbst zuzuschreiben. Sie sind mit einem Genius ausgestattet, der es Ihnen erlaubt hätte, im Kreise von Thomas Manns blässlichen Wunderkindern ein von Ihresgleichen verehrter und geachteter, aber von Banausen unbehelligter Literaturkritiker zu werden und zeitlebens zu bleiben. Wir beide hätten nie voneinander hören müssen.

Aber irgendwas ist da bei Ihnen schiefgelaufen, denn am 29. März des Jahres 1992 saßen Sie bei mir in Hof zwischen dem Komiker Didi Hallervorden und dem Nobelschneider Pierre Cardin (und ich meine nicht Nobélschneider) und wetteten vor fünfzehn Millionen Zuschauern, dass es Johannes Hallbacher und seinem Partner Heinz Mayer gelingen würde, in fünf Minuten zwanzig Mosel-Rieslinge ihrem Jahrgang zuzuordnen. Und dies in einer Fernsehsendung, bei der sich Ihr Kritikerkollege in der *Frankfurter Allgemeinen Zeitung* kürzlich fassungslos fragte: »Wir können uns partout keinen Reim darauf machen, warum Menschen sich so etwas ansehen!«

Ich widerstehe hier der Versuchung, der Frage nachzugehen, warum Feuilletonisten immer das erklären können, was keiner begreift, aber nicht mehr nachvollziehen können, was jeder versteht. Aber das ist es eben, was Sie vor allen anderen Ihres Faches auszeichnet, und das ist auch der Grund, weswegen nicht nur Ihre Kritiken gefragt sind, sondern auch Ihre Autogramme.

Sie könnten wie Schillers Poet neben Zeus im Olymp sitzen und Ihr Ohr an seines Himmels Harmonien legen, aber Sie haben eben nicht, berauscht von seinem Lichte, das Irdische verloren. Stattdessen sind Sie bei den Menschen im doppelten Sinne angekommen und wurden mit offenen Armen aufgenommen. Seitdem bin ich Ihr Fanclubvorsitzender der Sektion Malibu, und Sie haben sich mehrfach beruflich damit geschadet, nicht geleugnet zu haben, dass Sie mich kennen. Dafür stehe ich tief in Ihrer Schuld.

Trotzdem habe ich der Versuchung widerstanden, aus meinen Reclam-Heftchen Zitierfähiges für meine heutige Rede zusammenzutragen, und auch den Telefonjoker habe ich nicht gezogen und die zwei Doctores der Philosophie, die ich kenne, nicht angerufen und um Hilfe gebeten. Zwei Semester Germanistik müssen reichen!

Zu Ihren Verdiensten um die Literatur haben Berufenere als ich vieles, wenn nicht alles gesagt, aber ich möchte aus persönlicher Sicht dankbar hinzufügen, dass Sie es waren, der das kleinste mögliche Vielfache an literarischer Gemeinsamkeit in den verschiedenen Generationen meiner Familie mit einem Werk getroffen hat.

Ihre Autobiografie *Mein Leben* ist das einzige Buch, das sowohl von mir als auch von meinen Söhnen gelesen wurde, und es hat mir gleichzeitig das einmalige Erlebnis vermittelt, dass meine Mutter und meine Frau in der Bewertung derselben Angelegenheit einer – und noch dazu positiven – Meinung waren.

Dieses Buch hat mir einen Teil der Geschichte meines Volkes, den ich selbst weder erlebt noch jemals begriffen habe, mit einer solchen Eindringlichkeit und Klarheit vor Augen geführt, dass ich mich Ihnen ganz anvertraut habe. Bei vielen anderen Büchern über die dunkelste Zeit Deutschlands habe ich beim Lesen gelitten. Bei Ihnen habe ich mitgelitten. Für diese Erfahrung möchte ich Ihnen danken.

Im Gegensatz zu den meisten der hier Anwesenden habe ich nie mit Faust die Frage gestellt, was die Welt im Innersten zusammenhält. Ich bin in diesem Lande zuständig für das Leichte, und das ist eine sehr einsame Position. Aber ob Sie es wollen oder nicht, ich spüre Sie dabei an meiner Seite. Über fast allem, was ich von Ihnen gelesen habe, liegt trotz der Wucht Ihrer Kritik, trotz der Schwere Ihrer eigenen Schicksalsschilderung immer ein leises Lächeln. Und wer Ihnen persönlich begegnet, kann diesen Schelm auch dann nicht übersehen, wenn der Kritiker in Ihnen eifert.

Dass Sie keinen Spaß verstehen, wenn es um Dinge geht, die Ihnen heilig sind, musste ich am eigenen Leibe erfahren. Bei einem Ihrer Auftritte bei mir wollte ich mich erdreisten, im *Literarischen Quartett* aufzutreten, falls ich meine Wette verlieren sollte. Sie haben sich nicht mal eine Sekunde um eine freundliche Form der Absage bemüht. Ihr apodiktisches »Das geht nicht« steht offensichtlich im ehernen Grundgesetz der Literaturkritik.

Natürlich wäre es gegangen, und eine Jelinek hätte ich mir schon zugetraut. Aber da ist dann doch eben Schluss mit lustig bei Ihnen. Sie lassen es nicht zu, dass sich einer an der Literatur vergreift, der nicht den Respekt, das Wissen und dann eben doch den Ernst besitzt, der Ihnen selbstverständlich ist. Sie hatten recht, mich nicht bei Ihnen reinzulassen, aber Sie hatten auch recht damit, zu mir zu kommen.

Mit der guten Absicht des Volksschullehrers, der den Heimatdichter in die Deutschstunde einlädt, habe ich als Grundschulpädagoge der Nation auch Günter Grass ein Sofaplätzchen vor fünfzehn Millionen Deutschen angeboten. Er hätte was draus machen können. Ich hätte notfalls sogar auf dumme Fragen verzichtet, und wir hätten ja vielleicht einen Kandidaten aufbieten können, der den Butt an seinen Gräten erkennt, aber nein, unsere Bitte blieb unerhört.

Sie waren und bleiben damit der einzige aus dem Kreise der uns verbliebenen Dichter und Denker, der sich nicht zu schade war, aus literarischen Höhen hinabzusteigen in die Schlichtheit der Samstagabend-Unterhaltung des Fernsehens und damit in die intellektuelle Mittelklasse. Hinter jeder *FAZ*, so hört man, steckt ein kluger Kopf. Leider verstellt diesen Durchblickern das Papier oft die Sicht auf das, was unmittelbar vor ihnen passiert.

Sie, verehrter Marcel Reich-Ranicki, haben immer über den Rand geschaut, und dabei haben wir uns entdeckt. Sie haben mir eine Menge gegeben. Soweit ich es kann, versuche ich, Teile davon an meine Zuschauer weiterzugeben, und ich habe eine Menge.

Behalten Sie uns im Auge, und bleiben Sie uns noch lange erhalten. Ich weiß, wie man sich fühlt, wenn das Rentenalter naht, aber kein Nachfolger in Sicht ist. Da müssen wir durch, und wir schaffen das. Meinen Respekt und meine herzlichsten Glückwünsche zu Ihrem Geburtstag.

Staatspreis des Landes Nordrhein-Westfalen für das Jahr 2005

JÜRGEN RÜTTGERS

Gute Literaturkritik leistet etwas Einzigartiges

I.

Der französische Schriftsteller und Literaturnobelpreisträger François Mauriac hat seinen Kollegen Jean-Paul Sartre gehasst. Er hat alles, was Sartre schrieb, einer vernichtenden Kritik unterzogen. Auf die Frage, wie ihm die gerade von Sartre erschienene Autobiografie *Die Wörter* gefallen habe, soll er gesagt haben: »Gefallen? Gefallen hat mir noch kein Buch von Sartre, dieses aber habe ich genossen – denn es ist miserabel!«

Ist das das Wesen der Literaturkritik? Man kritisiert ein literarisches Werk – und genießt zugleich die Kritik. Man genießt die Literatur und genießt manchmal zugleich ihr Scheitern. Man prüft ein Werk und kann selbst dann nicht davon lassen, wenn es einen abstößt.

Wer wüsste besser über das Wesen der Kritik Bescheid als derjenige, den wir heute hier mit dem Staatspreis des Landes Nordrhein-Westfalen auszeichnen? Marcel Reich-Ranicki hat sein Leben der Literaturkritik gewidmet. Und es gibt wohl keinen bedeutenderen Literaturkritiker in der Geschichte der Bundesrepublik als ihn. Was Alfred Kerr für die Kaiserzeit und die Weimarer Republik war, das ist Marcel Reich-Ranicki für die Bundesrepublik. Und wie Kerr damals ist auch Reich-Ranicki heute von den Literaten und Schriftstellern gefürchtet.

Das ist ein Grund, ihn auszuzeichnen. Das ist sogar ein Grund, ihn mit dem höchsten Preis auszuzeichnen, den das Land Nordrhein-Westfalen zu vergeben hat. Denn die scharfe und pointierte Literaturkritik – geboren aus einer großen und umfassenden literarischen Bildung – ist ein Gut, ohne das keine Kultur auskommt. Ich spitze noch zu: Ein Land ohne große Literaturkritiker ist ein Land ohne große Literatur. Denn wer aufhört, besser zu werden, hat aufgehört, gut zu sein.

II.

Gute Literaturkritik leistet etwas Einzigartiges. Sie setzt Maßstäbe für das, was wir von Literatur erwarten können, ja, erwarten müssen. Sie lehrt uns das Elementare aller Kunst und Kultur, nämlich die Fähigkeit zur Unterscheidung. Sie lehrt uns, genau zu beobachten, genau hinzuhören, genaue Urteile zu fällen. Sie lehrt uns die Ehrfurcht vor dem Wort. Gute Literaturkritik sagt klar, was gut ist und was schlecht. Und sie weiß eben auch genau, warum.

Diese Fähigkeit zur begründeten Unterscheidung ist heute notwendiger denn je. Auch dies ist ein eminenter Grund, Marcel Reich-Ranicki auszuzeichnen. In einer Welt, in der zunehmend ästhetische Beliebigkeit regiert, sind Stimmen mit einem klaren ästhetischen Urteil von immer größerer Bedeutung.

Es ist ein Missverständnis, wenn man meint, die Kritik vernichte die Literatur. Es ist ein Missverständnis, wenn Schriftsteller plötzlich meinen, sie müssten die Kritiker kritisieren, wie neulich zu lesen war. Es ist ein Missverständnis, wenn Kritiker sich nicht mehr zutrauen, klare und damit auch manchmal vernichtende Urteile zu fällen. Das Einerseits und Andererseits, das Aber und Gleichwohl, das Relativ und

Dennoch sind die echten Gefahren für die Literatur – wenn Literatur denn mehr sein soll als bloße Unterhaltung.

Mir ist aber an einer Literatur gelegen, die Kunst ist, weil sie uns zeigt, wer wir wirklich sind. Deshalb ist mir auch eine klare Literaturkritik eine Herzensangelegenheit. Eine solche Literaturkritik braucht Maßstäbe. Mit der postmodernen Beliebigkeit des Anything goes kommt man nicht weit und auch nicht weiter.

Die Postmoderne erklärt alles zur Simulation, zum Sprachspiel, zur virtuellen Realität. Verbindliche Maßstäbe werden als antiquiert aufgegeben. Wer auf klare Unterscheidungskriterien pocht, wird als »Reaktionär« gebrandmarkt. Wer auf Maßstäben besteht, wird als unreflektierter Anhänger sogenannter großer Erzählungen verhöhnt.

Aber wer sich dann die postmoderne Kritik genauer ansieht, dem fällt bald das Flaue und Laue ihrer Sprachspiele und Wortkaskaden auf. Dem wird nicht nur die politische, sondern vor allem auch ihre ästhetische Orientierungslosigkeit sehr bald deutlich. Das ist auch der Grund, warum man heute die meisten Literaturkritiken nicht recht lesen oder hören mag: Weil sie sich nicht trauen, klare Positionen zu beziehen. Weil sie sich nicht trauen, Farbe zu bekennen. Weil sie sich nicht trauen, aus der Deckung zu kommen. Weil sie sich nicht trauen, etwas zu bedeuten.

III.

Das ganze Gegenteil dieses postmodernen Stils findet man bei Marcel Reich-Ranicki. Und wir alle wissen: Le style, c'est l'homme. Deshalb bin ich persönlich ein großer Fan der Literaturkritik eines Mannes, der glücklicherweise wie kein Zweiter das literarische Leben dieser Republik geprägt und gefördert hat. Und dem es auf geradezu revolutionäre Weise gelungen ist, die anspruchsvolle Literatur auch noch telegen zu machen und damit die Schriftsteller nur manchmal, die Verlage bisweilen, die Leser aber immer zu beglücken.

Denn auch das darf man nicht verschweigen: Nur wer wirklich verreißen kann, kann auch wirklich loben. Wenn Marcel Reich-Ranicki »fabelhaft« sagt, dann sagt das etwas. Und Schriftsteller haben immerhin den Vorzug vor Politikern, dass sie überhaupt mal gelobt werden. Unsereins wäre für ein »fabelhaft« von Marcel Reich-Ranicki schon tief dankbar.

Ich habe mich gefragt, woher diese bewundernswerte Genauigkeit, woher diese klaren Maßstäbe des ästhetischen Urteils von Marcel Reich-Ranicki rühren. Ich glaube, die Antwort liegt in einem Satz, den Marcel Reich-Ranicki selbst einmal in einem Gespräch mit Joachim Fest geäußert hat. Er hat gesagt:

»Von Heine stammt das schöne Wort, die Juden hätten sich im Exil aus der Bibel ihr portatives Vaterland gemacht. Und so bin auch ich schließlich weder ein heimatloser noch ein vaterlandsloser Mensch. Auch ich habe ein portatives Vaterland – es ist die deutsche Literatur, die deutsche Musik.«

Die Fähigkeit zum klaren Urteil liegt vielleicht gerade in dieser starken Spannung: zu Hause zu sein in einer Kultur, die einen ausstoßen und vernichten wollte. Zu Hause zu sein in einem Land, das den Holocaust zu verantworten hat und einen zu Deportation und Leben im Ghetto verdammte. Zu Hause zu sein in einer Kultur, die kein Vaterland war – außer in der Literatur und in der Musik.

Als ich neulich nochmals in der großartigen Autobiografie von Marcel Reich-Ranicki nachgelesen habe, ist mir bewusst geworden, welche Spannung in dieser Erfahrung steckt. Und vielleicht ist seine Literaturkritik ja deshalb so stark, weil man diese Spannung immer spürt.

Hierin gibt es erstaunliche Parallelen zu Heinrich Heine, an dessen hundertfünfzigsten Todestag wir in diesem Jahr erinnern. Auch der gebürtige Düsseldorfer Heine war als jüdischer Emigrant zahlreichen Anfeindungen ausgesetzt. Aber auch er liebte die deutsche Kultur wie keine andere und war ein Teil von ihr – und er war doch zugleich einer, der mit seinem beißenden Spott ein Deutschland beschrieb, das ihn buchstäblich um den Schlaf brachte.

Vielleicht kann nur der ermessen, was ein Vaterland ist, der es verloren hat, der daraus vertrieben wurde, der vielleicht nie eines hatte. Und der ermessen kann, was die Literatur dann bedeutet, so wie es Franz Kafka einmal gesagt hat: »Ein Buch muss die Axt sein für das gefrorene Meer in uns.«

Marcel Reich-Ranicki hat mit seiner profunden Literaturkritik der deutschen Kultur einen unschätzbaren Dienst erwiesen. Er hat uns gezeigt, was Literatur sein kann, was Literatur sein muss. Es ist mir eine große Ehre und Freude, ihn dafür heute hier mit dem Staatspreis des Landes Nordrhein-Westfalen auszuzeichnen.

GERT UEDING

Hochzeit von Kritik und Beredsamkeit

Loben, so haben Sie, lieber Herr Reich-Ranicki, einmal (im Vorwort zu Ihrem Buch *Lauter Lobreden*) gesagt, sei eine eigene, zudem besonders schwierige Kunst. Ich möchte, ein Wort Goethes aus *Dichtung und Wahrheit* aufnehmend, hinzufügen: »Für Lob und Beifall«, lesen wir da, »gehört auch eine Empfänglichkeit, wie für jedes Vergnügen.« In diesen Tagen wird Ihre Empfänglichkeit, dieser eigene Vergnügungssinn, von dem Goethe spricht, ja arg strapaziert – hier und heute aber doch auf herausgehobene, sogar etwas verwunderliche Weise. Denn wir haben uns hier zu einer außergewöhnlichen Ehrung versammelt, die mit den vielen, auch hohen Auszeichnungen, die Sie gewissermaßen virtuos eingespielt haben, lieber Herr Reich-Ranicki, ganz unvergleichbar ist. In der Geschichte der deutschen Literatur gibt es kein zweites Beispiel für die Ehrung eines Kritikers mit einem deutschen Staatspreis.

Keiner jener Kollegen, die Sie in Ihrem Buch über die »Anwälte der Literatur« so respektvoll wie nachbarlich Revue passieren lassen, ist jemals in diese vielleicht nicht ganz unanstößige Lage geraten: nicht Lessing oder Friedrich von Schlegel, nicht Ludwig Börne oder Alfred Kerr, nicht Herbert Ihering oder Friedrich Sieburg – natürlich auch und erst recht nicht Heinrich Heine, dessen Porträt sie so brüderlich teilnehmend und mit sympathetischer Feder beschrieben haben, dass man darin auch Ihre eigenen Züge aufscheinen sieht. Ist der »Fall Heine«, wie Sie ihn genannt haben, nicht zumindest in diesem Punkt ein Fall der gesamten Zunft?

Jedenfalls ist es gewiss kein Zufall, dass die Skeptiker und Freigeister von Beruf bei staatlichen Ehrungen in der Regel leer ausgehen. Der Kritiker Reich-Ranicki hat in seinen großen Essays über seine kritischen Zunftgenossen manchen Grund dafür genannt. »Autoritätsgläubig war Kerr nie«, heißt es da zum Beispiel, und das Porträt Friedrich Sieburgs, seines Vorgängers in der Literaturredaktion der *FAZ*, beginnt mit dem unmissverständlichen Satz: »Ein Literaturkritiker, der etwas taugt, ist immer eine umstrittene Figur.« An anderer Stelle lesen wir gar: »Deutsche Kritiker lieben es, an dem Ast zu sägen, auf dem sie sitzen.« Doch vergisst es Reich-Ranicki nicht, unsere Besorgnis sogleich zu beschwichtigen, und setzt hinzu: »– was übrigens weder ihnen noch dieser Sitzgelegenheit je geschadet hat.«

Eben darin gleicht die Kritik ihrem Gegenstand, und Reich-Ranicki ist nicht müde geworden, die provokative Kraft der Literatur zu rühmen, ja, »alle großen Dichter« als »Provokateure« auszurufen: »Wer schreibt, provoziert die Gesellschaft«, lautet die bündige These, der Dichter ist gleichsam ihr Mephistopheles, »der reizt und wirkt und muß als Teufel schaffen«. Goethes Drama lehrt denn ja auch zum problematischen Schluss, dass er dafür nicht etwa geehrt, sondern sogar um den redlich verdienten Lohn betrogen wird, weil sich das Weibliche mal wieder stärker als selbst des Teufels Macht zeigt. Und war es nicht schon Sokrates, jener Philosoph, den Nietzsche als Stammvater des kritischen Geistes, als Ironiker »mit den Instinkten Voltaires im Leibe« so rühmte wie zugleich schmähte, war es nicht Sokrates, der Stammvater der europäischen Kritik, der sogleich auf die Nachricht, ein hoher Athener Staatsbeamter habe ihn mit Lob überhäuft, ironisch zurückfragte: »Was habe ich bloß Falsches gesagt, wenn man mir solche Räucherkerzen anzündet?«

Ich will Sie nun gerade heute nicht ins Grübeln bringen, lieber Herr Reich-Ranicki, aber ein Problem liegt in der kleinen Anekdote natürlich verborgen. Bedeutet es nicht für den Provokateur, den Autoritätsverächter, die umstrittene Figur – eben den Kritiker – bedeutet es nicht gerade für ihn ein merkwürdiges Zeugnis, wenn die Provozierten und Getadelten, die notorischen Gegner oder – was schlimmer ist – die Unverwundbaren, weil Unempfänglichen und Gleichgültigen: wenn sie alle den Kritiker zu umarmen beginnen, ihn loben und preisen? Wäre es nicht besser, man hielte ihn für das schlimmste aller Geschöpfe, einen Mephistopheles eben, einen Geist, der stets verneint?

Die Pointe könnte aber natürlich auch völlig anders lauten. Vielleicht gleicht der eigentliche Adressat der Kritik: die Gesellschaft, der Staat, gar nicht dem Bilde, das sich der Kritiker gemeinhin von ihm so gerne ausmalt? Als wichtigsten Grund für die spezifisch deutsche Verachtung oder jedenfalls Nichtanerkennung der Kritik hat Reich-Ranicki die Tradition des deutschen Untertanenstaats ermittelt. In ihm galt mehr als zwei Jahrhunderte lang Kritik als überflüssig und schädlich. Des großen Friedrich geflügelt gewordenes Wort an seine Dichter und Denker: »Räsoniert – aber gehorcht« musste da schon als liberale Maxime erscheinen. Der Kritiker: Das war eben der Störer, der Spielverderber, der Zersetzer, schließlich der Parasit am gesunden Baum deutscher Kunst. Ihn mit einem Staatspreis zu ehren: ein schlechter Witz, unvorstellbar, skandalös!

Aus solcher Sicht, meine Damen und Herren, wären wir also heute Zeugen eines Ereignisses, von dem eine neue Epoche, wenn nicht geradezu der Weltgeschichte, so doch der deutschen Geschichte ausgehen könnte – und wir alle können sagen, wir sind dabei gewesen.

Ich bin durchaus geneigt – und glaube, Sie alle sind es mit mir –, den heutigen Tag aus dieser Perspektive als höchst überraschendes Datum und symbolisches Geschehen zugleich zu sehen. Was nicht bedeutet, dass die Zweideutigkeit, von der ich sprach, damit schon aufgehoben wäre. Ich will sie noch einmal zuspitzen, damit wir es uns nicht zu leicht machen, mit dieser überraschenden »Entente Cordiale«.

Denn kann es die Kritik wirklich wünschen, von Gesellschaft und Staat anerkannt zu werden, verliert sie damit nicht an Kraft und Radikalität, an Unmissverständlichkeit und Freiheit – kurz: an jenem Biss, der schmerzt, weil er ins Fleisch und in die Seele geht? Und umgekehrt: Gerät nicht die soziale Gemeinschaft in Gefahr, den kritischen Opponenten, indem sie ihn integriert, zu verlieren? Kann sie das, bei allem Ärger und Verdruss, die der Kritiker ihr bereitet, wirklich wünschen?

Ein anderer Ihrer aus der europäischen Frühe herüberwinkenden Kollegen, Herr Reich-Ranicki, hat eine bedenkenswerte Einschränkung vorgeschlagen. »Glaubt nicht denen, die euch nach dem Munde reden«, forderte er die Athener auf, »sondern gerade den anderen, die euch tadeln und euch andere Wege vorschlagen.« Das war Isokrates, ein großer Redner, Kritiker und Pädagoge, Zeitgenosse des Perikles: Aus seiner kritischen Schule gingen bedeutende griechische Staatsmänner hervor. Es scheint also, als ob der Staat gerade von denjenigen Eigenschaften der Kritik wirklich profitiert, die ihm oft lästig und nicht selten sogar gefährlich dünken.

Diese frühen Kritiker hier zu zitieren, meine Damen und Herren, hat einen besonderen Reiz. Denn von einer Kritik, auch Literaturkritik, als Institution können wir ja erst sprechen, nachdem die Tyrannen aus den griechischen Stadtstaaten vertrieben worden waren und es nun nicht mehr darum ging, den Befehlen von oben zu folgen, sondern das Richtige aus der eigenen Denk- und Willenskraft der Bürger herauszufinden, zu entwickeln und womöglich auch zu praktizieren.

»Demokratie wird durch Kritik geradezu definiert«, hat Marcel Reich-Ranicki einmal ganz apodiktisch formuliert, und die Geschichte bestätigt seine Behauptung höchst eindeutig. Über jedes Problem, jedes Thema lassen sich zwei gegensätzliche Reden halten, nichts ist ein für alle Mal schon entschieden, keine Lehre, kein Dogma nimmt uns die eigene kritische Denkanstrengung ab. So lautete der kategorische Imperativ der jungen griechischen Demokratien, und unveraltet gilt er bis heute; seine Formulierung wird Protagoras, einem berühmten Athener Rhetor und Philosophen, zugeschrieben. Auch dieser Zusammenhang beleuchtet den Anlass, das Thema und den Protagonisten des heutigen Abends auf eigene Weise. Die Kritik entstand als eine Domäne der Beredsamkeit. Das Aufeinanderprallen der gegensätzlichen Reden im öffentlichen Raum, der Streit der Meinungen, die Leidenschaft, den anderen zu überzeugen – daraus wuchs und blühte das Treibhaus des kritischen Geistes, und es hatte die Form einer Arena. Sportlicher Wetteifer war von Anfang an damit verbunden – Olympia ist schließlich nicht zufällig eine Erfindung der griechischen Demokratie.

Diese Entstehungsgeschichte der Kritik ist so ziemlich in Vergessenheit geraten, und es war Marcel Reich-Ranicki vorbehalten, uns den prinzipiellen Zusammenhang von Beredsamkeit und Kritik wieder in Erinnerung zu rufen. Kritik, die nicht beredt ist, die ihre Adressaten gar nicht erreicht, die sie nicht überzeugen, natürlich auch unterhalten und immer wieder auch hinreißen will, die ihre Botschaft gleichsam verschluckt und damit bei aller möglichen Geschwätzigkeit oder sogar Gelehrsamkeit eigentlich stumm bleibt, eine solche Kritik, die ihre eigene Karikatur ist, kann nicht wirken und ist tatsächlich überflüssig.

Marcel Reich-Ranicki mit solchen Überlegungen zu kommen, bedeutet freilich: Eulen nach Athen tragen. Ich erinnere mich noch gut an seine Tübinger Vorlesungen und Reden. Der größte Saal der Universität, der Festsaal, musste dafür frei gehalten werden, selbst auf den Emporen drängten sich die Studenten, und nicht selten musste die Veranstaltung noch ins Auditorium maximum übertragen werden. Welche Rede, welcher Vortrag auch immer hier seine Uraufführung erlebte, ob er von Friedrich von Schlegel oder Franz Kafka, von Robert Musil oder Alfred Döblin handelte, ob der Erotiker Thomas Mann oder Heine und die Liebe, ob die Juden in der Literatur oder das preußische Genie Kleist auf dem Programm standen – die Ovationen der Zuhörer ließen keinen Zweifel daran, welch ein außerordentliches Ereignis aus solcher Hochzeit von Kritik und Beredsamkeit wieder hervorgegangen war.

Ein anderes Produkt dieser so erzlegitimen Verbindung kennt inzwischen jedermann: das *Literarische Quartett.* Ich erinnere mich noch gut an die Kollegenschelte, die zu Anfang über die beim Publikum alsbald »siegreichen vier« erging. Als sei die Literatur ein Heiliger Gral, der bei der Berührung mit einem Massenmedium sogleich seinen Zauber verlieren würde. »Mißgunst und Neid haben Engel zu Fall gebracht«, spottete Heine – das Quartett hat die Attacken überstanden, weil es das Publikum für sich hatte und vielleicht auch: weil es nicht aus Engeln bestand.

Gar kein Zweifel: Reich-Ranickis unvergleichlicher Erfolg rührt aus der Synthese von kritischem Urteilsvermögen und rednerischer Meisterschaft. Das geht bis in den Stil hinein, der die überraschende Wendung liebt, die Plötzlichkeit, die dialektische Pointe. »Seine *Geschichte der Religion und Philosophie in Deutschland*«, schreibt er über Heine, »besteht zu einem nicht geringen Teil aus Liebeserklärungen.« Oder: »Vergessen wir es nicht: Er gehörte zur ersten dem Ghetto entronnenen Generation. Deutsch war Heines Muttersprache. Aber es war nicht die Sprache seiner Mutter.« Oder: »Ein Genie der Haßliebe war er – und niemanden haßte und liebte er mehr als die Deutschen und die Juden.«

Wir sehen, wir hören aus jedem Satz Reich-Ranickis: Es kommt ihm auf den Effekt, auf die kalkulierte Wirkung an. Das sind Sätze, die sich festhaken, die uns in ihrem Für und Wider, ihren Paradoxien und Ambivalenzen beunruhigen wollen. Seine Artikel, Essays, Bücher überzeugen nicht allein durch immer klare, verständliche und wohlüberlegte Argumente, sondern weil sie auch für unser Ohr geschrieben sind, weil wir uns als seine Leser wahrgenommen und zugleich angeredet fühlen, weil er uns nicht nur als Gehirnwesen, sonders als interessierte, fühlende, zur Begeisterung fähige Gesprächspartner anspricht und sich daher auch verpflichtet fühlt, uns zu erheitern und mitzureißen, mitleiden zu machen und zu erfreuen. Das ist eine Prosa, die Antwort und Erwiderung will und daher nicht stumm ist. Anders ist der Glücksfall Reich-Ranicki nicht zu erklären. Denn in der Sache macht er es seinen Lesern und Hörern ja nicht etwa leicht. Ich kenne niemanden, der sich so zwanglos und sicher im Palast der Literatur bewegt, als habe er soeben die Insel Tauris verlassen, einen Nachmittag im Haus am Frauenplan verbracht oder sich im kalifornischen Santa Monica verplaudert. Und diese immense literarische Bildung ist nicht bloß eingetragen und archiviert, sondern immer präsent, ein nie ermüdender Springquell seines Geistes, seiner Rede und Schreibe.

Ich möchte den Gedanken noch ein kleines Stück weiterverfolgen, er ist für diese spektakuläre Ausnahme, die Reich-Ranicki heißt, wesentlich. Die machtvolle Verbreitung des Lesens und Schreibens seit dem sechzehnten Jahrhundert infolge von Buchdruck und Reformation brachte einen radikalen Wandel in die Literatur. War sie mehr als zwei Jahrtausende lang ein akustisches Phänomen, wurde vorgetragen, vorgelesen und das Publikum begegnete ihr als hörendes, so verlor sie jetzt ihre Stimmkraft, die »Kultur des stillen Lesens« setzte sich durch: ein ungeheurer Vorgang der Verinnerlichung.

Er hat die Literatur um ein reiches Wirkungspotenzial gebracht – in unserem Lande aus historischen Gründen besonders drastisch, sodass Friedrich Nietzsche dem Deutschen bescheinigen musste, dass er beim Lesen sein Ohr in der Nachttisch-Schublade verschlösse. Nun haben seit der Entwicklung des Rundfunks Anfang des zwanzigsten Jahrhunderts die Massenmedien einer neuen Mündlichkeit die Bahn geöffnet. Die Literatur hat längst darauf reagiert, von Alfred Döblin bis Bert Brecht, von Kurt Tucholsky bis Thomas Mann hören wir den Widerhall – einzig und allein die Literaturkritik fühlte sich nicht angesprochen, blieb auf dem still gelesenen Wort sitzen und bediente sich der Massenmedien, die sie im Übrigen verachtete, nur zur Präsentation ihrer Schreibe – die Literaturkritik blieb stumm, gerade wenn der Kritiker seine Rezensionen vorlas.

Mit dieser Tradition der Stimmlosigkeit hat Reich-Ranicki gebrochen, schon im eher exklusiven Kreis der Gruppe 47 und dann spektakulär im Fernsehen. Dass »Redenkönnen und Verstehenkönnen« verwandt sind, wie es Hans-Georg Gadamer einmal betont hat, kann man jeder Zeile, die Reich-Ranicki geschrieben, jedem Satz, den er gesprochen, entnehmen. Wir alle säßen nicht hier, wenn wir uns von ihm nicht angeredet fühlten und wenn wir von dieser Ansprache jemals genug bekommen könnten.

Aber das ist noch nicht alles. In seinen Überlegungen zur Herkunft des besonders starken antikritischen Affekts in Deutschland hat Reich-Ranicki immer wieder den Verdacht geäußert, auch antisemitische Ressentiments hätten dazu nicht unwesentlich beigetragen. Und es stimmt ja, von Heinrich von Treitschke bis zu den schreibenden Paladinen Hitlers kann er die schmählichsten Zeugnisse für seine These zitieren. Ich widerspreche ihr nicht, doch lehrt ein Blick über den Rhein, dass ein bis heute virulenter Antisemitismus doch keineswegs zur Verteufelung des kritisch sezierenden Intellekts führen muss. In Deutschland kam eben noch hinzu, was in Frankreich undenkbar ist: der Bann über die Beredsamkeit, ihre Ächtung als eine – mit den Worten Immanuel Kants – »nichtswürdige Schmeichel«-Kunst, sich der Schwächen des Menschen zu seinen Absichten zu bedienen. Die deutschen Kritiker haben alles getan, um bloß nicht in diesen Verdacht zu geraten, und etwa auch nur den leisesten Eindruck von Beredtheit, gar Wohlredenheit vermieden. Statt keiner Rhetorik kam dabei schlechte Rhetorik heraus, die weder überzeugte noch interessant und wirkungsvoll war. Aus diesem stimmlosen Chor erhob sich ein einziger Rufer, und er blieb bis heute ein Solitär seiner Zunft.

Und das auch noch in einer anderen Eigenschaft, die wir uns zuletzt noch vor Augen führen wollen. Kein Kritiker nämlich kommt ohne jenes Überzeugungsmittel aus, das scheinbar am leichtesten zur Hand, doch am schwersten zu handhaben ist: Ich meine seine eigene Person, das *ethos*, wie es die Alten nannten. Sie meinten damit nicht allein die moralischen Grundsätze, sondern das ganze Gepräge der Person, sein durch Erziehung, Umgebung und Lebensgeschichte entstandenes Charakterbild. Der Kritiker teilt übrigens diese Abhängigkeit mit dem Politiker. Für beide entscheidet die persönliche Glaubwürdigkeit über Erfolg oder Misserfolg, und wer nicht vertrauenswürdig ist, wird es in beiden Metiers nicht weit bringen.

Nun hat uns Marcel Reich-Ranicki über sich selber nie im Unklaren gelassen. Wir wissen, dass für ihn ein Leben ohne Literatur undenkbar, schärfer: nicht lebenswert wäre; dass er die Musik liebt und, wenn ihm die kritische Profession versperrt geblieben wäre, er wohl am liebsten zum Dirigentenstab gegriffen hätte; dass ihm die Liebe als wichtigste Triebkraft des Künstlers erscheint; die Neugier als notwendige Tugend des Kritikers; die Eitelkeit aber als seine unvermeidliche Begleiterscheinung. Wir kennen seine Feinde und seine Freunde; er macht kein Hehl aus persönlicher Enttäuschung oder freudiger Erwartung.

Das alles und noch viel mehr verrät er über sich – und zwar in seinen Rezensionen ebenso wie in seinen Reden und Gesprächen. Er wirft seine ganze Person in die Waagschale, doch er tut es um der Literatur willen. Seit wir seine Selbstlebensbeschreibung kennen, wissen wir, wie radikal das zu verstehen ist, und dass auch in schlimmster Bedrängnis, auf der Flucht und in Todesnot, auf die literarische Hausgemeinschaft Verlass war und sie ihm Kraft, Überlebenskraft schenkte.

Mit diesem Buch, das schon jetzt seinen ausgewählten Platz in der Literaturgeschichte der deutschen Autobiografie erobert hat, ist noch ein Weiteres gründlich anders geworden. Von Heinrich Heine, Ihrem Heinrich Heine, lieber Herr Reich-Ranicki, stammt manch sarkastische Qualifizierung des Kritikers (obwohl oder gerade weil er selber ein Meister des kritischen Metiers war) – darunter befindet sich auch ein kleines allegorisches Bild, als hätte es Kafka gemalt, Sie selber zitieren es: »Kritiker«, heißt es da, sind »wie Lakaien vor der Saaltüre bei einem Hofball, sie können schlecht gekleidete und unberechtigte Leute abweisen und gute einlassen, aber sie selbst, die Türsteher, dürfen nicht hinein.«

Sie nun sind hineinspaziert, Sie tanzen längst mit, und mir scheint es fast, als habe die Literatur Sie damit auf eigene Weise für Ihre Verdienste als ihr eingeborener Tambourmajor auszeichnen wollen. Sie haben sich ja, Herr Reich-Ranicki, niemals von der viel beredeten Krise der Literatur, von ihrer vermeintlichen Ablösung durch andere sogenannte Leitmedien irritieren lassen. Tatsächlich bewegen wir uns literarisch auf einem Feld, in dem Quantität und Quote nicht die erste Geige spielen. Wie es die Sprache ist, die allen Weltzugang überhaupt vermittelt, so können wir auf die Literatur nicht verzichten: Würde sie verstummen, würde unsere Sprache verkümmern und unser Weltzugang zum Mauseloch.

Dem aufmerksamen Beobachter unserer Lebenswelt erscheint es manchmal (und immer öfter) so, als hätten wir diesen Schwundzustand schon erreicht. »Leben die Bücher bald?« war ja schon die skeptische, die drängende Frage Hölderlins. Damit sie überhaupt wieder atmen können, die Bücher, müssen wir sie aus den Bibliotheken befreien, in denen sie zwar archiviert, aber auch begraben liegen. Das verlangt das Lesen der originalen Texte selber, und weil wir in der Schule nicht mehr lernen, wie das geschehen soll, weil wir verlernt haben, ein sicheres Gespür für Qualität zu entwickeln, und unser kulturelles Gedächtnis schwindet, je mehr die elektronischen Speichermedien vordringen – weil das alles so ist, weil Sie, Herr Reich-Ranicki, aber Resignation gar nicht erst aufkommen lassen, durchforschen Sie seit Jahrzehnten, ja, ein ganzes Lebensalter lang, die deutsche Literatur.

Das Ergebnis ist der viel besprochene Kanon. Das ist keine Bücher-Kaserne, wie ängstliche Kollegen fürchteten, sondern ein tausendtoriges Theben, in dessen Beschreibung ich mich nun aber nicht vertiefen und verlieren möchte. Eines sei versichert: Jeder, der Einlass begehrt, dem wird von unserem Türhüter aufgetan, dann aber kann und soll jeder seinen eigenen Kurs halten; er ist nicht hilflos dabei, sondern hat einen Fahrplan in der Hand.

Die Idee zu diesem Kanon, zu diesem Palast lebendiger literarischer Erinnerung, ist Ihnen, Herr Reich-Ranicki, aber aus der Erfahrung eines Mangels heraus gekommen, den Sie allenthalben feststellen mussten. Nicht ein Mangel an bloßer Kenntnis, sondern ein Mangel an Orientierung, an Zusammenhang. Den meisten ergeht es wie jenen Leuten im Land der Blinden, die, ausgeschickt, ein fremdes Tier zu erforschen, das sich in ihre Welt verirrt hatte, zu merkwürdigen Ergebnissen kamen: Der eine, dessen Hand ein Ohr ertastet hatte, sagte, es sei groß und rau wie ein Teppich. Ein anderer hatte den Rüssel berührt und widersprach: Nein, es ist wie eine dicke, bewegliche Röhre. Und einer, der die Beine angefasst hatte, reklamierte die Wahrheit für sich: Es ist mächtig und stark wie eine ganze Phalanx von Pfeilern. Marcel Reich-Ranickis Kanon der deutschen Literatur ist eine herrliche Sehhilfe – und ungefähr so mächtig wie der sagenhafte Elefant, von dem die kleine Parabel erzählt.

Eine Sehhilfe aber noch in eine andere Richtung. Die politische Philosophie unserer Tage hat die Atomisierung der Gesellschaft, ihre zunehmend nomadische Verfassung, den Verlust an Übersichtlichkeit und *koinonia*, wie die Griechen die Bindekraft der *polis* nannten, zwar zutreffend analysiert, doch keine Abhilfe geschaffen. Sie liegt auch jenseits ihrer Möglichkeiten, denn selbst das genaueste Wissen vermag nicht zu überzeugen oder zu verändern, wenn es nicht im alltäglichen Handeln verankert werden kann. Das eben ist vom Tage gefordert, wie Sie, Herr Reich-Ranicki, ein Goethe-Wort variierend, die Sammlung Ihrer Reden überschrieben haben. Arbeit am literarischen Kanon heißt Arbeit an gemeinsamen Handlungsperspektiven. Denn »wer des Knäuels zartes Ende hält, / Der schlingt sich wohl durch's Labyrinth der Welt« – das ist Goethe, und er meint die ganz praktische Funktion des Ariadnefadens, den Reich-Ranicki zu einem ganzen, wenn auch weitmaschigen Netz geknüpft hat. Auch darin besteht das Amt des Kritikers: zu prüfen, zu unterscheiden und dann zu empfehlen, was wir zur gemeinsamen Verständigung nötig haben.

Derart betreiben Sie, lieber Herr Reich-Ranicki, die Kritik zuerst und zuletzt um des praktischen Seins und gemeinschaftlichen Handelns willen – auf dass aus dem Menschen ein Bürger werde – in der emphatischen Bedeutung des so viel missbrauchten Wortes: ein Gleicher unter Gleichen. Kein Staat, der ein Interesse an solchen Bürgern hat, wird das Amt des Kritikers erschweren, wie unbequem es ihm oftmals erscheint und lästig fällt. Er wird es befördern, wo es nur geht, den Kritiker zu ehren, wie er nur kann. Quod erat demonstrandum, deshalb also haben wir uns heute hier versammelt.

Ehrendoktorwürde der Freien Universität Berlin, 2006

ROLF-PETER JANZ

Vor dem Ballsaal, in dem die Schriftsteller tanzen

Literaturkritiker und Literaturwissenschaftler sind einander in herzlicher Abneigung zugetan, jedenfalls in Deutschland. Mit Liebe und ebenso viel Argwohn werden von beiden Seiten die Vorurteile gepflegt. Literaturwissenschaftler sind gründlicher, scheuen aber das unübersichtliche Gelände der Gegenwartsliteratur, und was sie schreiben, ist unverständlich, so heißt es. Kritiker dagegen sind oberflächlich und bloß »subjektiv«, sagt man. Sie, Herr Reich-Ranicki, haben, auch als Gastprofessor an mehreren Universitäten, sehr viel getan, um mit diesen wechselseitigen Animositäten aufzuräumen. Sie haben in Ihrer eigenen kritischen Praxis das journalistische Temperament auf einzigartige Weise mit dem Habitus des Wissenschaftlers verbunden, der sich beim Lesen größte Genauigkeit abverlangt und der seine Urteile gut begründen muss, sollen sie glaubhaft sein und die Leser überzeugen. Das aber, seien wir ehrlich, geht im Zweifelsfall nicht ohne Polemik.

Das Genre »Laudatio« hat seine Tücken, und kaum einer dürfte das besser wissen als Sie, denn Sie haben selbst mehr als eine Lobrede gehalten und mehr als einer zugehört. Dieser Ehrung heute geht freilich eine Reihe von außerakademischen Titeln voraus, die man Ihnen, verehrter Herr Reich-Ranicki, im Laufe der Jahre zuerkannt hat, und die meisten stammen wohl von Journalisten; manche sind schmeichelhaft, andere weniger: Einen »Literaturpapst« hat man Sie genannt, einen »Popstar«, einen »Literatur-Wüterich«, einen »sadistischen Polemiker«, einen »Übertreibungskünstler« etc. (Sie ahnen es: Die Liste ist länger). Gegen einige haben Sie sich öffentlich verwahrt – vergeblich, soweit ich sehe.

Polemik ist also im Spiel, wenn es um die Literaturkritik geht, also um Ihren Hauptberuf, und zu Recht verweisen Sie auf Lessing, den Sie einmal den »Vater der Literaturkritik« genannt haben. Ihr Lessing-Porträt hebt vor allem drei Züge hervor: Er hat darauf bestanden, dass Literaturkritik ohne Polemik nicht zu haben ist, er hat zur Institutionalisierung der Kritik in Deutschland erheblich beigetragen, und es ist ihm gelungen, Journalismus und Kritik ins rechte Verhältnis zueinander zu setzen.

»Die Herkunft vom Journalismus ist der kritischen Prosa Lessings fast immer anzumerken«, schreiben Sie in der Einleitung zu *Lauter Verrisse*. »Das hat ihr nicht geschadet. Im Gegenteil: Sie ist gerade in dieser Hinsicht vorbildlich [...] geblieben. Denn er [Lessing] diente der Wissenschaft mit dem Temperament des Journalisten und betrieb den Journalismus mit dem Ernst des Wissenschaftlers.«

Kein Zweifel, wer in dieser Weise Lessing porträtiert – und neben ihm andere Kritiker wie Fontane, Alfred Kerr, Alfred Polgar oder Kurt Tucholsky –, verfasst zugleich auch ein Selbstporträt.

Kritik als Beruf, das hieß früher vor allem, sich heftigen Anfeindungen auszusetzen. Besonders beliebt war es, Kritiker mit Tieren (etwa Läusen, Flöhen oder Wanzen) zu vergleichen; der junge Goethe machte da keine Ausnahme. Von ihm stammt die Verszeile: »Schlagt ihn tot den Hund! Es ist ein Rezensent.« Doch unübertroffen in ihrer Radikalität bleibt wohl die Bemerkung Nietzsches, die Sie einmal mit

Vergnügen zitieren: »Die Insekten stechen, nicht aus Bosheit, sondern weil sie auch leben wollen: ebenso unsere Kritiker; sie wollen unser Blut, nicht unsern Schmerz.«

Kritik als Beruf, das heißt für Sie, eine Vielzahl von Rollen gleichzeitig zu übernehmen, gleich ob Sie sie selbst gewählt haben oder ob sie Ihnen aufgedrängt worden sind. »Zwei Seelen wohnen [...] in des Kritikers Brust«, haben Sie 1963 in Ihrer *Selbstkritik des ›Blechtrommel‹-Kritikers* angemerkt, »in zwei Rollen tritt er gleichzeitig auf: als Rechtsanwalt und als Staatsanwalt.«

Als Anwalt vertreten Sie »mit liebevoller Teilnahme« und unter Hinweis »auf mildernde Umstände« die Sache der Literatur, weniger die des Autors; zugleich aber fahndet der Staatsanwalt im Kritiker nach allem »Schwachen, Fragwürdigen und Schlechten. [...] Im Interesse der Literatur kann ich nicht zu streng sein. Mein Schützling ist auch mein Opfer.« Eine Rezension aus Ihrer Feder ist im Idealfall die Summe aus beiden Plädoyers.

Ein Richter, der Urteile spricht, wollen Sie nicht sein, und die im achtzehnten Jahrhundert gängige Rede vom Kritiker als »Kunstrichter« lehnen Sie ab. Urteile, sagen Sie, würden später einmal »von den hohen Richtern, den Literaturhistorikern gefällt«. Auch wer geneigt ist, das als Kompliment zu nehmen, muss sich fragen, ob Sie uns, den Literaturhistorikern, nicht doch einen Teil der Arbeit abnehmen. Haben literarische Wertungen, in »Verrissen« zumal, nicht doch den Charakter von Urteilen, mit spürbaren Folgen für das Buch, das Sie besprechen? Und für den Autor? Dass Autoren Ihnen einen Verriss nachtragen, bezeugt vielleicht nicht nur deren gekränkte Eitelkeit, sondern auch die Reichweite Ihrer Kritik.

Kritiker seien wie Lakaien vor der Saaltür bei einem Hofball, hat Heinrich Heine einmal bemerkt, und ich denke, Sie haben auch ihn mit Vergnügen zitiert: Zwar können sie unberechtigte Leute abweisen und andere einlassen, aber sie selbst, die Türsteher, dürfen nicht hinein. Der Ballsaal ist den Schriftstellern vorbehalten, dort tanzt die Literatur.

Und eine weitere Doppelrolle haben Sie schließlich auch noch übernommen: die des Pädagogen und des Entertainers. Dass Nörgler Sie gelegentlich der Schulmeisterei bezichtigen, macht Ihnen nicht das Geringste aus, und dass Sie als »Lehrer« auch noch Ihr Publikum blendend unterhalten, ist ein Glücksfall – für die Literatur, das literarische Leben, für uns alle.

Sie haben bei älteren Literaturkritikern gelernt, Sie ziehen es vor, Ihre Kriterien aus den Werken selbst zu gewinnen, und halten es statt mit der Theorie eher mit dem Common Sense, der besser ist als sein Ruf und den hinter sich zu lassen der Literaturtheorie oft schlecht bekommt. Deutungen eines Werkes, die sich bei der Biografie des Autors rückversichern, sind Ihnen suspekt. Nur in einem Punkt sind Sie unerbittlich, und wer Gelegenheit hatte, Sie im *Literarischen Quartett* in Aktion zu sehen, gegenüber den Mitstreitern nicht immer generös, hat es oft gehört: Literatur darf alles Mögliche, nur langweilen darf sie nicht. Doch Sie gestehen zu, oft schweren Herzens, dass ein anderer Leser das gleiche Werk, das Sie langweilt, faszinierend finden kann.

Ihre sensationelle Popularität hat vermutlich viel mit Ihrer Streitlust zu tun. Dabei wird – und das ist erklärlich – beharrlich ausgeblendet, dass Sie nicht nur *Lauter Verrisse*, sondern auch ihr Gegenstück, *Lauter Lobreden*, herausgebracht haben. Einige spezielle Tugenden haben Sie zu einer Ausnahmeerscheinung in der deutschsprachigen Literaturkritik gemacht: anschauliche Sprache (knapp, »ohne Mayonnaise«), Verständlichkeit, intellektuelle Neugierde und der Mut, lieber falsch als halbherzig zu urteilen. Die größte Ihrer Tugenden aber ist die Passion für die Literatur, eine Leidenschaft, die sogar Ihre Gegner bewundern. Dabei gelten Ihre stärksten Sympathien der Lyrik. Seit mehr als dreißig Jahren veröffentlichen Sie in der *Frankfurter Allgemeinen Zeitung* Gedichte, lassen sie interpretieren und bringen sie in der *Frankfurter Anthologie* heraus. Die Lyrik hat in Deutschland im Vergleich zur Prosa traditionell einen schweren Stand. Umso wichtiger ist es, dass Sie mit solchem Elan ein öffentliches Forum für die Lektüre von Gedichten unterhalten und damit selbst die Gebildeten unter ihren Verächtern erreichen. Ich breche den Tugendkatalog hier besser ab, denn wer Ihnen, verehrter Herr Reich-Ranicki, Ihre Verdienste vorzählt, tut ja so, als seien es so wenige, dass ihrer einzeln gedacht werden müsste.

Es wäre für einen Kritiker aussichtslos, seine Vorlieben zu verheimlichen, das war Ihnen früh bewusst, und so machen Sie keinen Hehl aus ihnen und kehren immer wieder zu ihnen zurück: zu Heinrich Heine, Stendhal, Theodor Fontane, Thomas Mann, Nabokov und – neben Schiller – natürlich Goethe. Aber, Sie werben unermüdlich auch für Autoren, die wenig Aufmerksamkeit gefunden haben, so Wolfgang Koeppen oder Hilde Spiel.

Über Ruhestörer heißt das Buch aus dem Jahre 1989, das Sie über jüdische Autoren geschrieben haben, denen die literarische Anerkennung lange verweigert wurde: unter ihnen wiederum Heinrich Heine, weiterhin Ludwig Börne, Peter Weiss oder Hermann Kesten, auf den Sie auch eine der *Lobreden* verfasst haben. Sie widmen das Buch dem »Andenken jener, die von Deutschen ermordet wurden, weil sie Juden waren«; und Sie nennen Ihren Vater, Ihre Mutter und Ihren Bruder.

Im August 1999 ist Ihre Autobiografie *Mein Leben* erschienen. Auf dem Vorsatz steht: »Für Teofila Reich-Ranicki und Andrew Alexander Ranicki.« Das Buch ist rasch ein Bestseller geworden, es wurde in viele Sprachen übersetzt, und der unglaubliche Erfolg hat alle überrascht, sicher auch Sie selbst. Der umstrittene Kritiker hat unversehens das Metier gewechselt und präsentiert sich als ein anderer, als Erzähler seines Lebens, der diesmal breite Zustimmung findet. Dieser Lebensbericht ist in vielen Passagen gerade deshalb ergreifend und bewegend, weil er leise Töne anschlägt, weil er Zweifel äußert, weil er auf Distanz bedacht ist und diskret bleibt. Beinah nüchtern berichtet er von der Todesangst der Juden während des Naziterrors in Polen. Man spürt, dass hier ein Erzähler am Werk ist, der nach der Flucht mit seiner Frau aus dem Warschauer Ghetto dem polnischen Paar, das sie in ihrem Haus versteckte, über Stunden, Wochen und Monate Geschichten erzählen musste, um zu überleben. Es waren Geschichten aus den Stoffen der Literatur.

Ihr Buch ist zugleich die einzigartige Geschichte Ihres Lebens und ein zeitgeschichtliches Dokument, und über beiden liegt – wie auch anders – eine unüberhörbare Melancholie. Überdies bieten Sie im Schlussteil eine Innenansicht des literarischen Lebens in Deutschland, die kennenzulernen nicht immer vergnüglich ist.

Der kritische Türsteher, von dem Heine sprach, ist mit dieser Geschichte seines Lebens schließlich doch in den Ballsaal eingetreten, in dem nur die Schriftsteller tanzen. Und die haben Sie willkommen geheißen.

Das Institut für Deutsche und Niederländische Philologie, der frühere Fachbereich Germanistik, hat 1982 die Ehrendoktorwürde an Hermann Kesten und Fritz Landshoff verliehen und damit ihre außerordentlichen Verdienste um die deutsche Exilliteratur in den Verlagen Allert de Lange und Querido in Amsterdam gewürdigt. Querido hat unter anderem die Werke Klaus Manns verlegt. Einige Jahre später erhielt sie Leo Löwenthal, der Freund Adornos und Horkheimers, der mit dem Frankfurter Institut für Sozialforschung ins amerikanische Exil gegangen war. Wir freuen uns sehr, heute mit Ihnen diese Tradition fortsetzen zu können.

MARCEL REICH-RANICKI

Berlin und ich

Man hat mich in diesen Tagen mehrfach gefragt, was denn der Ehrendoktor der Freien Universität Berlin für mich bedeute. Meine Antwort hat die Fragenden nicht recht zufriedengestellt und eher verwundert. Ich sagte nämlich, ich sei als Kritiker von der deutschen Kultur der Zwanzigerjahre geprägt, und somit natürlich von der Kultur Berlins. Die Verwunderung ist verständlich, denn als ich 1929 aus Polen nach Berlin kam, war ich gerade neun Jahre alt – und als Hitler Reichskanzler wurde, war ich, alles in allem, zwölfeinhalb Jahre alt. Das Berlin, das ich erlebt habe, war somit das Berlin im »Dritten Reich«.

Dort habe ich meine ganze Jugend verbracht – bis zum Herbst 1938, als ich einige Monate nach dem Abitur verhaftet und nach Polen deportiert wurde. Aber ich meine, was ich vorher gesagt habe, ganz ernst: Mich hat tatsächlich in hohem Maße das Theater der Weimarer Republik geprägt, obwohl ich in der Weimarer Republik nur eine einzige Theatervorstellung gesehen habe. Das klingt mysteriös, ja, widerspruchsvoll. Ich will es jetzt etwas vereinfachen, um es klar darstellen zu können.

Die erste und einzige Vorstellung, die ich in der Weimarer Republik gesehen habe, war Schillers *Wilhelm Tell* im Herbst 1932. Wer stand in dieser beachtlichen und interessanten Aufführung auf der Bühne, und was geht uns das heute an? Vielleicht doch ein wenig. Und vielleicht darf man gleich fragen, was aus diesen Schauspielern im »Dritten Reich« geworden ist.

Den Arnold von Melchtal gab ein noch junger Schauspieler, der einige Jahre später als Filmregisseur sehr erfolgreich war und den niederträchtigsten Film gegen die Juden gedreht hat, der je produziert wurde, den *Jud Süß*. Er hieß Veit Harlan. Als Tell sah man Werner Krauß, der in diesem Film drei oder vier Juden spielte und deutlich bemüht war, den einen Juden noch widerlicher zu spielen als den anderen.

Die Frau des Tell war Eleonora von Mendelssohn, die aus der Familie des jüdischen Philosophen Moses Mendelssohn und des Komponisten Felix Mendelssohn Bartholdy stammte. Sie musste 1933 emigrieren und hat sich später in den Vereinigten Staaten das Leben genommen. Der Darsteller jenes Konrad Baumgarten, der im ersten Akt des *Tell* vor den Schergen des Landvogts flieht, war ebenfalls ein Jude: Alexander Granach. Sehr bald musste er selber fliehen – nach Amerika, wo er wenige Jahre später starb.

Den Johannes Parricida verkörperte Paul Bildt, der mit einer Jüdin verheiratet war. Nach deren Tod hat er, in Verwirrung geraten, mit seiner Tochter Selbstmord verübt. Nur er überlebte. Den Ulrich von Rudenz spielte Hans Otto, ein Kommunist, der sofort nach der Machtübernahme der Nationalsozialisten im Untergrund kämpfte. Im November 1933 wurde er in der Gestapohaft ermordet. Nach ihm wurde in DDR-Zeiten ein Theater in Potsdam benannt.

Diese Aufstellung, die man natürlich noch verlängern könnte, deutet die zeitgeschichtlichen Verhältnisse an, in denen das deutsche Theater ab 1933 existierte. Und es war ab 1933 eine Epoche des Verfalls des deutschen Theaters und zugleich einer Blüte – beides lief parallel.

Das Theater hatte sofort, kaum dass die Nazis an die Macht gekommen waren, enorme Repertoire-Schwierigkeiten. Die meisten neueren deutschen Dramatiker durften nicht mehr gespielt werden, weil sie Juden oder jüdischer Herkunft waren – wie Carl Sternheim, Arthur Schnitzler, Hofmannsthal oder Ferdinand Bruckner, weil sie Gegner des »Dritten Reichs«

waren und Emigranten – wie Brecht, Horváth oder Georg Kaiser, oder weil sie als »entartet« galten – wie Wedekind, Barlach oder Marieluise Fleißer. Das zwang die Intendanten der wichtigsten Bühnen, vor allem auf die Klassik auszuweichen – von Aischylos bis George Bernard Shaw, von Lessing bis Gerhart Hauptmann. Auch da gab es Schwierigkeiten, denn Stücke, die mit Juden zu tun hatten, waren verboten – also etwa Lessings *Nathan der Weise* oder Hebbels *Judith*.

Aber man kann nicht ein Theater nur mit Klassikern aufrechterhalten. So versuchten die Intendanten, vom Archiv der Theatergeschichte zu profitieren. Man spielte allerlei Boulevardstücke und einst berühmte, doch längst verstaubte Reißer – wie etwa Scribes *Glas Wasser*, Dumas' *Kameliendame* oder den *Raub der Sabinerinnen* von Franz von Schönthan.

Andere Schwierigkeiten waren entstanden, weil die führenden deutschen Regisseure mit Max Reinhardt an der Spitze emigrieren mussten – und das gilt auch für viele der besten Schauspieler, etwa Fritz Kortner, Elisabeth Bergner, Ernst Deutsch, Albert Bassermann, Therese Giehse oder Helene Weigel.

Natürlich hat das alles zu einem unübersehbaren Verfall des Theaters geführt. Und doch gelang es gleichzeitig, vorwiegend in Berlin, ein blühendes Theater zu organisieren, zumindest in einigen Häusern. Dies war das Werk vor allem eines jungen, 1934 kaum vierunddreißig Jahre alten Schauspielers und Regisseurs – das Werk von Gustaf Gründgens. Er machte in dem Schauspielhaus am Gendarmenmarkt und etwas später in zwei weiteren an das Schauspielhaus angegliederten Bühnen hervorragendes Theater. Das gilt auch für Heinz Hilpert, der das Deutsche Theater und die Kammerspiele leitete. Hervorragende Theaterkunst mitten im »Dritten Reich«? Wie war das möglich?

Beide, Gründgens und Hilpert, waren vorzügliche Repräsentanten der Theaterkultur der Weimarer Republik – und sie führten diese Kultur auf ihre Weise im »Dritten Reich« fort. Hilpert war als Regisseur die rechte Hand von Max Reinhardt gewesen. Er machte im Deutschen Theater und in den Kammerspielen in der Schumannstraße das Reinhardt-Theater weiter – vielleicht bescheidener und jedenfalls weniger spektakulär.

Alle Theater unterstanden Goebbels, mit Ausnahme der preußischen Staatstheater, für die der preußische Ministerpräsident zuständig war, also Göring. Zwischen Goebbels und Göring gab es in Sachen Theater einen etwas kindischen Konkurrenzkampf: Göring wollte Goebbels beweisen, dass die ihm unterstehenden Theater die besten in Deutschland seien. Das ist ihm schließlich gelungen, dank Gründgens, den er konsequent förderte und den Goebbels misstrauisch und skeptisch beobachtete.

Göring ermöglichte es Gründgens, die besten deutschen Schauspieler im Haus am Gendarmenmarkt zu beschäftigen. Vor allem: Gründgens (und nur Gründgens!) durfte Schauspieler engagieren und damit retten, die in Ungnade gefallen und gefährdet waren – weil ehemalige Kommunisten, weil ein bisschen jüdisch, weil jüdisch »versippt« oder weil sie der Gestapo aus irgendwelchen anderen Gründen missfielen.

Ich habe die Kultur der Weimarer Republik im »Dritten Reich« ziemlich genau kennenlernen können. Da waren ja die Schallplatten, da waren die Bücher, da waren die Programmhefte noch da. Und ich las das, was mich faszinierte und was bis heute die Kultur der Weimarer Republik repräsentiert. Ich las Verse von Brecht und Kästner, Feuilletons und Reportagen von Tucholsky, Joseph Roth und Egon Erwin Kisch, Kritiken von Alfred Kerr. Ich hörte die Songs der *Dreigroschenoper* und aus dem Film *Der Blaue Engel*. Ich hörte die Stimmen, die ich dann immer wieder hörte: von Marlene Dietrich, von Lotte Lenya, von Richard Tauber, von Ernst Busch – auch in den schlimmsten folgenden Jahren. Ich sah die Zeichnungen von Grosz und die Fotomontagen von John Heartfield. Natürlich las ich auch die Romane, die in der Weimarer Republik entstanden sind und eine wichtige Rolle spielten – vom *Zauberberg* bis hin zum *Alexanderplatz*.

Wie sah dieser wechselseitige Prozess – die Literatur, die mich zum Theater trieb, und das Theater, das mich wiederum zur Literatur trieb – im »Dritten Reich« aus? Ich ging in Theater, auf deren Programmheften das Hakenkreuz zu sehen war. Ich ging in Opernvorstellungen, bei denen man im Programm las: »Die Hochzeit des Figaro – eine Oper von Mozart.« Und? Ist der Text vom Himmel gefallen? Wer den Text geschrieben hatte, durfte nicht erwähnt werden, denn Lorenzo da Ponte war Jude. Also wurde er verschwiegen, und weder bei *Don Giovanni* noch beim *Figaro* wurde der Name genannt.

Was suchte ich im Theater und in der Oper? Zunächst: Diejenigen, die großes Theater machten, und – ich werde nachher von Gründgens sprechen, weil er die interessanteste und wichtigste Figur dieser Epoche ist – diejenigen also, die Theater machten, haben natürlich durch ihre Existenz, durch das Theater, durch die Oper dem »Dritten Reich« gedient. Kein Zweifel, sie trugen dazu bei, dass das »Dritte Reich« sich präsentieren konnte als eine Macht, die Kultur förderte. Aber sie haben zugleich sehr vielen Menschen, die im »Dritten Reich« lebten, Beistand und Zuflucht geboten. Für die Berliner Philharmoniker mit Furtwängler an der Spitze gilt dasselbe.

Deutsche Literatur und deutsches Theater wurden in jenen Jahren für viele, auch für mich, zum Asyl. Für einen Juden mitten in Berlin zu einem Elfenbeinturm, in dem sich dieses Kulturleben der Weimarer Republik, soweit es ging, noch fortsetzen ließ. Wenn dieses Theater in Berlin also gut war –

ich spreche vom Theater bis Ende 1938, das ich noch gesehen habe –, so war es der Geist der Zwanzigerjahre, der hier wirkte, und die Tatsache, dass der Verlust der Schauspieler durch andere gute Schauspieler ausgeglichen wurde, die man in Berlin konzentrierte und die für die Provinzstädte nicht mehr zur Verfügung standen. Suchte ich im Theater etwa das andere Deutschland? Nein, eher eine Gegenwelt.

Etwa in den Jahren 1936/37 geschah etwas Ungewöhnliches: Die führenden Theater in Berlin begannen ein wenig und gleichsam unter der Hand, gegen das »Dritte Reich« zu wirken. Das war eine außergewöhnliche Sache – vielleicht unter dem Einfluss der Olympischen Spiele und der vorübergehend etwas liberaleren Zeitperiode. Die antisemitische Propaganda war ja in Berlin und anderen Städten plötzlich verboten, die roten *Stürmer*-Kästen wurden alle abmontiert, aber kurz nach den Olympischen Spielen natürlich wieder an die Wände montiert.

Was war passiert? Man versuchte, klassische Dramen so darzubieten, dass sie als Widerstandsleistungen gegen das »Dritte Reich« bewertet werden konnten. 1937 spielte man im Deutschen Theater an der Schumannstraße *Don Carlos*. Im dritten Akt fällt wie üblich Marquis Posa auf die Knie und ruft den etwas sinnlosen Satz: »Geben Sie Gedankenfreiheit!« Warum Schiller das nicht besser formuliert hat, weiß ich bis heute nicht, denn Gedankenfreiheit hat jeder. Darum muss man weder König Philipp noch Adolf Hitler bitten. Was Schiller und Marquis Posa meinten, ist: »Geben Sie die Möglichkeit, Gedanken zu äußern, geben Sie uns die Freiheit, Gedanken zu formulieren und zu artikulieren.« Man spielte den *Don Carlos* im Deutschen Theater, Ewald Balser den Marquis Posa, der auf Knien ruft: »Geben Sie Gedankenfreiheit« – mit einem riesigen Beifall. Der Beifall dauerte vier oder fünf Minuten. Man sagte, das sei eine große Demonstration gegen das »Dritte Reich« gewesen. Aber Goebbels und Rainer Schlösser, der oberste Theaterpolitiker, waren klüger und fragten: »Was ist denn los? Als der *Don Carlos* uraufgeführt wurde, hat man auch an dieser Stelle geklatscht. Was stört uns das, wenn die Leute immer an dieser Stelle klatschen? Weiterspielen lassen!«

Das Stück wurde noch neununddreißig Mal in Berlin gespielt. Aber man hatte sich gefreut. Das Stück war vielleicht eine minimale Widerstandsleistung.

Im selben Jahr wurde *Richard der Dritte* in einer Fehling-Inszenierung mit Werner Krauß am Gendarmenmarkt aufgeführt. Ich war dabei. Es war eine Inszenierung, die mich sehr beeindruckte und die ich heute als etwas Lächerlich-Läppisches empfinde. Werner Krauß humpelte auf der Bühne von einem Ende zum anderen, so steht es auch bei Shakespeare. Dass das gegen Goebbels gerichtet war, weil auch er humpelte, ist leicht übertrieben. Aber es gab keinen Zweifel, dass man bestimmte Stellen im Shakespeare-Text, die gegen die Grausamkeit und den Terror der Machthaber gerichtet waren, besonders akzentuierte. Und es ging noch weiter. Die Wächter um Richard den Dritten trugen lederne, schwarze und braune Uniformen. Man musste blind sein, um nicht zu sehen, dass das eine Anspielung auf die SA und die SS war.

Es wurde dann im Jahre 1937 Mode, in klassischen Werken mit solchen Anspielungen etwas gegen das »Dritte Reich« zu tun. Ich habe das zitternd mit angesehen und Angst gehabt, was daraus werden würde und ob hier nicht menschliches Leben riskiert wird. Ich habe mir bei der Akzentuierung bestimmter Stellen in klassischen Texten gedacht: Diejenigen, die das verstehen, waren ohnehin gegen die Nazis. Man hat damit also nicht viel erreicht. Die Freiheit und das Leben von Schauspielern und Regisseuren wurden riskiert, ohne irgendetwas bewirken zu können.

Man hat im damaligen Theater einen Autor viel gespielt, der ganz überraschend in Deutschland zum Modeautor wurde: Gerhart Hauptmann. Hauptmann wurde freigegeben. Von den *Webern* abgesehen, konnten alle seine Stücke gespielt werden, und ich selber habe ihn in der Loge bei der Premiere seines Stücks *Die Jungfern vom Bischofsberg* gesehen – und Hauptmann hob neben Göring und unter enormem Beifall die Hand zum Hitlergruß. Es war ein etwas erschütternder Anblick.

Der Autor, der am meisten aufblühte, den man unentwegt spielte, war ein anderer: Shakespeare. Immer, wenn es ganz schlimm ums deutsche Theater bestellt ist, spielt man Shakespeare. Wir wissen auch: Das ist ein so ungewöhnlicher Autor der Weltliteratur, dass ihn niemand kaputtmachen kann. Nicht einmal die deutschen Regisseure. Das haben wir auch in den letzten zwanzig Jahren oft erlebt.

Was bleibt von Kunst? Robert Musil hat einmal darauf geantwortet: »Wir als Geänderte bleiben.« Das ist schon unendlich viel, mehr ist nicht zu erreichen. Ich habe das mit Shakespeare im »Dritten Reich« erlebt, als ich *Romeo und Julia* zum ersten Mal in meinem Leben gesehen habe, ohne vorher das Stück gelesen zu haben. Ich war völlig stumm nach diesem Erlebnis, weil ich zum ersten Mal begriff, was Liebe ist. Ich glaube, das hat niemand stärker, besser und intensiver gezeigt als Shakespeare in *Romeo und Julia*.

Mein zweites, noch wichtigeres Erlebnis in jener Zeit war *Hamlet*. Ich habe den *Hamlet* in vielen Sprachen und vielen Ländern gesehen, aber das größte *Hamlet*-Erlebnis meines Lebens war der *Hamlet* von Gründgens. Gründgens ist eine ungewöhnliche, heute noch unterschätzte Figur des »Dritten Reichs«. Er war Intendant und schließlich sogar Preußischer Staatsrat. Seine Leistungen will ich hier nur kurz erwähnen: Er hat das Leben vieler Menschen gerettet, er hat, um nur ein Beispiel zu nennen, das Leben von Ernst Busch mit absoluter Sicherheit gerettet. Er hat es gewagt, Derartiges zu tun, obwohl er homosexuell war. Das heißt, dass er in der Hand des »Dritten Reiches« war und jederzeit erpresst und rausgeschmissen werden konnte. Obwohl ihn Göring beschützt hatte, konnte er doch nie die Sicherheit haben, dass ihm nichts passieren werde, weil Goebbels es gerne gesehen hätte, wenn man Gründgens rausgeschmissen hätte.

Warum hat mich der *Hamlet* so außerordentlich tief beeindruckt? Ich war damals sechzehn Jahre alt, und ich sah ein Stück, in dem ich meine Situation wiedererkannt habe. Wir sind ja immer glücklich, wenn wir in Romanen oder Bühnenstücken unser Schicksal wiedererkennen. Ich habe es wiedererkannt dank der Leistung von Gründgens. Er war der Schauspieler, den ich in meinem ganzen Leben am meisten bewundert habe – diesen Preußischen Staatsrat mitten im »Dritten Reich«. Wenn der Begriff »Asphaltkultur« oder »Asphaltliteratur« auf einen Schauspieler hätte bezogen werden können, dann war es ohne Zweifel Gründgens. Er war in jener Epoche der »Antityp« der Zeit. Mit Blut und Boden hatte seine Arbeit als Schauspieler und Regisseur rein gar nichts zu tun. Nicht Blut und Boden verkörperte er, sondern das Morbide, das Zwielichtige, das Anrüchige. Nicht die Helden spielte er, die Gläubigen, sondern die Gebrochenen, die Degenerierten, die Schillernden, die Neurotiker. Mit seiner antiheroischen Haltung, seiner Vorliebe für die Zweifler, für die Ironiker, die Skeptiker – damit wollten die Nazis nichts zu tun haben. Er hat also widerlegt, was sie anstrebten. Was die Nazis laut verkündeten, hat er mit seiner Arbeit als Schauspieler immer wieder widerlegt. Vor allem im *Hamlet*.

Warum hat mich dieser *Hamlet* von Gründgens so tief persönlich getroffen wie kaum eine Theatervorstellung in meinem ganzen Leben – auch nicht der *Faust* mit Gründgens als Mephisto, obwohl das eine Glanzleistung war? Vor dem Krieg und nach dem Krieg habe ich ihn gesehen. Gründgens spielte den Hamlet als einen passionierten Bücherleser und Theaterenthusiasten. Gründgens hat die berühmten Worte »Die Zeit ist aus den Fugen« und »Ganz Dänemark ist ein Gefängnis« ganz stark akzentuiert – ja, er ist sogar in manchen Vorstellungen nach vorne an die Rampe gegangen, um es für jeden im Saal verständlich zu sagen: Er meine nicht Dänemark, er meine Deutschland.

Gründgens zeigte als Hamlet, dass in diesem Königreich ein Polizeistaat existierte, in dem sich alle gegenseitig bespitzeln. Polonius schickt seinen Sohn Laertes nach Paris, und gleich werden zwei Leute hinterhergeschickt, die mit ihm aufgewachsen sind: Rosenkranz und Güldenstern, die ihn ausspionieren sollen. In diesem Staat, wie ihn Gründgens zeigt, vertraut niemand niemandem. Die Mutter und Königin wird, als sie mit Hamlet reden soll und auch schließlich redet, hinter einem Vorhang von Polonius bewacht. Der Hamlet von Gründgens war ein Hamlet, der seiner Epoche hoch überlegen und andererseits doch nicht gewachsen war. Das ist das Unerhörte, das Dramatische gewesen. Nachdem ich Gründgens' *Hamlet* gesehen hatte, habe ich das Stück ganz anders gelesen. Jede Szene des Stückes. In dieser dekadenten Figur sah ich mein eigenes Schicksal gespiegelt, als Jude mitten im »Dritten Reich«. Ich glaubte es zu erkennen, und seitdem liebe ich es wie nur noch ein Drama in der Weltliteratur: den *Faust*.

Aber aus jener Zeit im »Dritten Reich« sind nicht nur wichtige Theatereindrücke in meinem Gedächtnis geblieben. Ich habe auch ein anderes Erlebnis gehabt, das ich nie vergessen werde und das auf einer ähnlichen Basis zu sehen ist. Es war Anfang 1937, als ich von einem älteren Freund und Verwandten gebeten wurde, an einem Abend in eine Villa zu kommen. Da wurde den vielleicht acht oder zehn versammelten Personen etwas vorgelesen. Etwas, was man nicht öffentlich lesen konnte. Keiner von uns wusste, zu welchem Zweck wir zusammengerufen wurden. Gelesen wurde jener Brief Thomas Manns an den Dekan der Philosophischen Fakultät der Universität Bonn: die Erwiderung auf die Aberkennung der ihm einst verliehenen Ehrendoktorwürde. Jener Brief, in dem der so wunderbar formulierte Satz steht: Die Nationalsozialisten »haben die unglaubwürdige Kühnheit, sich mit Deutschland zu verwechseln! Wo doch vielleicht der Augenblick nicht fern ist, da dem deutschen Volke das Letzte daran gelegen sein wird, nicht mit ihnen verwechselt zu werden.«

Das war ein ganz großes Erlebnis für mich. Wir wussten ja, dass Thomas Mann in der Schweiz ist, aber er hatte nicht endgültig mit dem »Dritten Reich« gebrochen. Erst dieser Brief ließ keinen Zweifel an seiner Entscheidung zu. Ich muss Ihnen sagen, dass mich dieser Brief beglückt hat. Tatsächlich beglückt hat. Ich liebe Thomas Manns Prosa seit meiner Jugend, seit ich *Tonio Kröger* und die *Buddenbrooks* gelesen habe. Die Angst war enorm, er könne sich vielleicht so wie Gerhart Hauptmann verhalten, nach Deutschland zurückkehren und hier ruhig und zurückhaltend leben. Wir wissen auch, wie seine Familie kämpfte, dass der Vater sich entscheiden müsse. Und er hat sich entschieden. Ich habe damals etwas geahnt, aber noch nicht begriffen. Deutschland wird im zwanzigsten Jahrhundert durch zwei Figuren personifiziert: Adolf Hitler und Thomas Mann. Und ich habe später erst begriffen, dass es ein Unglück für Deutschland wäre, wenn man einen von beiden vergessen oder verdrängen wollte.

Das alles ist Berlin. Das waren meine wichtigsten Erlebnisse in Berlin. Ende 1938 bin ich in Berlin in der Spichernstraße verhaftet und nach Polen deportiert worden. Thomas Mann und Adolf Hitler. Ich glaube, ich habe beide begriffen, verstanden. Ich weiß, was ich Berlin zu verdanken habe. Ich habe nach dem Krieg Gründgens in Berlin auf der Bühne gesehen und später in Hamburg. Leider hatte ich nicht den Mut, mit ihm zu sprechen. Ich war in Deutschland noch vollkommen unbekannt und hatte Angst, zu ihm zu gehen. Wäre ich doch zu ihm gegangen, dann hätte ich ihm sagen müssen, dass ich ihm mehr verdanke als irgendeinem anderen Schauspieler. Und dass ich seine Haltung im »Dritten Reich«, wiewohl er von Görings Gnaden Preußischer Staatsrat war, bewundert habe und nach wie vor bewundere.

Meine Damen und Herren, das sind einige Punkte meines Verhältnisses zu Berlin, zu dem, was ich in Berlin gesehen, was ich in Berlin gelernt habe. Das Theater in Berlin hat in diesen Jahren zur politischen Aufklärung nichts beigetragen, aber das Theater hat – ähnlich wie die Literatur – etwas ganz anderes geboten, etwas unendlich Wichtiges. Ich möchte das Kräftezuwachs nennen. Dass man, wenn man sich einsam und unglücklich fühlt, etwas weniger einsam und unglücklich fühlen kann, nachdem man ein Drama von Schiller oder Goethe auf der Bühne sah, und hörte, was die Philharmoniker spielten. An all das denke ich, wenn ich mir die Frage stelle, was ich damals erlebt habe. Wäre ich in München, Hamburg, Wien oder Zürich aufgewachsen – ich wäre auch Kritiker geworden. Aber ich wäre ein anderer Kritiker, als ich es geworden bin, weil ich in dieser deutschen Welt immer noch von der Weimarer Republik profitierte.

Dass ich jetzt den Ehrendoktor der Freien Universität Berlin erhalte, freut und beglückt mich sehr. Ich danke Ihnen.

Ehrendoktorwürde der Universität Tel Aviv, 2006

JOSCHKA FISCHER

Ein Leben im Zeitalter der Extreme

Wir haben uns in diesem ehrwürdigen Saal der Stadt Frankfurt am Main versammelt, um Marcel Reich-Ranicki zu ehren. Es ist dies nicht die erste Ehrung für Sie, Herr Reich-Ranicki, und, so hoffe ich, es wird auch nicht die letzte gewesen sein. Gerade hier in Frankfurt sei der Goethe-Preis der Stadt erwähnt, der Ihnen im Jahr 2002 verliehen wurde. Jetzt also ehrt Sie die Universität Tel Aviv mit dem Ehrendoktor und möchte zudem einen Lehrstuhl für deutsche Literatur einrichten, der Ihren Namen tragen soll. Der Universität kann man zu dieser Entscheidung nur gratulieren.

Marcel Reich-Ranicki zu ehren heißt, den ganzen Menschen, seine Persönlichkeit, sein Lebenswerk als Kritiker und sein Leben und Überleben in der schwärzesten Nacht der Schoah zu würdigen. Welch ein Leben! Wenn man all die Widersprüche, das Großartige und Gemeine, das Edle und das abgründigste Verbrechen, die Zerrissenheit, das Wegschauen, die Schuld und die Verantwortung Deutschlands und der Deutschen in der ersten Hälfte des zwanzigsten Jahrhunderts verstehen will – in Marcel Reich-Ranickis Lebenslauf ist die große Geschichte zur erlebten und erlittenen Biografie eines Einzelnen geworden.

Die offenen Wunden dieser Epoche sind noch keineswegs verheilt. Wir dürfen nicht die Augen davor verschließen, dass wir es in diesem Land immer noch und immer wieder mit einer zyklisch aufbrechenden Schlussstrich-Sehnsucht bei Intellektuellen zu tun haben und mit einem dumpfen Fremdenhass und Antisemitismus bei den neuen Rechtsradikalen. Auch die Kritik an Israel trägt bisweilen Züge, die ihre antisemitische Grundierung nur schwer verbergen können. Und der widerwärtige und zugleich nicht zu unterschätzende, zur Zerstörung Israels offen aufrufende Antisemitismus des iranischen Präsidenten macht uns klar, dass die Vergangenheit keineswegs vergangen ist.

Ihre Lebensgeschichte, verehrter Marcel Reich-Ranicki, ist deutsche Geschichte durch und durch. Bei der Lektüre überkam mich immer wieder eine Scham über mein eigenes Land, über Deutschland. Ich meine, dass mir die meisten Fakten längst wohlvertraut sind, aber ich muss gestehen: Verstehen, im wahrsten Sinne dieses deutschen Wortes, begreifen kann ich die massenmörderische Politik Hitlers und der deutschen Nazis, an erster Stelle das Verbrechen der Schoah, bis heute nicht. Ich muss es wohl einfach als Tatsache akzeptieren, dass damals Deutschland vor dem Bösen kapituliert hat. Auch deswegen wird diese Vergangenheit, unsere Vergangenheit, noch lange nicht vergehen.

Sich mit Marcel Reich-Ranicki zu beschäftigen ist nicht möglich, ohne in die moralischen Abgründe unserer eigenen deutschen Geschichte zu blicken. Denn er und seine Familie wurden, wie Millionen anderer Juden, durch das nationalsozialistische Deutsche Reich in diesen Abgrund gestoßen, während die Mehrheit der Deutschen bestenfalls wegsah, viele sich jedoch daran beteiligten, ja, delektierten, wie Marcel Reich-Ranicki als Zeuge der Bestialitäten des Warschauer Ghettos zu berichten weiß, oder gar zu den übelsten Tätern gehörten. Marcel Reich-Ranicki und seine Frau Teofila haben diesen Abgrund erlebt, durchlitten und überlebt. Für Millionen deutscher und europäischer Juden gilt dies leider nicht, darunter die Eltern, Geschwister und andere engste Familienangehörige von Frau und Herrn Reich-Ranicki.

Verehrter Marcel Reich-Ranicki, Ihre Zeit, das zwanzigste Jahrhundert, meinte es wahrhaft nicht gut mit Ihnen, denn es war eine furchtbare Zeit, in die Sie hineingeboren wurden. Die durch den Ersten Weltkrieg ausgelöste Selbstzerstörung des bürgerlichen Europas kulminierte im besiegten Deutschen Reich und gebar dort einen antisemitischen und totalitären Albtraum in Gestalt von Hitler und seiner Nazibewegung.

Es klingt aus heutiger Sicht grotesk, ja, absurd: Aber das politisch-ideologische Programm Hitlers strebte nichts Geringeres an als die Weltherrschaft Deutschlands, die Herrschaft des »deutschen Herrenmenschen«. Sie und Ihre Frau mussten diese Barbarei, die Demütigungen, die Willkür und die nie enden wollende Todesangst über Jahre hinweg durchleiden.

Politisch war dieses Ziel der Weltherrschaft Deutschlands nichts als irrsinniger Größenwahn, von Anfang an zum Scheitern verurteilt. Erreicht werden sollte es mittels radikalster und brutalster Macht, mittels eines rassistischen Vernichtungsprogramms gegenüber den östlichen Nachbarn Deutschlands und eines kontinentalen Eroberungskrieges und der völligen Neugestaltung Europas. Dieser Irrsinn Hitlers erwies sich als eine radikale Absage an alle ethischen Normen des Abendlandes und der Aufklärung, hieß rücksichtslosester Krieg, hieß Massenmord. Der einsame Höhepunkt dieses verbrecherischen Fieberwahns aber war ein mörderischer, ja, wie die Geschichte zeigen sollte, völkermörderischer Antisemitismus, der die physische Vernichtung der europäischen Juden zum Ziel hatte, und zwar jedes einzelnen jüdischen Menschen: Geborene und noch nicht Geborene, Säuglinge, Kinder, Frauen, Männer, Alte, Junge, Arme und Reiche, Gebildete und Ungebildete. Ihre Schuld bestand einzig darin, als Jude geboren worden zu sein. Es ging um einen industriell geplanten Völkermord, geplant, verantwortet und ins Werk gesetzt durch das nationalsozialistische Deutschland. Auch Marcel Reich-Ranicki und seine Familie sollten in diese Todesmaschine »der Deutschen« geraten, wie es damals zu Recht aus der Sicht der Opfer allenthalben hieß.

Als Kind einer jüdischen Familie war es Ihnen in dieser Zeit nicht beschieden, sich in friedlichen und geordneten Verhältnissen Ihrer großen Leidenschaft, ja, Liebe, nämlich der deutschen Literatur, dem Theater, der Musik, zu widmen. Trotz hervorragender Leistungen als Schüler wurden Sie als Jude 1938 an der Berliner Friedrich-Wilhelms-Universität – heute die Humboldt-Universität – nicht mehr zum Studium zugelassen. Es wäre kein Platz mehr frei, beschied Ihnen in vertuschender Absicht der damalige Direktor.

Liest man die Aufzeichnung Ihres Lebens, so werden bei Ihnen die Extreme, vor allem die deutschen Extreme, zu konkreter Lebensgeschichte. Die unvergessliche Blütezeit des deutschen Theaters im Berlin der Weimarer Republik, der Literatur, der Kritik, der Musik, aber auch anderer Wissenschaften – Sie haben als Schüler in den ersten Jahren der nationalsozialistischen Diktatur deren vergehenden Glanz noch erlebt. Und zugleich erlebten Sie den alltäglichen Antisemitismus der braunen Diktatur, die Diskriminierung, die Entrechtung und schließlich die Verfolgung der Juden in Berlin. Zur bleibenden Angst vor der deutschen Barbarei erfuhren Sie in derselben Zeit das »Glück« der deutschen Literatur und Musik, wie Sie es nannten.

Das Fräulein Laura, Ihre Lehrerin in der deutschen evangelischen Volksschule in Włocławek, Ihrem Geburtsort, verabschiedete Sie anlässlich Ihres Umzuges nach Berlin mit den erhebenden Worten: »Du fährst, mein Sohn, in das Land der Kultur.« Dies sollte sich als ein wahrhaft historisch zu nen-

nender Irrtum erweisen. Stattdessen erwartete den Schüler Reich-Ranicki in Deutschland die heraufziehende Barbarei des Nationalsozialismus. Als dreizehnjähriger Gymnasialschüler in Berlin erlebte er die »Machtergreifung« Adolf Hitlers.

Meine Damen und Herren, Marcel Reich-Ranicki ist ein großer Verehrer Heinrich Heines – eine Verehrung, die ich teile –, und er hat ein schönes und lesenswertes Buch, *Der Fall Heine*, geschrieben. Heine und Thomas Mann sind Ihnen, Herr Reich-Ranicki, die beiden Liebsten in der so reich gesegneten deutschen Literaturgeschichte. Ein Wort von Robert Musil aufgreifend, bekannten Sie, dass Heine Sie »geändert« habe, ja, mehr noch, Heinrich Heine habe Ihnen »in den schwierigsten Situationen« Ihres Lebens geholfen. Dies galt auch für Thomas Mann.

Über die Entstehung seiner Passion für Heine gibt uns Marcel Reich-Ranicki in seinem Lebensbericht eine ironisch klingende und zugleich erschütternde Auskunft. Heine war damals in Deutschland selbstverständlich verboten. Nationalsozialistische Germanisten publizierten grauenhaften Unsinn über Heines Poesie in offiziellen Zeitschriften des Regimes, die zur Lektüre in öffentlichen Bibliotheken auslagen und vom jungen Marcel in Ermangelung von Alternativen bisweilen gelesen wurden. »Die Lektüre dieser *Nationalsozialistischen Monatshefte* hat aus mir einen passionierten Heine-Leser gemacht«, berichtet uns Marcel Reich-Ranicki. An einem Abend im Februar 1937 in Berlin-Grunewald saßen sieben oder acht Vertraute zusammen, und dann wurde ein Prosastück vorgelesen, der Brief von Thomas Mann, des Nobelpreisträgers im Exil, mit dem er auf die Aberkennung der Ehrendoktorwürde der Universität Bonn antwortete. »An dem dunklen Abend«, schreibt Marcel Reich-Ranicki, »als ich in Grunewald die langsam und nachdenklich gelesenen Worte Thomas Manns hörte und als mir das monotone, fortwährend Schlagen des Regens gegen die Fensterscheiben bedrohlich vorkam, als die Stille den Atem der Anwesenden hören ließ – was empfand ich damals? Erleichterung? Ja, gewiß, aber mehr noch: Dankbarkeit.«

Oder die gemeinsame Lektüre des erschütternden Briefes von Kurt Tucholsky im nämlichen Kreis, einige Monate zuvor, der den psychischen Zusammenbruch dieses großen deutschen Autors und Kritikers dokumentierte und seinen kommenden Selbstmord im schwedischen Exil bereits ahnen ließ. So sah es also aus, das Germanistikstudium eines jüdischen Studenten im Berlin des Jahres 1937. Fürwahr, das Fräulein Laura hatte sich zwar nicht in ihrem Schüler Marcel, wohl aber in Deutschland gründlich geirrt.

Deutschland verweigerte Marcel Reich-Ranicki nicht nur das Studium. 1938 wurde er nach Polen deportiert, und nach der Eroberung Warschaus durch die deutsche Wehrmacht im September 1939 begann das alltägliche, das endgültige Grauen den Alltag der Juden zu beherrschen. Sie lernten Ihre Frau kennen und lieben, als sie gerade ihren an der Misshandlung und an der Demütigung durch »die Deutschen« verzweifelten Vater durch Selbstmord verloren hatte. Sie waren wegen Ihrer exzellenten Deutsch- und Polnischkenntnisse bei der entscheidenden Sitzung zwischen dem für die Deportation in die Vernichtungslager verantwortlichen SS-Sturmbannführer Höfle und dem Vorsitzenden des Warschauer Judenrates, Czerniaków, anwesend. Gemeinsam mit der später ermordeten polnischen Schriftstellerin Gustawa Jarecka führten Sie das Protokoll dieser Sitzung: »Ihr also, Gustawa Jarecka, diktierte ich am 22. Juli 1942 das Todesurteil, das die SS über die Juden von Warschau gefällt hatte«, vermerkten Sie dazu in kargen Worten in Ihrer Autobiografie. Geheiratet haben Sie dann, um Ihre Frau wenigstens noch für eine ungewisse Zeit vor den beginnenden Deportationen nach Treblinka und damit vor dem sicheren Tod zu bewahren. »Es war«, wie Sie schrieben, »die Liebe in den Zeiten des Hungers und des Fleckfiebers, in den Zeiten der schrecklichsten Angst und der tiefsten Demütigung«, die Sie verbunden hat. Eine Liebe in den Zeiten des Völkermordes.

Mord und Selbstmord, Hunger, eine niemals auszurechnende Willkür der SS und anderer Schergen und eine allgegenwärtige Todesangst gehörten damals zum Alltag des Warschauer Ghettos. Das Ghetto als solches bedeutete ja eine historische Zäsur für Europa, es war das Ende der Befreiung der Juden und folglich die Rückkehr des Mittelalters auf diesem Kontinent – und dessen Sieg über die Aufklärung. Aber das Ghetto, in sich bereits schrecklich genug, sollte sich bloß als eine Zwischenstufe hin zu jenem nicht für möglich gehaltenen Verbrechen, nämlich der vollständigen physischen Vernichtung, der Ermordung, erweisen. Für die jüdischen Bewohner des Warschauer Ghettos waren die Gaskammern von Treblinka vorgesehen, und nur wenige konnten ihnen entkommen. Das Tor zur Hölle war der »Umschlagplatz«, von dem aus die Transporte der zum Tode Verurteilten nach Treblinka abgingen. Dort sahen Sie auch zum letzten Mal Ihre Eltern – Ihre Mutter war achtundfünfzig Jahre alt, Ihr Vater zweiundsechzig. Sie wussten, was ihnen bevorstand.

Auch die deutsche Sprache, die Marcel Reich-Ranicki so sehr liebt, wurde durch die Verbrechen verändert, ja, misshandelt und verstümmelt. »Umschlagplatz«, »Endlösung«, »Sonderbehandlung« – dies sind nur drei Begriffe, die seit den Verbrechen der Nazis eine völlig andere Bedeutung erhalten haben. Zum Wörterbuch der deutschen Sprache gehört seitdem ein neuer Band, das »Wörterbuch des Unmenschen«. Auch dieses deutsche Wörterbuch ist seitdem ein Teil, ein bitterer Teil der deutschen Sprachgeschichte.

Die Schoah war und ist der absolute politische und moralische Tiefpunkt Deutschlands. Ernst Cramer, auch er ein überlebender deutscher Jude, der sich gerade noch nach Amerika retten konnte und 1945 als junger amerikanischer Soldat in das besiegte und zerstörte Deutschland zurückgekehrt war, hat vor wenigen Tagen in einer bewegenden Rede vor dem Deutschen Bundestag auf eine meist vergessene Tatsache hingewiesen: Dieser absolute Tiefpunkt Deutschlands war für die deutschen Juden ein doppelter, nämlich als Deutsche und Juden. Dass viele Überlebende und ihre Nachkommen die deutsche Sprache nicht mehr hören konnten und wollten, ist nur zu verständlich, denn es war die Sprache der Mörder. Und doch war es auch die Sprache zahlreicher Opfer.

Wenn wir heute über die abnehmende Bedeutung der deutschen Sprache in Europa klagen, so hat dies auch mit dem Zivilisationsbruch der Schoah zu tun. Marcel Reich-Ranicki beschreibt, mit welcher Selbstverständlichkeit in seiner Kindheit in den jüdischen Familien Polens Deutsch gesprochen wurde, deutsche Literatur gelesen und die Kinder oft in deutsche Schulen und später dann auf deutsche Universitäten geschickt wurden. Auch Jiddisch als Sprache entstammt zum größten Teil dem Mittelhochdeutschen. In der Schoah wurde nicht nur der größte Teil dieser Menschen ermordet, sondern auch eine alte, eine lebendige jüdische Kultur fast überall in Europa zerstört. Ist uns eigentlich wirklich bewusst, was damals unwiederbringlich verloren gegangen ist?

Das zwanzigste Jahrhundert war auch das Jahrhundert der Identitäten oder, genauer gesagt, »mörderischer Identitäten«, um ein Wort von Amin Maalouf aufzugreifen. Für die Eltern von Marcel Reich-Ranicki war deren Identität kein Problem, vermerkte er in seiner Autobiografie. Dann kam Hitler und machte die Identitätsfrage für Millionen von Menschen, für Juden, Sinti und Roma, Polen und all die anderen Opfer der nationalsozialistischen Diktatur, zu einer Frage von Leben und Tod. Es kam wohl nicht von ungefähr, dass Sie zu Beginn Ihrer Autobiografie, wirklich ganz am Anfang, als Erstes diese Identitätsfrage erörtern.

Jede Autobiografie wirft die Frage auf: »Wer bin ich?« Aber nicht diese Frage steht an erster Stelle, sondern vielmehr die Frage »Was bin ich?« – nach der Identität. Als wenn sich nach den Schrecken und Verheerungen des Nationalismus und Antisemitismus im zwanzigsten Jahrhundert die Persönlichkeit eines Menschen erst nach und durch die Klärung seiner Identität begreifen ließe. Und ist es denn heute so sehr viel anders geworden? Sie gaben auf diese selbst gestellte Frage nach Ihrer Identität eine gleichermaßen klare wie verwirrende Antwort: »Nie war ich ein halber Pole, nie ein halber Deutscher – und ich hatte keinen Zweifel, daß ich es nie werden würde. Ich war auch nie in meinem Leben ein ganzer Jude, ich bin es auch heute nicht. Ich habe kein eigenes Land, keine Heimat und kein Vaterland. (...) Ein ganz und gar heimatloser Mensch, ein richtiger vaterlandsloser Geselle war und bin ich nun wieder auch nicht.«

Die Täter sprachen Deutsch, aber Sie, verehrter Marcel Reich-Ranicki, waren nicht bereit, Hitler post mortem einen Triumph zu gönnen: nämlich den Mördern die Sprache Lessings, Goethes, Heines, Thomas Manns, Bertolt Brechts und all den vielen anderen zu überlassen. Dennoch wäre es nur zu verständlich, wenn Sie sich anders entschieden hätten. Warum haben Sie sich so und nicht anders entschie-den? Ihre Antwort sei hier zitiert: »Die Juden – heißt es bei Heine – ›wußten sehr gut, was sie taten, als sie bei dem Brande des zweiten Tempels die goldenen und silbernen Opfergeschirre, die Leuchter und Lampen‹ im Stich ließen und nur die Bibel retteten und ins Exil mitnahmen. Die Schrift, die heilige, wurde ihr ›portatives Vaterland‹. Vielleicht habe ich erst damals endgültig begriffen, daß auch ich ein ›portatives Vaterland‹ habe: die Literatur, die deutsche Literatur.«

Damals, 1957 und 1958, als Sie in Polen über deutsche Literatur schrieben. Sie gingen dann mit Ihrer Familie in die Bundesrepublik Deutschland und prägten seitdem als Kritiker ganz wesentlich die westdeutsche Nachkriegsliteratur. Aber auch die Entwicklung der Literatur in der DDR verfolgten Sie mit wachen Augen. Sie gehörten zur Gruppe 47, arbeiteten für *Die Zeit*, wurden Literaturchef der *FAZ* und schließlich mit dem *Literarischen Quartett* im ZDF eine der bekanntesten Persönlichkeiten der Bundesrepublik Deutschland.

Sie haben die deutsche Literatur und die Literaturkritik in einem Maße populär gemacht, wie es im Deutschland des Fernsehens eigentlich nicht für möglich gehalten wurde. Und Sie haben – trotz oder gerade wegen Ihrer Leidenschaft für die Klassiker? – sich unermüdlich für die jüngere deutsche Literatur eingesetzt. Denn Sie wussten, der Kanon der Klassiker ist ein Fundament, aber leben, blühen kann jede Literatur nur in der Gegenwart. In Deutschland hieß dies über viele Jahre hinweg, die Literaturkritik auch als Waffe einzusetzen gegen die Wiederkehr jeglicher Literatur, die an nationalsozialistische Vorstellungen anknüpfte. Sie förderten die junge »engagierte Literatur«, waren bei diesen Autoren aber keineswegs beliebt. Warum? Sie hatten die Spreu vom Weizen zu trennen, und Ihre Kritik war durchaus heftig, wenn Sie meinten, Belangloses oder Banales, schlechte Literatur also, öffentlich benennen zu müssen.

In all den Jahren sind Sie, verehrter Marcel Reich-Ranicki, immer auch ein politischer Zeitgenosse gewesen. Ihre Auseinandersetzung mit dem Historikerstreit und die fragwürdige Rolle, die Ihre Zeitung damals dabei spielte, Ihr Zerwürfnis mit Joachim Fest, Martin Walsers Paulskirchenrede und sein unsäglicher Angriff auf Sie mittels eines als Roman getarnten üblen Pamphlets – all das hat Sie auch politisch nicht zur Ruhe kommen lassen.

Nun also soll der erste Lehrstuhl für deutsche Literatur an der Universität Tel Aviv nach Marcel Reich-Ranicki benannt werden. Dies ist nicht nur eine vorzügliche Idee, sondern definiert auch diesen Lehrstuhl in Form und Inhalt, und das wird für die Universität gewiss keine leicht zu bewältigende Aufgabe. Denn an diesem Lehrstuhl muss nicht nur gelehrt, sondern zuerst und vor allem auch gestritten werden! Für Marcel Reich-Ranicki ist Literaturkritik keine esoterische Veranstaltung in Seminaren, sondern die Kritik findet für das und mit dem Publikum statt, im Getümmel und in aller Öffentlichkeit. Kritik darf nicht schmeicheln und nicht zurücksetzen, sondern muss unbestechlich und wohlbegründet sein und allein ihren eigenen Kriterien verpflichtet bleiben. All diese Grundsätze verbinden sich mit dem Namen des Kritikers Reich-Ranicki.

Israel und das demokratische Deutschland unterhalten sehr enge Beziehungen. Die israelische Literatur genießt in Deutschland ein hohes Ansehen, wie gerade jüngste Erfolge junger israelischer Autoren und vor allem auch Autorinnen hierzulande zeigen. Unsere Beziehungen in Kultur und Wissenschaft müssen wir weiter ausbauen. Aber wir dürfen dabei als Deutsche niemals unsere historische Verantwortung vergessen. Der Staat Israel ist auch die Antwort auf die Schoah, die wichtigste sogar. Israel ist nach wie vor der einzige Staat, dessen Existenz infrage gestellt wird. Terror und Gewalt gehören – heute Gott sei Dank weniger als noch vor wenigen Monaten – nach wie vor zum Alltag des Landes. Und man muss gewiss nicht mit jeder Entscheidung der israelischen Regierung einverstanden sein – für mich galt und gilt dieses sogar für die eigene Regierung, auch für die Regierung, der ich selbst angehört habe. Und auch in der israelischen

Demokratie steht keine Regierungsentscheidung außerhalb der öffentlichen Kritik. Aber Israel und seine Menschen brauchen unsere Solidarität und auch unser Verständnis für ihre schwierige Lage und für die großen Herausforderungen, vor denen das Land und seine Menschen stehen. Ich freue mich deshalb, dass Bundeskanzlerin Merkel vor wenigen Tagen in Jerusalem für uns alle erklärt hat, dass die Solidarität Deutschlands mit Israel völlig unabhängig von der jeweiligen Zusammensetzung einer deutschen Regierung gilt und auch in Zukunft gelten wird.

Bei der erneuten Lektüre von Marcel Reich-Ranickis Buch über den *Fall Heine* bin ich auf eine Stelle gestoßen, die, so meine ich, nicht nur für Heinrich Heine gilt, sondern sehr viel über den Autor selbst sagt, zu dessen Ehren wir uns heute hier versammelt haben. Unser Autor schreibt dort: »Nichts Deutsches war dem Juden Heine fremd, Deutschland jedoch nötigte ihn, mehr als ein deutscher Autor zu werden. Was einem Mörike, einem Eichendorff versagt blieb und worauf sie freilich auch nicht angewiesen waren, gelang ihm: Er wurde ein europäischer Schriftsteller – der einzige wohl, den Deutschland zwischen Goethe und Thomas Mann hatte.« Gilt hier, verehrter Marcel Reich-Ranicki, nicht jedes Wort auch für Sie und Ihr Leben?

Menschen wie Sie haben dazu beigetragen, nach der finstersten Nacht unserem Land wieder eine Zukunft zu geben. Dafür werden Sie zu Recht geehrt und gewürdigt. Dieses Land und auch die Stadt Frankfurt am Main verdanken Ihnen sehr, sehr viel. Und deswegen lassen Sie mich mit einem schlichten Wort schließen, das ich ganz persönlich an Sie richten möchte und das tief aus dem Herzen kommt: danke. Ich möchte Ihnen einfach nur Danke sagen.

MARCEL REICH-RANICKI

Deutsche Sprache und Literatur in Israel

Ich habe, meine Damen und Herren, einen Freund gefragt, was ich denn heute hier sagen soll. Er empfahl mir zwei Worte: Ich danke. Ich danke, ja, ich danke der Universität Tel Aviv für diese Ehrung. Es ist der achte Ehrendoktor in meinem Leben, aber er ist von einer ganz besonderen Art und verbunden mit sehr unterschiedlichen Gefühlen, von denen ich hier reden will, obwohl vielleicht nicht alle ganz mit mir einverstanden sein werden.

Ich danke der Frau Oberbürgermeisterin für diese Feier hier und dafür, dass sie in diesem Saal stattfinden kann. Ich danke Joschka Fischer für seine anrührende Rede, die mich tief getroffen hat, weil er einiges gesagt hat, was ich wohl wusste, aber was er auf ganz ungewöhnliche Weise formuliert hat. Joschka Fischer, seien Sie bedankt. Meine Idee, Ihnen diese Laudatio anzuvertrauen, war doch, ich muss mich loben, eine gute Idee.

Meine Damen und Herren, nicht der Ehrendoktor hat mich so sehr überrascht, sondern dieser Lehrstuhl, der, mit meinem Namen verbunden, der deutschen Literatur in Israel dienen soll. Ich hörte neulich, Jürgen Habermas habe gesagt, das sei das Beste, was für deutsche Kulturpolitik im Ausland getan werden kann. Doch ich will einen Umweg machen, bevor ich zu dem Punkt komme, auf den es mir ankommt. Im Bereich der Musik gibt es einen Königsweg, einen Kaiserweg, einen goldenen Weg. Er führt von Bach und Händel über Haydn und Mozart, über Beethoven und Schubert, Schumann und Mendelssohn Bartholdy, über Richard Wagner, Anton Bruckner und Gustav Mahler bis zu Richard Strauss. Und es gibt in zivilisierten Völkern auf dieser Erde keinen Zweifel, dass man niemanden aus dieser Kette der Musikgenies herausbrechen könne.

Das haben die Nationalsozialisten versucht, sie haben von den Komponisten, die ich hier nannte – es sind ausschließlich deutsche und österreichische –, zwei herausgelöst aus der Kette: Felix Mendelssohn Bartholdy und Gustav Mahler. Hier haben die Nazis etwas getan, was niemanden überraschen sollte. Es war ganz normal im nationalsozialistischen Sinne. Sie haben das Mendelssohn-Denkmal vor dem Gewandhaus in Leipzig gesprengt. Was ist denn daran bemerkenswert? In Polen wunderte man sich, dass die Wehrmacht, kaum war sie in Warschau einmarschiert, das Chopin-Denkmal sprengte. Auch das war ganz normal und nichts Verwunderliches. Wer Bücher verbrennt, der wird am Ende auch Menschen verbrennen, heißt es bei Heine. Und dass jemand, der Bücher verbrennt, auch Denkmäler sprengt, das passt zum Stil. Es wäre gegen den Stil des Nationalsozialismus gewesen, wenn man Mendelssohn oder Mahler geduldet hätte. Ich sage das, weil ich einen besonderen Grund dafür habe.

Es wird und wurde in Deutschland viel in der Presse über Kulturereignisse in Israel geschrieben, und eines ganz besonders wurde immer wieder erwähnt: der Kampf in Israel gegen Richard Wagner. Die Sache ist für mich wichtig, und sie ist exemplarisch, glaube ich. Zunächst: Ich liebe Richard Wagner seit meiner Jugend, und ich lasse mich nicht beirren durch den unzweifelhaften Umstand, dass er beschämende antisemitische Schriften verfasst und publiziert hat. Ich weiß, wer in Israel gegen Wagners Musik protestiert hat. Es waren nicht Kenner der Musik. Es waren solche, die einen deutschen Adressaten suchten, um ihren Protest auszudrücken, und die verboten haben, Wagner zu spielen. Aber es ist imponierend und interessant, dass es für die überwiegende Mehrheit der Musikkenner in diesem Lande selbstverständlich war, dass man Wagner spielen darf und Wagner spielen soll, wiewohl er Antisemit war. Das gehört zum liberalen Geist. Man braucht auch nicht daran zu erinnern, dass Wagner gefördert, auch finanziert wurde zu seinen Lebzeiten vor allem von Juden.

Es spricht nicht gegen, sondern für Juden, dass sie sich um seine Schriften nicht gekümmert und Bayreuth unterstützt haben. Ich habe mit Freude gestern gehört, dass dieses Problem in Israel nicht mehr existiert. Zubin Mehta, Generalmusikdirektor in München und Ehrendirigent des Israel Philharmonic Orchestra, und Daniel Barenboim, der Berliner Generalmusikdirektor, haben gekämpft und haben schon beinahe gesiegt. Natürlich wird auch in Israel Wagner wieder gespielt. Natürlich auch in öffentlichen Konzerten.

Warum komme ich darauf zu sprechen? Die Musik hat, sagte ich, einen goldenen Weg, und es ist dies ein deutscher Weg. Die Literatur kennt einen goldenen Weg nicht. Es gibt keinen goldenen Weg der Weltliteratur. Man kann versuchen, ihn in der europäischen Literatur zu finden, man beginnt, sagen wir, mit Dante, nennt dann Cervantes, Shakespeare, die großen Genies verschiedener Nationen – und dann ist alles bald durcheinander. Literatur ist Sprache, und jede Nation hat ihre Vision, ihre Sicht des goldenen Weges. Der goldene Weg, den die Franzosen sehen, ist natürlich mit Corneille und Racine verbunden, von denen jedoch in manchen Völkern niemand etwas wissen will.

Jede Nation hat im Bereich der Literatur den eigenen goldenen Weg. Dies ist eine Überlegung wert im Blick auf jenen Lehrstuhl, der jetzt in Tel Aviv an der Universität errichtet werden soll: ein Lehrstuhl für deutsche Literatur. Das ist etwas Ungewöhnliches. Es ist ein Problem, mit dem man in Israel immer wieder zu tun hatte. Denn immer wieder, auch heute, wurde das in Reden gesagt, sind es die Opfer des Nationalsozialismus, Überlebende, die von deutscher Sprache nichts hören wollen. Aber an dem Grabmal Theodor Herzls in Jerusalem steht eine Aufschrift, und die Aufschrift steht dort in deutscher Sprache: »Wenn Ihr wollt, ist es kein Märchen.« Sie ist das Motto seines einzigen Romans. Da steht es – in deutscher Sprache. Niemand hat es gewagt, diese Aufschrift, diesen Text, diesen Satz ins Englische oder Hebräische zu übersetzen. Es steht deutsch da. Und das ist richtig so.

Wie ist es denn mit den Sprachen? Ich habe es erlebt, und ich werde es nicht vergessen: In Warschau geschah es bisweilen, dass ich, mit einem Gast aus Ostberlin oder Westberlin durch die Straßen gehend, deutsch sprach und von irgendwelchen Rüpeln angerempelt wurde. Als ich wissen wollte, warum ich angerempelt werde, sagten die Rüpel, das sei doch die Sprache von Hitler und Goebbels, die ich rede. Ich habe nicht geantwortet, dies sei die Sprache von Goethe und Kant. Oh nein, so naiv war ich nicht, denn die Leute haben diese Namen wahrscheinlich nie gehört. Ich habe geantwortet: »Dies ist nicht die Sprache von Hitler und Goebbels, sondern – von Karl Marx und Friedrich Engels.« Dagegen konnte im kommunistischen Polen niemand protestieren.

Ja, ich habe es erleben und mit Trauer zur Kenntnis nehmen müssen – es ist viele Jahre her –, dass in Israel eine ganze Gruppe von Menschen bei einer Aufführung der neunten Sinfonie von Beethoven lauthals protestierte. Der Text, Schillers Text, sollte natürlich deutsch gesungen werden. Ich schrieb eine Polemik, das sei unglaublich, dass man dagegen protestiert. Schiller ist am Nationalsozialismus nicht schuld. Und keine Sprache auf Erden darf man diskriminieren. Auch die russische Sprache ist durch alle Verbrechen des Stalinismus nicht anders und nicht schlechter geworden.

Ich rede darüber hier, weil ja ein Lehrstuhl für deutsche Literatur in Tel Aviv errichtet werden soll. Was sollte man da lehren? Ich meine, man sollte zunächst einmal daran erinnern, welche Rolle in der Geschichte der Juden die deutsche Sprache hatte. Ich sagte, ich habe in Warschau geantwortet, dies sei die Sprache von Marx und Engels, und ich antworte jetzt denen, die das Deutsche nach dem Zweiten Weltkrieg nicht mehr hören konnten und die nicht mal die neunte Sinfonie in deutscher Sprache singen lassen wollten; ich antworte ihnen: Deutsch ist die Sprache des Zionismus. Das klingt merkwürdig. Aber so ist es. Der Gründer und Prophet des Staates Israel, Theodor Herzl, war ein deutscher Schriftsteller, ein deutscher Journalist. Seine Muttersprache und die anderer Zionistenführer war Deutsch. Sehr merkwürdig. Deutsch, plötzlich verachtet als die Sprache der Nazis, war die Sprache des Zionismus, und aus deutschem Geist, deutscher Literatur, ist der Zionismus hervorgegangen.

Ich glaube, dass sich dieser Lehrstuhl mit den Juden in der deutschen Literatur befassen sollte. Hat man sich damit bisher wenig befasst? Oh nein. Aber man darf nicht vergessen, man sollte kennen und erkennen, was Juden in der deutschen Literatur geleistet haben. Als der erste moderne Schriftsteller gilt, wie gerade in den letzten Tagen, Wochen immer wieder gesagt wurde, Heinrich Heine. Und als einer der größten Schriftsteller des zwanzigsten Jahrhunderts gilt Franz Kafka. Ja, in der Tat. Wie moderne deutsche Musik ohne Gustav Mahler und Arnold Schönberg unvorstellbar ist, deutsche Physik ohne Albert Einstein, deutsche Psychologie ohne Sigmund Freud, deutsche Soziologie ohne Karl Marx, ist natürlich deutsche Literatur, vor allem die moderne Literatur, ohne Heine und ohne Kafka nicht vorstellbar.

Es sollte zur Aufgabe dieses Lehrstuhls werden, einmal genau zu prüfen, womit sich eigentlich die Juden in der deutschen Literatur beschäftigten. Und ich will gleich sagen, wie meine Antwort lautet: Sie beschäftigten sich mit ihrer eigenen Situation in Deutschland. Was heißt das? Die Juden haben, und das zeigt diese Literatur, immer, wann immer sie in deutscher Sprache schrieben, an sich selbst und an ihrem Judentum gelitten. Gelitten an der Religion? Nein, nein. Gelitten an der Tradition? Nein, nein. Nicht darum geht es. Gelitten an der Rolle und der Position der Juden innerhalb der nichtjüdischen Gesellschaft. Das sollte man erkennen und prüfen. Und die These scheint mir schon richtig, dass Heinrich Heines erotische Lyrik von nichts anderem erzählt als immer wieder vom Unglück des emanzipierten, aber noch nicht in Wirklichkeit anerkannten Juden in der Gesellschaft. Die Liebe, die dargestellt wird, ist die Liebe des Abgewiesenen, des Benachteiligten, des Unglücklichen, der unten steht und die Frau, die er liebt, oben tanzen sieht. Er wird nicht eingeladen zum Fest, er wird ignoriert. Wenn es richtig ist, dass Heine in seiner Lyrik, vor allem im *Buch der Lieder*, in der frühen Lyrik, immer wieder von den Leiden der Juden innerhalb der nichtjüdischen Gesellschaft erzählt, wird die Frage natürlich zu Recht gestellt: Warum haben dann Nichtjuden in der ganzen Welt, in Europa vor allem, sich in diese Lyrik so verliebt, dass sie gewissermaßen mit den Gedichten Heines vom Blatt gelebt haben?

Darin liegt die Genialität Heines. Er erzählte von den Leiden der Juden in der nichtjüdischen Gesellschaft, aber alle Unglücklichen, alle Benachteiligten, alle Diskriminierten in Deutschland und außerhalb Deutschlands haben sich in diesen Gedichten wiedererkannt. Das ist ein großes Thema für diesen Lehrstuhl. Und man sollte etwas bedenken, das man gern vergisst. Es wurde nicht von mir entdeckt, dass der Literat, der im Mittelpunkt des frühen Werkes von Arthur Schnitzler steht, ein Jude ist, obwohl dies nie gesagt wird.

Wovon erzählt eigentlich Franz Kafka? Wovon erzählt er in dem Roman *Der Prozess*? Von einem Menschen, der frühmorgens aufwacht und sieht, dass er schuldig ist, angeklagt wird, verhaftet wird. Man weiß nicht, warum und weswegen. Wovon erzählt Kafka in seinem anderen großen Roman, in *Das Schloss*? Die Geschichte von jenem, der sich nach dem Schloss sehnt und nie vorgelassen wird. Nie. Sich immer auf den Weg macht, aber nicht ankommt beim Schloss. Was bedeutet das Schloss? Eine Heimat, ein Vaterland? Alles das kann es bedeuten. In beiden Romanen von Kafka geht es um gar nichts anderes als um die Situation der Juden in der nichtjüdischen Welt. Wobei in beiden Romanen, *Prozess* und *Schloss*, das Wort Jude nicht vorkommt. Kein einziges Mal kommt es in diesen Romanen vor. Wer aber Kafkas Ansichten über dieses Thema unverschlüsselt erkennen will, der braucht nur seine Briefe zu lesen und wird in diesen Briefen den ungeheuerlichen Selbsthass erkennen, vor allem in Briefen an Milena Jesenská. Schnitzler, Kafka: Beispiele nur.

Ich kann noch viele andere Namen nennen, aber das Eigentümliche ist, dass die Juden über ihr Unglück ausgedrückt haben, was alle Nichtjuden auch betraf. Nur so kann man den Welterfolg von Kafka verstehen, einen Welterfolg übrigens, der natürlich nicht in Deutschland, sondern in Amerika und Frankreich begonnen hat. Kafka wurde nach dem Zweiten Weltkrieg reimportiert nach Deutschland, nachdem die Amerikaner und die Franzosen, vor allem die Franzosen, die außerordentliche Bedeutung dieses Schriftstellers erkannt haben.

Es ist sehr bemerkenswert und gehört zu unserem Thema, dass es in der Literatur Werke gibt, die das Wienerische und das Österreichische mit besonderer Deutlichkeit und Vollkommenheit ausdrücken und ebenso das Berlinerische. Und in einem wie im anderen Fall waren es Bücher von Juden. Niemand hat das Berlinerische so ausgedrückt wie Alfred Döblin in dem Roman *Berlin Alexanderplatz*, wie Kurt Tucholsky. Vor allem den Dialekt der Berliner in Hunderten und Aberhunderten von Skizzen, Feuilletons und Glossen. Und Wien, das Österreichische, wo ist die Atmosphäre besser, stärker, intensiver ausgedrückt als in den Erzählungen, den Stücken von Arthur Schnitzler? Und auch hier und da etwa in einem bedeutenden Buch eines oft unterschätzten Autors, in dem Buch *Die Welt von gestern*, der Autobiografie von Stefan Zweig.

Ich skizziere dies alles, weil ich glaube, dass der Lehrstuhl eine notwendige Funktion hat. Vielleicht sollte er auch überprüfen, was eine so vorzügliche Kritikerin wie Ruth Klüger geschrieben hat, über Nachkriegsbücher deutscher Literatur, in der sie starke antisemitische Akzente entdeckt hat. Hat sie recht oder nicht? Dieser Lehrstuhl wird die Möglichkeit haben, sollte die Pflicht haben, derartige Vorwürfe, die teils sehr berechtigt sind, auf ihren Wahrheitsgehalt hin zu überprüfen.

Was Israel mit deutscher Literatur und deutscher Sprache verbindet, ist aber noch etwas ganz anderes. Da gibt es also einen Autor, an den ich dachte, als ich sagte, Deutsch sei die Sprache des Zionismus. Deutsch war die Muttersprache von Theodor Herzl, und Theodor Herzl hat alle seine Gedanken, alle seine Schriften in deutscher Sprache verfasst. Vor allem seine Hunderte, ja, Tausende von Seiten umfassenden Tagebücher. Ich habe im Werk von Theodor Herzl etwas gefunden, was ich sonst in der Weltliteratur eigentlich nicht gefunden habe. Sehr merkwürdig. Theodor Herzl hat, das ist wohl typisch für den Gründer eines jüdischen Staates, dass er sich damit auch beschäftigte, zunächst Lustspiele geschrieben. Die Lustspiele sind nicht gut. Aber immerhin wurden sie am Burgtheater uraufgeführt. Ganz unbegabt war er auf diesem Nebengebiet also nun doch nicht. Und er schrieb einen einzigen Roman: *Altneuland*.

Ich habe diesen Roman als Dreizehn- oder Vierzehnjähriger gelesen und ihn in den vergangenen vier Tagen noch mal gelesen. Das ist kein bedeutendes Kunstwerk – und doch ein höchst bemerkenswerter Roman. Er schildert im Prolog von dreißig, vierzig Seiten Juden in Wien, das jüdische Milieu, und schildert dabei einen Mann, der mit einem anderen, mit einem Nichtjuden Österreich verlässt, nach Australien fährt und zwanzig Jahre lang lebt, ohne Zeitungen in die Hand zu bekommen. Er weiß gar nicht, dass ein Weltkrieg ausgebrochen ist. Im Jahre 1923, zwanzig Jahre später, und viele Jahre also nach dem Tod von Herzl, kommen die beiden plötzlich nach Palästina und sehen das Land dort. Der Roman ist eine Vision des jüdischen Staates. Der Staat heißt nicht Israel, er heißt bei Theodor Herzl Palästina. Es ist ein utopischer Roman. Und was da an Details über Palästina gesagt wird, hat man in Israel schon verglichen mit der Realität – und natürlich zu Recht bemerkt, dass sich Herzl in vielerlei Hinsicht geirrt hat, sich den zukünftigen Staat ganz anders vorgestellt hat. Herzls Vision war eigentlich ein idealer Staat, das Paradies auf Erden. Wir wissen nun leider: Das Israel von heute ist nicht unbedingt ein Paradies auf Erden. Da hat sich Herzl in seinen Voraussagen geirrt. Gewiss, dieser Roman hat große Schwächen. Der große Kenner Herzls, Amos Elon, israelischer Publizist und Journalist, hat geschrieben, eigentlich sei der Roman auf längeren Strecken Kitsch. Das mag sein. Aber es ist der einzige mir bekannte Roman, der eine Utopie entwirft, die verwirklicht wurde. Und das sollte man in Israel nicht vergessen: dass es ein in deutscher Sprache geschriebener Roman ist, der diese Utopie entwirft.

Ja, meine Damen und Herren, ich bin tief beglückt, dass ich diesen Ehrendoktor erhalte, ich bin beglückt, dass ein Lehrstuhl geschaffen wird, der sich mit deutscher Literatur in Israel beschäftigen wird, gründlich beschäftigen wird. Das ist gut für Israel, und es ist gut für Deutschland. Ich danke Ihnen.

Ehrendoktorwürde der Humboldt-Universität zu Berlin, 2007

CHRISTOPH MARKSCHIES

Unendliche Wehmut und ungeheuere Ironie

»Unendliche Wehmut und ungeheuere Ironie«, so lautete das Motto des 1827 gegründeten literarischen Vereins Tunnel über der Spree. Das Tunnel-Archiv zählt zum kostbaren Altbestand unserer Universitätsbibliothek. Im Sommer 1843, als Vierundzwanzigjähriger, wurde der Apothekergehilfe Theodor Fontane in diese ehrenwerte Gesellschaft eingeführt, die Geibel reichlich respektlos als »Kleindichterbewahranstalt« apostrophierte. Fontane fand unter dem Tunnel-Publikum allerlei wichtige Gesprächspartner.

Gleichwohl schreibt er in *Von Zwanzig bis Dreißig* ziemlich respektlos: »Der Tunnel, so viel ich an ihm nachzurühmen habe, war doch an vielen Sonntagen nichts weiter als ein Rauch- und Kaffeesalon, darin, während Kellner auf und ab gingen, etwas Beliebiges vorgelesen wurde.« Der Kirchenhistoriker im Präsidentenamt ist kein Germanist, und so interessiert mich heute natürlich nicht der Tunnel und eigentlich auch nicht Fontane, sondern jenes Motto des literarischen Vereins: »Unendliche Wehmut und ungeheuere Ironie.«

Taugt das Motto auch als Leitspruch für den heutigen Festakt? Ganz gewiss droht »unendliche Wehmut«, wenn man an das »Wunder Berlin« denkt, jene lebendige Metropole des Jahres 1929, in die der Schüler Marcel Reich-Ranicki geschickt wurde und die er so einfühlsam in seinen Erinnerungen porträtiert. Zirkus Sarrasani auf dem Tempelhofer

Feld, der Doktor Knick vom Werner-von-Siemens-Realgymnasium und das Gebäude, »das mir«, so Reich-Ranicki, »das teuerste in Berlin wurde und bis heute geblieben ist«, Schinkels Schauspielhaus am Gendarmenmarkt, Jürgen Fehling, Gustaf Gründgens, Werner Krauß, Emil Jannings.

Die Universität lehnt sein Aufnahmegesuch auf Weisung der Zentralstelle für das Studium der Ausländer in Preußen unter Datum vom 7. April 1938 ab, und im Gespräch mit dem Abgelehnten nimmt der Rektor, der brandenburgische Landeshistoriker Willy Hoppe, zu den üblichen Ausreden Zuflucht. Wir empfinden heute unendliche Wehmut darüber, dass diese Universität des Mittelpunktes, ein Ort von Wahrheit und Freiheit, sich den deutschen Diktaturen so bedenkenlos, so umfassend auslieferte.

»Zeit ist Balsam und Friedensstifter«, heißt es bei Fontane. Manche haben gefragt, ob der Ehrendoktor Wiedergutmachung sei. Aber an dieser Stelle darf kein Balsam auf die Wunden gestrichen und kein falscher Friede proklamiert werden; viel zu bedroht sind Wahrheit und Freiheit in der Wissenschaft, als dass man die braunen und roten Jahre für einen Betriebsunfall der Alma Mater Berolinensis ausgeben dürfte. Wiedergutmachen kann man erst recht nichts. Historische Schuld ist keine Bankschuld, die durch ein paar Taler Wohlverhalten getilgt werden kann – der Kirchenhistoriker erinnert an die gescheiterte Ökonomisierung der Sündenlehre im Mittelalter, der Zeithistoriker an den überaus törichten Satz aus dem jüngsten Historikerstreit, dass dreißig Jahre Wohlverhalten in der Demokratie doch wohl die Problematik der Volkstumsthesen bestimmter Königsberger und Posener Historiker getilgt hätten. Nein, getilgt werden kann nichts von dem, was damals geschah, und vergessen werden darf erst recht nichts davon. Indem wir hier in diesem Hause erinnern und dabei nicht nur an die Galerie der Nobelpreisträger denken, setzen wir ein Zeichen dafür, dass wir uns der Verantwortung für die schreckliche Zeit bewusst sind und daher auch wissen, worin unsere Verantwortung besteht.

Also: Ja, gewiss, »unendliche Wehmut«. Aber auch »ungeheuere Ironie«? Ja, hoffentlich auch das. Wenn nämlich der heutige Festakt verhindert, uns wohlgefällig darin zu beruhigen, dass nun nach so vielen Jahren ein ungerechterweise abgelehnter Student sein Examensdiplom nachgereicht bekommt und nun alles gut geworden ist. »Ungeheuere Ironie« kommt dann auf, wenn wir heute, so wie das der Berliner Student Søren Kierkegaard kritisch gegen Hegel postulierte, mithilfe der Ironie eine feierliche Erstarrung vermeiden und uns der ständigen Bedrohung von Wahrheit und Freiheit in der Wissenschaft bewusst bleiben. Ich muss freilich heute das von Jean Paul und Heinrich Heine geforderte Ausrufezeichen zur Markierung von ironischen Wendungen nicht setzen. Marcel Reich-Ranicki ist selbst Meister der Ironie, ein Gestalt gewordener Point d'ironie.

Also bleiben wir doch beim Tunnel über der Spree und bei Fontanes Wehmut und Ironie. Theodor Storm, zeitweilig ebenfalls ein Teil des Tunnel-Publikums, beklagte in einem Brief an Fontane aus dem Jahre 1853, dass in Berlin im Ganzen »die goldene Rücksichtslosigkeit« fehle, die allein den Menschen innerlich frei macht und die nach seiner Ansicht das letzte und höchste Resultat jeder Bildung sein muss.

Sie, verehrter, lieber Herr Reich-Ranicki, haben einst an der Berliner Friedrich-Wilhelms-Universität die durch das Blech von Dienstmarken und Koppelschlössern repräsentierte menschenverachtende Rücksichtslosigkeit eines totalitären Systems erleben müssen. Und leben uns allen jene ganz andere, aufgeklärte »goldene Rücksichtslosigkeit« des Kritikers vor, der auch noch über das schlechteste Buch goldene Worte zu formulieren vermag, die belehren und erfreuen. Dass Sie die

Ihnen angetragene Ehrendoktorwürde angenommen haben und dieses von seiner Geschichte gezeichnete Haus nach so vielen Jahren wieder betreten haben, bewegt uns sehr. »So voller Lust, so voller Dank.«

MICHAEL KÄMPER-VAN DEN BOOGAART

Zu höflich, um sich undeutlich zu äußern

Welche Gründe haben uns als Fakultät motiviert, Marcel Reich-Ranicki mit der unsrigen eine weitere Ehrendoktorwürde anzutragen? Bereits die 1959 in der *Welt* publizierten Porträts von Anna Seghers, Stefan Zweig und anderen gaben zu erkennen, dass Reich-Ranickis Ambitionen weit über die eines sich im Alltagsgeschäft verdingenden Rezensenten hinausreichen. Unter den Vorzeichen des Kalten Krieges und in Zeiten, in denen die DDR in führenden Zeitungen der Bundesrepublik noch immer »Sowjetzone« genannt wurde, warb er mit kritischer Sympathie für ein Interesse an der Literatur von »drüben«. Nach der von ihm edierten Anthologie *Auch dort erzählt Deutschland* kam 1963 sein erster Band mit eigenen Aufsätzen heraus – der Titel: *Deutsche Literatur in West und Ost.* In diesem Band, für Jahrzehnte ein Standardwerk, verteilt er seine minutiöse Kritik auf Autoren aus der BRD und der DDR gleichermaßen.

Die Literatur aus der DDR stößt hier insofern auf Respekt, als sie nicht etwa in einem Schonraum exponiert, sondern derselben scharfen Kritik unterzogen wird wie ihr westdeutsches Gegenstück. Was diese betrifft, wird insbesondere der zu Beginn der Sechzigerjahre noch hofierte Gerd Gaiser Gegenstand einer kritischen Würdigung. Keineswegs selbstverständlich ist es, dass Reich-Ranicki dessen Porträt mit dem Hinweis auf den Karrierebeginn des Autors im Apologetendienst der Nationalsozialisten eröffnet. In textnahen Beobachtungen zeigt er sodann, wie sich Grundmuster eines im Nationalsozialismus entwickelten Denkens auch durch das Nachkriegswerk ziehen. Das Kapitel Gaiser beschließt ein in aufklärerischem Pathos gehaltenes Verdikt: »Sein Werk dient nicht der Wahrheit.«

Obgleich solches Insistieren auf Wahrheit zu erkennen gibt, auf welche Orientierung der Kritiker und Literaturhistoriker Reich-Ranicki seinen Gegenstand verpflichten will, zeigt sich im Werk von 1963 bereits eine klare Distanz zu fixen Normsetzungen. In der Vorbemerkung heißt es: »Der Kritiker bekennt sich zu Friedrich von Schlegels Sentenz: ›Es ist gleich tödlich für den Geist, ein System zu haben, und keines zu haben. Er wird sich also wohl entschließen müssen, beides zu verbinden.‹«

Während in der Gruppe 47, deren Tagungen er seit 1958 regelmäßig als Kritiker bereicherte, sich sogar noch nach Princeton-Ressentiments gegen sogenannte Remigranten zeigten, akzentuierte Reich-Ranicki sein Interesse an den Exilierten. Ausdruck dieser Wachheit ist im genannten Band das Kapitel »Stimmen von draußen«, in dem er sich solcher Autoren annimmt, die nach 1945 nicht nach Deutschland zurückkehrten. Dass sich Ressentiments gegen diese Autoren in der Bundesrepublik halten, wusste er, da er vorsichtig notierte, dass sich die meisten Kritiker schwertäten, »die Werke dieser Autoren unbefangen zu betrachten«.

Einsatz für die Literatur des Exils zeigt auch die 1968 erschienene Sammlung mit dem bezeichnenden Titel *Die Ungeliebten. Sieben Emigranten*, die sich unter anderem mit Thomas Mann, Franz Werfel und Joseph Roth beschäftigt. Während Thomas Mann um 1968, wenn auch bei zunehmender Distanz seitens jüngerer Autoren, im Kanon der Forschung verankert war, dürfte es in nicht geringem Maße Reich-Ranicki zu verdanken sein, dass Joseph Roth mittlerweile als Autor auch in der Germanistik ernst genommen wird.

Noch eine weitere Aufsatzsammlung ist anzusprechen, die ebenfalls eine lange vernachlässigte Frage bearbeitete. 1973 erschien Reich-Ranickis Band *Über Ruhestörer. Juden in der deutschen Literatur*, eine erweiterte Neuausgabe legte er 1989 vor. Dieser Band enthält nicht nur Porträts von Börne bis Becker; die Auseinandersetzung mit den Werken jüdischer Autoren interessiert sich für die Frage, was jüdische Autorschaft in einer antisemitischen Gesellschaft vielleicht zu einem Spezifikum werden lässt. Obgleich Kafka hier kein eigener Beitrag gewidmet ist, sind Reich-Ranickis Kafka-Lektüren doch an vielen Stellen präsent. An und mit ihm erkennt er eine »Vereinsamung und Entfremdung des Intellektuellen in der bürgerlichen Gesellschaft Deutschlands und Österreichs«. Die vom Juden Kafka in Literatur transformierte Vereinsamungserfahrung antizipierte, so Reich-Ranicki, eine soziale Erfahrung, die in späteren Jahrzehnten zu jener der Intellektuellen in der Gesellschaft allgemein geworden sei. Bei betonten Differenzen und doch parallel bestimmt Reich-Ranicki die Lage und den Habitus Heines. Einen Widerhall von dessen Einsamkeit und Verzweiflung »unter den Deutschen« vernimmt er in seiner erotischen Lyrik, in der die »Leiden des Verschmähten und des Abgewiesenen« auf eine Weise Ausdruck fänden, durch die sich Generationen unglücklich Verliebter – ob Juden oder Nichtjuden – aufs Intimste erfasst glaubten. Dass ihm dies gelungen sei, habe, so Reich-Ranickis These, »aber mit seinem Judentum zu tun«.

Dass hinter solch kühnen wie scharfsinnigen Betrachtungen, dass hinter den von ihnen evozierten Gedanken auch jene Disposition zu finden ist, die Adorno gelegentlich Liebe nannte, sollte nicht verborgen bleiben. Nach der Lektüre der Autobiografie Reich-Ranickis und angesichts der Resonanz, die *Mein Leben* beim deutschen Publikum fand, kann man sich schließlich nur mit Anstrengung die Versuchung untersagen, in dem Werk über »Ruhestörer« auch eine Beschäftigung des Autors mit sich selbst zu entdecken.

Untersagen muss man sich solches nicht bei der Lektüre der Porträtsammlung *Die Anwälte der Literatur* von 1994. Von Lessing bis Joachim Kaiser finden sich hier Aufsätze zu Literaturkritikern und zu Autoren, die über Literaturkritik Literaturpolitik betrieben. Obgleich der Autor seine Protagonisten selbstverständlich im Horizont ihrer Zeit wahrnimmt, sorgt sein intellektueller Witz dafür, dass sie gewissermaßen zu Typen der Literaturkritik und als solche durchaus gegenwärtig geraten. Und in manchen dieser Typisierungen mag man wiedererkennen, was auch den Literaturkritiker Reich-Ranicki ausmacht. So heißt es über Alfred Polgar: »Er dachte nicht daran, dem Leser zu schmeicheln, aber er hielt es für seine Pflicht, ihm menschenfreundlich entgegenzukommen: Polgar war zu höflich, um sich undeutlich oder unklar zu äußern.«

Zwischen Lessings oder Polgars kritischer Prosa und Marcel Reich-Ranickis höflicher Präsenz als Literaturkritiker liegen mediale Welten. Als »Stratege im Literaturkampf« wusste dieser früh, dass man ein großes Publikum – und ein solches soll es für die Literatur ja sein – nur über Medien mit Breitenwirkung erreicht. Gerade wegen des Erfolgs des *Literarischen Quartettes* wurde Reich-Ranicki, jetzt schon längst widerwillig »Literaturpapst der Nation«, von manchen angefeindet. Gerade deshalb möchte ich auf einen Aspekt medialer Inszenierung hinweisen. Studiert man die in dem Band *Wer schreibt, provoziert* enthaltenen sehr frühen »Kommentare und Pamphlete« Reich-Ranickis, findet man in Nachbarschaft zu der vorsichtigen Apologie des um 1961 noch neuen Konsummediums Fernsehen einen Beitrag, der sich in anonymer Rollenprosa mit der zu diesem Zeitpunkt wohl medial spektakulärsten Inszenierung von Literatur beschäftigt.

Es geht um die vom Fernsehen ausgestrahlten Dichterlesungen, die Walter Höllerer in der Berliner Kongresshalle organisierte. In der fingierten Identität eines von Höllerer eingeladenen Autors schreibt Reich-Ranicki: »Der von mächtigen Scheinwerfern angestrahlte, von imponierenden Fernsehkameras gejagte und von vielen Mikrophonen und auch Technikern umstellte Dichter, dessen Lesung überdies von einem wahrscheinlich notwendigen Rauschen und Zischen der Apparate begleitet wird, ist ein unzugänglicher Star geworden. Er kann nicht angesprochen oder befragt, sondern nur noch angestarrt werden.«

Wenn hier nun die mediale Inszenierung negativ gesehen wird, liegt das offenkundig daran, dass die medialen Potenzen von Scheinwerfern und Kameras für eine übersteigerte Aura sorgen, die an eine historisch bestimmte Form der Ästhetisierung von Politik erinnert. Provoziert wird dergestalt nicht der Austausch über Literatur, sondern jene Dualität von Masse und Führer, die auch auf dem literarischen Feld für Reich-Ranicki inakzeptabel ist. Geht es um dessen audiovisuelle Präsenz, sollte man sich an solch frühen Kommentar erinnern und gewahr werden, welche Rolle bei den von ihm verantworteten Inszenierungen der kritische Austausch über Literatur spielt. Erst dann sollte man – als Zuschauer, als Leser – lustvoll darüber Klage führen, dass es auch hierbei zu – sagen wir – Dominanzbildungen kommen kann.

Über seine eigenen Kommentare hinaus wirkt Marcel Reich-Ranicki zweifellos als Literaturpädagoge großen Stils – und in der Regel außerhalb von Klassenzimmern. Unübersehbar wurden entsprechende Talente mit der Übernahme der Literaturabteilung der *FAZ*. Zu nennen ist hier die Gewinnung und wahrscheinlich auch Pädagogisierung von Germanistikprofessoren, die als Kritiker agierten; die geniale Idee der *Frankfurter Anthologie*; das Design des Klagenfurter Wettbewerbs. Erwähnt werden müssen zudem die diversen Anthologien und die brillante Idee zur Buchreihe *Romane von gestern – heute gelesen* und schließlich das immense Kanon-Projekt, dessen produktiver Wert nicht allein in der Selektions- und Publikationsleistung besteht, sondern zweifellos auch in der provokanten Courage des gesamten Unternehmens, das das Gespräch über Lesenswertes in der deutschsprachigen Literatur neu in Gang brachte.

Dass die Ehrendoktorwürde für Marcel Reich-Ranicki eine bescheidene Anerkennung seiner wissenschaftlichen und publizistischen Leistungen darstellt, ist die einhellige Auffassung der akademischen Gremien der Philosophischen Fakultät.

Zu der in der Sache gebotenen Motivation tritt noch eine weitere: In der von Uwe Wittstock verantworteten Biografie wird fotomechanisch ein Dokument wiedergegeben, dessen bekannte Hintergründe uns mit Scham erfüllen. Über der Unterschrift von »Marceli Reich« ist hier der Satz zu lesen: »Ich bitte um Aufnahme als ordentlicher Student in die Philosophische Fakultät der ›Friedrich-Wilhelm-Universität‹ zu Berlin.« Darunter ist von anderer Hand die Abkürzung »jüd.« zu entziffern sowie der Zusatz: »Abgel. 7. 4. 38 von der Reichszentralstelle im Ministerium.«

Im Beschlussantrag des Instituts für deutsche Literatur an die Philosophische Fakultät II heißt es hierzu: »Marcel Reich-Ranicki ist 1938 aufgrund seiner jüdischen Herkunft vom Studium der Germanistik an der Friedrich-Wilhelms-Universität ausgeschlossen worden. Die Humboldt-Universität zu Berlin, die Rechtsnachfolgerin der Friedrich-Wilhelms-Universität, betrachtet die Verleihung eines Doktors der Philosophie ehrenhalber als einen Akt der nachträglichen Wiederherstellung des Rechts, das durch den Willkürakt von 1938 verletzt worden war.«

PETER WAPNEWSKI

Dem Magier des Subjektiven

Zeit und Ort: Berlin, Frühjahr 1938. Dem siebzehnjährigen Abiturienten Marcel Reich wird die Aufnahme in die (damals noch nach ihrem königlichen Gründerpatron geheißene) Friedrich-Wilhelms-Universität verweigert.

Zeit und Ort: Berlin, fünf Jahre später, Frühjahr 1943. Der zwanzigjährige Soldat und beurlaubte Patient des Reservelazaretts 101, Spandauer Damm, P. W. wird als Student des ersten Semesters in die Friedrich-Wilhelms-Universität aufgenommen.

Bild ein und derselben Zeit, die in sich selbst durch Welten getrennt ist. Es ist sein eigener Kommentar.

Seltsame Fügung: Heute finden diese beiden als alte Herren in der Aula ebendieser Universität zusammen, und dem einen ist die ehrenvolle Aufgabe vermacht, den anderen nach Gebühr zu würdigen.

Nach Gebühr? Wie denn würdigt man einen Mann, ein Leben, ein Werk, die mit unzähligen Ehrungen, Preisungen, Auszeichnungen dekoriert worden sind? Wie wird man der Leistung eines Mannes gerecht, der heute den neunten Ehrendoktorgrad empfängt – ein ganz und gar singuläres Ereignis, wenn es einen Repräsentanten nicht der Wirtschaft oder Politik, sondern der Literatur und damit die Welt von Geist und Kunst betrifft? Wie einen Mann würdigen, dessen

Buchpublikationen, dessen Rezensionen und Aufsätze und Kommentare und Briefe eine gedruckte Weltfülle darstellen, deren Zahl und Art zu über- und durchschauen es eines eigens hierfür angestellten Archivars bedürfte? Ein Mann, dessen Autobiografie millionenfach in aller Herren Ländern und aller Herren Sprachen verbreitet ist, über den schon alles und mehr als alles gesagt worden ist in den unzähligen Artikeln und den seiner Person geltenden Büchern, ein großes Ja und ein weniger großes Nein, Verehrung und Bewunderung viel, aber auch Schmähung und Tadel.

So halte ich mich denn an das Stichwort »Variation«. Und meine damit, dass ich mich nicht vermesse, diesen Magier des Subjektiven, diesen Maestro der persönlichen Töne objektiv zu schildern. Denn nichts lähmt die beschreibende Feder schwerfälliger, nichts hemmt sperriger den kritisch nachfragenden Verstand als das eher rührende Bedürfnis, objektiv sein zu wollen, wo die komplexe Gestalt des hier infrage Stehenden in ihrer werkgeschichtlichen Vielfalt und ihrem lebensbedingten Widerspruch einen solchen Ehrgeiz der Lächerlichkeit preisgibt.

Denn es geht um einen Mann, der uns lehrt, dass und wie die Fehlbarkeit des leidenschaftlichen Subjektivismus nicht die Bürde des Kritikers ist, sondern sein Privileg. Und doch, all diese Zeugnisse, bedacht in ihrer üppigen Fülle, liefern letztlich nur die Abstraktionsform einer lebend sich entfaltenden Existenz, die kraft ihrer gewitzten Rhetorik, ihrer vitalen Präsenz und ihrer trefflichen Polemik jeden Teilnehmenden das Staunen lehrt – und ihm gelegentlich das Schweigen empfiehlt.

Er also ist das Thema, die Person als Persönlichkeit, ich sage getrost: als entelechetisches Muster. Die Formel klingt so ambitioniert, wie er es weniger schätzt als vermutlich ich, und meint ganz einfach: Er erfüllt den Auftrag, der seiner

Begabung abverlangt, die Wirklichkeit nur als flüchtige Widerspiegelung der Wahrheit zu begreifen. Das versteht die Begriffsgeschichte schlicht als Idealismus, und es meint in seinem Falle die Missachtung der Wirklichkeit im Vergleich zu jener Wahrheit, der er innewird durch die Dichtung, die Literatur, durch ihr Erleben – und das Leben in ihr.

So befragen wir denn die Dominante unter seinen Variationen. Welcher Art ist die ihm eigene Form der literarischen Kritik? Da betont die Antwort vor allem den Verzicht auf letztgültige Deutungshoheit. Diese Kritik verlangt nicht nach dem Monopol der endgültigen Urteilsinstanz. Sie ist sich der gebrechlichen Einrichtung der Welt und des Menschenwesens und also auch des kritischen Verstandes allemal bewusst; und sie verwechselt nicht ihren den Dingen ihren Segen oder Unsegen gebenden Richtspruch mit einem Richterspruch.

Man hat ihm Theoriefeindlichkeit oder doch -fremdheit vorgeworfen. Es ist wahr, die abstrahierende Spekulation ist seine Sache nicht, so vertraut ihm auch die Prinzipien sind, die einen Lessing oder Friedrich von Schlegel ästhetisch räsonieren ließen. (Wer sich authentisch über Reich-Ranickis Verhältnis zur Literaturkritik, zu ihrer Geschichte seit Aufklärung und Romantik und ihren bedeutendsten Vertretern unterrichten will, greife nach seinem Buch über die »Anwälte der Literatur«.) Bei Lichte betrachtet, lässt sich das Prinzip seines kritischen Verfahrens reduzieren auf jene Form der »produktiven Kritik«, die Goethe anlässlich seiner Befassung mit dem dreieinhalb Jahrzehnte jüngeren Manzoni in folgenden Stufen fragen ließ: »Was hat sich der Autor vorgesetzt?« Sodann: »Ist dieser Vorsatz vernünftig und verständig?« Solches erfasst, ist schließlich zu fragen: »Und inwiefern ist es gelungen, ihn auszuführen?« Mit einem solchen System lässt sich arbeiten – es verlangt sachliche Erwägung, wie sie der Willkür des Urteils Schranken setzt, und erlaubt dem Urteil dennoch die Freiheit, sich der persönlichen Überzeugung und ihrer Vorliebe oder Abneigung zu widmen, wenn da Vernunft und Verstand gefragt sind, die sich jeweils doch sehr eigenwilligen Vorstellungen fügen.

Es handelt sich also um das Verfahren einer gewissen Vereinfachung. Man verwechsele es indessen nicht mit den Irrtümern eines Terrible simplificateur. Sondern erinnere sich, dass es auch den Aimable simplificateur gibt. Jenen, der den Dingen sorglich auf den Leib geht und sie freilegt, bis sie sich darbieten in ihrer Grundstruktur, in der Schlichtheit des Grundsätzlichen. Das Fundament aller großen Dichtung sei, höre ich ihn eines Tages sagen, ein einziges Themenpaar: die Liebe und der Tod. Im Neben- und Nacheinander, als Ineinander und als Polarität. Man prüfe die Weltliteratur – und wird in ihr die Bestätigung dieser Feststellung finden, die auch eine Überzeugung ist. Etwas einseitiger und auf seine etwas angestrengtere Weise sagte es Adorno, wenn er Literatur definierte als »Gedächtnis des akkumulierten Leidens«. Wiederum einfacher – und richtiger – Reich-Ranicki, wenn er, liebevoll und einfühlsam über Max Frisch schreibend, bei ihm findet, »was wir alle in der Literatur suchen: unsere Leiden. Oder auch: uns selber«.

Durch Einfachheit glänzt zuweilen auch sein ordnendes Wort. Ich entsinne mich einer der Tagungen der Gruppe 47, es mag die angeblich letzte in der fränkischen Pulvermühle gewesen sein. Da sitzt er, in der ersten Reihe, den Blick fest gerichtet auf den Vortragenden und auf den Patron Hans Werner Richter. Und obwohl er den Kopf nicht wendet – oder nur gelegentlich –, entgeht ihm nichts von dem, was sich hinter seinem Rücken abspielt, er registriert jedweden Ab- und Zugang. Als dann Richter zur kritischen Stellungnahme auffordert, setzt Reich-Ranicki das Maß: Es sei müßig, anlässlich dieses Textes von »gut« oder von »missglückt« oder

»schlecht« zu reden – es sei viel banaler: Es gehöre dieser Text einfach nicht hierher! Und er hatte, nicht zum ersten und nicht zum letzten Mal, recht.

Der Segen des vereinfachenden Wortes erwies sich auch jenes festlichen Abends, der ihm und der Musik gehörte. Es kam – unvermeidlich – das Gespräch auf Wagner und seinen widerwärtigen Antisemitismus. Da klärte er, der Jude, die Situation und Stimmung: Es sei ja wahr, andere Künstler hätten sich ausgezeichnet durch Güte und Großmut und Freigebigkeit und Frömmigkeit und Sanftmut, ja, sie seien einfach bessere Menschen gewesen : »Nur, keiner von ihnen hat den *Tristan* komponiert …!« Immer wieder das Bekenntnis zum Primat der Kunst vor dem Leben.

So war ihm denn von Jugend auf nächst der Literatur die Musik nahe – näher als die bildende Kunst. Was nicht überraschen wird, denn nur ein die Fülle des Wohllauts, Rhythmus und innere Melodik und die Schwingungen des Taktes und die Vibration der Nuance erfahrendes Gemüt kann Dichtung aufnehmen.

Wem die Wahrheit der Dichtung, der Kunst alles ist, der lässt auch der Natur und dem Naturerlebnis nicht mehr viel Platz. Er sagt es selber in entwaffnender Schlichtheit: Nein, kein Feind der Natur, nur – sie langweile ihn. Ähnlich hörte man es von Lessing und Madame de Staël, da deuten sich aparte Vernetzungen an.

Zum Zweck der Illustration schone ich den Vorrat meines Repertoires und überlasse dem gemeinsamen Freund Adolf Muschg die Erinnerung, dem es – was bereits zu einer Wanderanekdote aufspross – während eines Spaziergangs mit Reich-Ranicki durch alemannisches Waldgelände geschah, dass er das intensive Debattieren über Heinrich Manns späte Romane meinte unterbrechen zu müssen durch den Hinweis auf einen lieblichen Taleinschnitt, darin ein Wasserfall sich in wilden Kaskaden schäumend ergoss – »Ja, ja«, meinte der Gefährte, »recht hübsch, sollte nur ein bißchen weiter nach links gerückt sein – da stört er weniger!«

Dieser Mann, wir alle wissen es, verfügt in souveräner Attitüde über die weithin ausgebreitete Landschaft der Dichtung und Literatur bis in präzise Details. Anscheinend mühelos bewahrt und präsentiert er Werke und Tage, Namen und Daten, Themen und Inhalte, Formen und Töne. Die deutschsprachige Literatur des achtzehnten, neunzehnten und zwanzigsten Jahrhunderts steht ihm zu Diensten, und nicht anders ein Großteil der russischen, polnischen und auch der angelsächsischen. Da tut's ihm keiner gleich, und allemal auch ich nicht; und all dieses Wissen schnurrt sich nicht ab nach Art des sprechenden Lexikons, sondern ist vitalisiert durch Zitate und Anekdoten.

Und doch hindern ihn Fülle und Solidität seines Wissens und das Bewusstsein seiner Kompetenz nicht daran, da, wo es angemessen ist, sein Lernbedürfnis und seine begrenzte Zuständigkeit einzuräumen. So auch in unserem Falle. Mehr als einmal hat er mich geehrt durch die Behauptung, ich sei sein Lehrer auf dem Felde des Mittelhochdeutschen und der mittelalterlichen Dichtung gewesen. So auch erwies es sich einst, als er in einem seiner vielen Sammelbände ein mittelhochdeutsches Gedicht interpretierte. Es handelte sich um das populäre *Lindenlied* Walthers von der Vogelweide. Der besserwisserische Philologe in mir monierte einen Fehler des Interpreten. Die sich anschließende Erörterung fand schließlich befriedigend zu der gemeinsamen Vermutung, dass hier die bei allzu genauem Zusehen fehlerhafte Übersetzung doch in solchem Maße überzeugend war, dass eben sie den ursprünglich gemeinten Sinn des Originals wiedergefunden habe, dessen Wortlaut durch die Ungunst der Überlieferung auf eine schiefe Bahn geraten sein müsse …

Und wenn er seine Memoiren abschließt im Sinne einer Summe, dann zitiert er das magisch klingende, melodisch gleitende Verspaar des großen Gottfried von Straßburg:

> Swem nie von liebe leit geschach,
> Dem geschach auch liep von liebe nie

Da lacht das Herz des Altgermanisten – und er verzichtet auf den Versuch einer Übersetzung.

Der Willkür und Einseitigkeit meiner auswählenden Varianten eingedenk, bitte ich verstehen zu wollen, dass ich scheinbar übergehe und dennoch stetig mitbewege, was diesem Mann, was seiner Frau Tosia, was seiner Familie, was den Seinen insgesamt zugefügt wurde durch diese Wahnsinnstat, die das vergangene Jahrhundert brandmarkt, sehr wörtlich brandmarkt. Und die zu begreifen Verstand und Gemüt der Überlebenden und der Lebenden nicht in der Lage sind. Da helfen nicht Denkmale und Zeitgeschichtsuntersuchungen, helfen nicht noch so ehrlichen Sinnes anberaumte Gedenkveranstaltungen und sogenannte Wiedergutmachungen – es bleibt das große Nichtbegreifen – und, wie es Golo Mann einmal unvergesslich ausgedrückt hat, eine grenzenlose Traurigkeit, die immer bleiben will, solang man lebt. Ich habe es nicht nur nicht vermocht, sondern nicht für mein Recht gehalten, an diese Zeit, an ihr höllisches Verbrechen zu rühren – an das persönliche Leid, das hier in zwei Menschen als gelebtes Schicksal gegenwärtig ist und bleibt.

Noch einmal und zu gutem Ende zu unserer persönlichen Partnerschaft. Worüber tauschen sich zwei Alte, wenn sie einander begegnen, auf den Stock gestützt oder das Telefon nutzend, worüber tauschen sie sich aus? Über das Alter, und sind sich einig, dass dessen Eigentümlichkeit und Gebresten es dem ehrlichen Bekenntnis verbieten, diese letzte Lebensphase behaglich zu verklären, sie »schön« zu finden und, vor der Hütte im Schatten sitzend, sie gemächlich schönzureden. Auch hier lässt sich im Buch der Zeiten manch kluges Wort finden, das, weil klug und traurig, im gemeinsamen Erfahren auch trösten mag – bei Seneca über Montaigne hin zu Max Frisch und Gottfried Benn und Norberto Bobbio. Sich vor der Welt ohne Hass zu verschließen, das ist wahrlich ein innig zu wünschendes Ziel, man sollte ihm zustreben, – auch wenn »die Welt« zu solch friedlicher Übereinkunft nicht immer einzuladen scheint.

Bei aller Wahrung des gebührenden Abstandes zum Bereich des Intimen sei ein Wort noch zum Persönlichen der Person gesagt. Ein notwendiges. Anfang des neunzehnten Jahrhunderts erschien unter den vielen meist kurzlebigen literarisch-philosophischen Zeitschriften der Romantik, begründet von Kotzebue, die *Berlinische Zeitung für gebildete unbefangene Leser*. Sie nannte sich *Der Freimüthige* und machte polemisierend rüstig Gebrauch von der Verheißung des programmatischen Titels. »Freimütig«, unseren Wörterbüchern gilt das als altmodisch, sie erklären es durch »unbekümmert-offen« und »aufrichtig frei«, und »arglos« auch.

Die Charakterisierung als »altmodisch« wollen wir wohl gelten lassen. In einer Welt des Konzedierens, der Mitteilung hinter der vorgehaltenen Hand oder hinter dem Rücken, der timiden Rücksichtnahme und der Gefälligkeitsgutachten – in dieser Stickluft der Tarnung und Maskierung ist er, dieser Mann, offen und unbekümmert und aufrichtig frei mit üppiger rhetorischer Gebärde von seiner Überzeugung Gebrauch machend, in der Tat so altmodisch wie das Wort. Einen Freimütigen solchen Sinnes loben, ja, feiern wir heute, in altmodischem Sinne, und danken ihm, wenn er »arglos-offen« vor einem Publikum von Tausenden sagt: »Dies unter uns …!«

Doch will ich mich meines heutigen Amtes nicht entledigen, ohne den Bereich der nächsten Nähe, den des Innersten zumindest angerührt zu haben. Das meint, ich muss auch von der verehrten Tosia reden. Nicht im Stile jener Damenreden-Rhetorik, die man gern als den geselligen Höhepunkt von Kongressen und ähnlichen sinnleeren Aktionen und »Events« empfindet. Ich will nur erinnern an das, was Marcel Reich-Ranicki, leise und das eigene Wort scheuend (das in diesem Kontext überdeutlich klingen will), der Literatur, der Dichtung zu sagen aufgibt: Er zitiert als Inbild ihrer Gemeinsamkeit Verse Hofmannsthals, nämlich das Schlussduett aus dem *Rosenkavalier*: »Ist ein Traum, kann nicht wirklich sein, / dass wir zwei beieinander sein …«

Das Beieinandersein, das dem hilflosen Fragen nach einem Sinn des Daseins die behutsame Antwort zu schenken vermag, es könne das Leben zu leben seinen Sinn in sich haben. Und wer diesem Manne, seinem Leben und seinem Werk, und wer ihr, der bewunderungswerten Frau, die in der Hölle des Ghettos liebevoll Gedichte illustriert hat – wer ihnen gerecht werden will, kann nicht anders, als mit ihnen den 9. Mai 1945 zu erleben, als in Warschau sie die Nachricht erreicht von der bedingungslosen Kapitulation aller deutschen Streitkräfte. Da schießen sie Salut gen Himmel: »Wir schauten uns schweigend an. Wir wußten genau, daß wir das Gleiche empfanden: Nein, nicht Freude empfanden wir, sondern Trauer, nicht Glück, sondern Wut und Zorn. Ich blickte noch einmal nach oben und sah, daß eine Wolke aufgezogen war.« Nein, das war nicht jene Wolke »sehr weiß und ungeheuer oben«, sondern sie war »dunkel und schwer. Ich spürte: Diese Wolke über uns, sie würde sich nie verziehen, sie würde bleiben, unser Leben lang.«

MARCEL REICH-RANICKI

Primat der Kunst vor dem Leben

Herr Präsident! Meine Damen und Herren! »Denn der Regen, der regnet jeglichen Tag.« Das ist aus dem *König Lear*, und Shakespeare war grausam genug, den armen Lear, der nun alles verloren hatte, der unglücklich auf der Heide herumirrte, auch noch mit dem Regen zu segnen. Er muss auf der regnerischen Heide herumrennen. Und der Regen wird seitdem eigentlich immer wieder als Symbol menschlichen Unglücks gezeigt.

Ich dachte, der Regen regnet jeglichen Tag, als ich im Auto saß und nach Berlin fuhr, aus Warschau kommend. Es war Anfang 1946, also wenige Monate nach Ende des Zweiten Weltkrieges. Ich war in guter Laune, sehr merkwürdig, gar nichts von Hass, nichts von Wut, nichts von Empörung. Ich war fröhlich und summte irgendein Lied, das in meiner Vorstellung den Text hatte: Berlin, du bist die schönste Stadt der Welt. Es gibt ein solches Lied gar nicht. Es gibt ein anderes: Paris, du bist die schönste Stadt der Welt. Das hatte sich in meinem Kopf irgendwie verwandelt.

Warum war ich eigentlich so fröhlich? Es war etwas geschehen, womit ich nie gerechnet hatte: Ich hatte den Zweiten Weltkrieg überlebt. Nun fuhr ich nach Berlin herein, in die völlig zerstörte Stadt, so hatte man mir erzählt. Davon war kein Wort wahr. Berlin war überhaupt nicht völlig zerstört. Berlin schien mir eine nicht zerstörte Stadt – denn ich kam aus Warschau. Ich fuhr herein, sah diese scheußlichen Häuser an der Frankfurter Allee. Von Osten kam ich herein. Dann plötzlich, es geht ganz schnell, die Entfernungen werden dann ganz klein, blickte ich nach rechts und links: rechts die Berliner Universität, links die Staatsoper.

Na ja, so hätte sich mein Leben vielleicht abspielen sollen: zwischen Staatsoper und Universität. Das hat ja nun nicht so stattgefunden. Die Universität hat mich abgelehnt. Die Staatsoper, deren Ablehnung ich immer befürchtete, weil im »Dritten Reich« erzählt wurde, an der Staatsoper und am Gendarmenmarkt, am Strandbad Wannsee, überall seien Aufschriften »Juden sind hier unwillkommen«. Ich habe diese Aufschriften nicht gesehen. Ich ging in die Staatsoper, solange dies möglich war. Ich fuhr also zwischen Staatsoper und Universität. Und sah dann die Universität, die mich abgelehnt hat, völlig ohne Hass, ohne Gram, ohne Wut. Es war doch völlig normal, dass sie mich abgelehnt hat. Jede andere Universität hätte genauso gehandelt. Dem ist keine so große Bedeutung beizumessen. Wo Millionen ermordet wurden, ist eine Ablehnung, eine Nichtzulassung zum Studium beinahe eine Lappalie. Ich fuhr weiter. Die Straßen waren noch in schlechtem Zustand. Der Wagen musste langsam fahren. Ich dachte mir: Hier hat meine Jugend stattgefunden. Shakespeare, Lessing, Goethe, Schiller, Heine, Thomas Mann, Brecht, Kafka, nein, Kafka nannte ich nicht. Ich habe Kafka später kennengelernt. Er war damals eigentlich ein beinahe unbekannter Dichter. Ich fuhr und dachte an die Häuser, die mich hier interessieren, natürlich das Schauspielhaus am Gendarmenmarkt, natürlich die Philharmonie, all diese Orte, wo Literatur, wo Musik stattgefunden hat. Und dann die Häuser, die meine Schulen waren, die für mich auch Orte der Literatur, vor allem aber auch der Musik waren.

Schließlich kam ich in Steglitz an. Dort hatte man für mich ein Quartier vorbereitet. Am nächsten Tag sagte mir der, der mein Vorgesetzter sein sollte: »Sie sind doch in dieser Stadt aufgewachsen. Sind Sie jetzt zum ersten Mal hier?« Ich sagte: »Ja, zum ersten Mal.« »Dann können Sie einige Tage frei haben. Sehen Sie sich in dieser Stadt um. Suchen Sie die Häuser, wo Sie Ihre ersten Geliebten gefunden haben.« Nein, die Häuser habe ich nicht gesucht, aber eben das Schauspielhaus am Gendarmenmarkt, das Deutsche Theater in der Schumannstraße. Berlin, das war für mich die Stadt der Kultur, der Literatur, des Theaters. Eines hätte ich mir damals nicht vorstellen können: dass ich je von der Humboldt-Universität einen Ehrendoktor erhalten werde. Hier gefeiert, geehrt zu werden, das gab es in meiner Vorstellung nicht. Daran dachte ich nicht. Nun ist dieser Tag gekommen.

Sie alle haben das Programm dieser Veranstaltung bekommen. An diesem Programm habe ich einen kleinen Anteil. Hier stand: Feierliche Ansprache – Marcel Reich-Ranicki. Ich habe gebeten, das abzuändern in: Dankworte. Das schien mir bescheidener zu klingen, nicht so verwinkelt. Dankworte, das reicht. Aber ich hatte noch keine Ahnung, was für Dankworte das werden sollten. Ich dachte, ich werde vielleicht etwas schreiben, um hier eine Rede zu halten. Das wollte ich vorgestern machen. Aber von der Sonntagszeitung der *FAZ* bekam ich ein Fax-Schreiben, dass man auf mein Manuskript für den Sonntag wartet. Ehrendoktor hin, Ehrendoktor her, aber der Sonntagsbeitrag muss da sein. Anstatt die Rede vorzubereiten, habe ich den Sonntagsbeitrag, den Sie morgen alle lesen können, schnell, blitzartig verfertigt.

Aber es ist gut, dass ich nichts geschrieben habe. Denn diese Veranstaltung ist ganz ungewöhnlich. Acht Mal habe ich erlebt, wie mir der Ehrendoktor verliehen wurde. Davon wurden fünf Mal große Ansprachen über mich gehalten. Unter uns, ganz unter uns: Es waren auch langweilige Ansprachen dabei. Aber eine so interessante Ansprache wie hier, heute, habe ich noch nie gehört, bei keinem Ehrendoktor. Das ist etwas Ungewöhnliches.

Die erste Ansprache war von Michael Kämper-van den Boogaart, dem Dekan der Philosophischen Fakultät II. Diese

Ansprache hat mich total verblüfft. Da hat ein Germanist über mich gesprochen, und er hat, es ist nicht zu glauben, meine Bücher gelesen. Im Allgemeinen sind Laudationes schöne Vorträge, aus denen hervorgeht, dass der Redner ein Buch gelesen hat, meist *Mein Leben*, manchmal das frühe *Deutsche Literatur in West und Ost*, ganz selten aber, dass einer mehr als ein Buch gelesen hat. Das ließ keiner erkennen. Hier hat, das hat mich sehr gefreut, Michael Kämper auf verschiedene, auf eigentlich alle wesentlichen Bücher, die ich in meinem Leben geschrieben habe, hingewiesen. Er hat die *Anwälte der Literatur* gelobt, ein Buch, das mir besonders nahesteht, das eigentlich für Germanisten geschrieben wurde, aber von Germanisten sehr gerne und konsequent ignoriert wird. Nun gut, *Die Anwälte der Literatur – von Lessing bis heute*, die Kritiker, die deutschen Kritiker natürlich.

Er sprach über das *Literarische Quartett*, über die Pamphlete *Wer schreibt, provoziert*, über den *Kanon*, der mich so viel Arbeit gekostet hat, bei dem ich auch gemeint habe: Wenn der *Kanon* kommt, wird die Empörung groß sein, wen ich als deutsche Dichter kanonisiere und wen ich übergehe. Es war keine Aufregung. Es war wie üblich: Es spielte sich ruhig ab.

Ich habe mir nach dieser Rede gedacht: Was ist denn nun daran, dass die Laudatoren meine Arbeit nie kennen, praktisch nie. Michael Kämper war der Erste, der immerhin deutlich machte, dass er beinahe alle wichtigen Bücher, aus meiner Sicht wichtigen Bücher, gelesen hat.

Es sprach dann Bernd Neumann. Herr Neumann, es ist eine heikle Sache. Sie sind Staatsminister – interessante Formulierung; ich muss darauf aufmerksam machen – für Kultur und Medien. Das heißt, die Medien gehören nicht zur Kultur. Nein, die Medien sind etwas anderes. Staatsminister für Kultur und Medien. Hätte nicht eigentlich gereicht: Staatsminister für Kultur? Es ist nicht Ihre Schuld, ich weiß, das ist die Regierung, die das so beschlossen hat. Nein, die Medien wurden angehängt, um allen deutlich zu machen: Das gehört eigentlich nicht zur Kultur, aber soll von dem Staatsminister auch betreut werden. Na ja, wir sehen oft, ich will nicht sagen: täglich, wie richtig es ist, dass man die Kultur außerhalb der Medien erwähnt. Wir können es täglich erleben in den Programmen der verschiedenen Sender.

Herr Neumann hat die Frage gestellt, wie es möglich war, das auszuhalten, was wir, meine Frau und ich, ausgehalten haben. Es war wohl nur möglich, weil ich im Gedächtnis so vieles aus der deutschen Literatur hatte, und in der Einsamkeit, im Verborgenen, eben überall, wo ich versucht habe, zu existieren in diesen schweren Tagen und Jahren, hatte ich diese Poesie. Diese Gedichte haben es mir etwas erleichtert, die Zeit durchzuhalten.

Es folgte die Rede des Präsidenten der Universität, der die Worte vom Tunnel über der Spree zitierte: von unendlicher Wehmut und der ungeheuren Ironie. Das freut mich sehr. Es sind zwei sehr richtige Worte. Im Laufe meines Lebens hat man mir eigentlich immer wieder bestätigt, dass in meinen Œuvre nicht wenig Ironie ist. Mit der Wehmut war das anders – man glaubte immer, weil ich laut spreche, sei das Überheblichkeit, die sich da äußert, mehr Überheblichkeit als Wehmut. Ich weiß nicht, was richtig ist. Ich habe mir die Wehmut nie unterstrichen, und ich habe sie nicht gezeigt. Aber ich glaube, es ist allerlei Wehmut und Ironie in meinen Werken und Büchern.

Damit hängt zusammen, dass ich für manche Dichter nicht immer den nötigen Respekt habe. Ja, Thomas Mann, das ist Wehmut und Ironie. Kafka, natürlich. Brecht, selbstverständlich. Aber Hölderlin? Viel Wehmut, so sehr viel Ironie? Na, na, da bin ich nicht so sicher. Man hat es mir immer verübelt, dass mir Kleist nähersteht als Hölderlin. Ich kann es nicht ändern. Kleist ist der große Dichter der Epoche. Hölderlin ist auch ein Genie. Ihn zu verteidigen, bin ich jederzeit bereit. Aber es ist erlaubt, andere eine Spur mehr zu bewundern.

Nach Herrn Markschies, dem Präsidenten, sprach Peter Wapnewski. Zunächst muss ich protestieren. Der falscheste Satz heute Abend wurde von keinem anderen gesagt als von: Peter Wapnewski. Ich werde gegen diesen Satz gleich polemisieren, aber er wird sich beherrschen und es ruhig hinnehmen. Peter Wapnewski stellte die Frage: »Wie einen Mann würdigen, dessen Rezensionen und Aufsätze und Kommentare und Briefe eine gedruckte Weltfülle darstellen?« Das sei gar nicht mehr möglich, den zu rühmen, zu loben. Er möchte, sagt Peter Wapnewski, die Litanei dieser tertiären Literatur nicht noch verlängern. Er könne nach Lage der Dinge nichts Neues mehr beitragen, sondern bloß variieren, was schon vorhanden sei. Das stimmt alles nicht. Kein Wort ist wahr; denn seine Rede hat bewiesen, wie viel er über mich noch sagen kann, was keiner gesagt hat, was neu war für alle hier und für mich ganz besonders, wofür ich sehr dankbar bin.

Er nennt mich mit einem pathetischen, großen Wort einen »Magier des Subjektiven«. Er spricht von der Fehlbarkeit des leidenschaftlichen Subjektivismus – sehr gut. Zu dem Wort werde ich mich gerne, Wapnewski zitierend, bekennen. Ja, zum leidenschaftlichen Subjektivismus, der – es ist eine schöne, knappe Formulierung – nicht die Bürde des Kritikers sei, sondern sein Privileg. Wenn es ein Privileg des Kritikers ist, dann ist es auch, darf ich hinzufügen, seine Pflicht: der magische, der leidenschaftliche Subjektivismus.

Dann geht Peter Wapnewski, sehr gut, Gott sei Dank, auf den Hauptvorwurf ein, der in meinem Leben gegen meine Arbeit als Kritiker vorgetragen wurde. Einer hat das geschrieben, ein Einziger. Alle haben es ihm nachgeschrieben, dreißig

Jahre lang. Ich habe mir eigentlich nie die Mühe gemacht, gegen diesen Vorwurf in einer Polemik zu antworten. Das schien mir nicht angemessen und letztlich auch nicht unbedingt notwendig. Es ist der Vorwurf der Theoriefeindlichkeit und Theoriefremdheit. Es muss ja was dran sein. Ja, große Teile meiner Arbeit machen den Eindruck, dass hier Theoriefeindlichkeit oder Theoriefremdheit vorhanden sei. Nur ist eigentlich keiner auf die Idee gekommen, dass diese Theoriefremdheit eine Ursache hat: Ich habe mir als Kritiker immer die größte Mühe gegeben, die Theoriefremdheit vorzuspielen. Ich wollte, dass meine Arbeit nicht belastet wird von der Theorie. Das war mir zuwider. Ich habe das nicht erfunden. Ich habe das gelernt. Der große Berliner Kritiker Alfred Kerr hat ein enormes kritisches Werk über Literatur hinterlassen, dem man auch Theoriefeindlichkeit und Theoriefremdheit vorwerfen kann. Und Kurt Tucholsky hat vieles über Literatur geschrieben. Mit Theorie hat er sich befasst, aber er hat seine Schriften sehr selten mit theoretischen Erwägungen belastet. Ich habe das von denen gelernt, von Tucholsky, Alfred Kerr, auch von Polgar, die Aufzählung ist bald zu Ende: Benjamin kommt in diesen Verein nicht rein. Er hat uns an Theorie gar vieles geboten. Nach meinem Gefühl: gar zu vieles. Es ist gut, dass Peter Wapnewski darüber gesprochen hat.

Er hat dem Leser, dem Publikum, empfohlen, ein Buch von mir zu lesen, gerade jenes Buch, das ich tatsächlich geschrieben habe, um zu beweisen, dass die Theoriefeindlichkeit als Vorwurf nicht viel Sinn hat in meinem Fall. Das Buch *Die Anwälte der Literatur*, über deutsche Literaturkritik, über die Kritiker von Lessing bis heute und über die großen deutschen Schriftsteller in ihrer Eigenschaft als Kritiker der Literatur, also Goethe, Heine, Thomas Mann. Er empfiehlt vor allem die Analyse Lessings und Friedrich von Schlegels und hat damit gewissermaßen eine Verteidigungsbasis für mich gefunden.

Er glaubt, auch das hat mich sehr gefreut, dass der Kernsatz meiner Kritik, einer der Kernsätze meiner Kritik, die Äußerung über meine Leseerfahrung mit Max Frisch ist: Wir alle suchen in der Literatur unsere Leiden oder auch uns selber.

Er kommt dann auf Wagner zu sprechen, mein Verhältnis zu Wagner und seinem Antisemitismus. Wie üblich ist das Zitat beinahe richtig.

Es war in Baden-Baden, in dem schönen Park des Hotels Brenner. Es wurde etwas gefeiert, mein siebzigster Geburtstag oder irgendetwas anderes, was schon sehr lange zurückliegt. Spätabends, nach zwölf, ich war schon ziemlich betrunken, kam ein Mensch mit einem Mikrofon in der Hand. Wie kommen Sie, fragte er, als Jude mit Wagner und seinem Antisemitismus zurecht? Ich habe betrunken geantwortet: Es hat auf dieser Erde viele edle Menschen gegeben, sehr viele. Er guckte mich an, neugierig, was daraus werden sollte. Ich sagte: Sie alle haben weder den *Tristan* noch die *Meistersinger* geschrieben. Er hat das, was ich gesagt habe, hingenommen. Das Erstaunliche war, was am nächsten Tag passierte. Ich bekam ein Fax aus Bayreuth, ob ich erlaube, diesen Satz im Programm der Bayreuther Festspiele zu zitieren. Das hat mir gefallen.

Dann sprach Peter Wapnewski. Anknüpfend an Wagner, an *Tristan*, an die *Meistersinger,* sprach er vom »Primat der Kunst vor dem Leben«. Ich hatte ja keine andere Möglichkeit. Ich hatte keine andere Chance. Ich musste an den Primat der Kunst vor dem Leben glauben.

Sehr freut mich, vielleicht gehört das zum Wichtigsten der ganzen Rede von Peter Wapnewski, dass ich mich nicht selten dem Zweifel anvertraue anstelle der Entscheidung. Das haben meine Kritiker nie zur Kenntnis nehmen wollen. Sie wollten in mir immer den sehen, der fest voranschreitet – so und nicht anders muss es sein. Dabei ist in meinen Arbeiten furchtbar viel Zweifel und der Glaube, dass der Zweifel zur Arbeit des Kritikers gehört.

Sie sehen, das war mein kreativer Beitrag zu dem Programm des heutigen Vormittags. Dass ich aus der feierlichen, festlichen Ansprache Dankworte gemacht habe, ich habe es doch eingehalten.

Als ich in Berlin-Steglitz angekommen war, hatte ich zunächst einige Tage frei. Ich bin in Berlin herumgefahren und habe die Orte gesucht, wo ich zum ersten Mal ein Lessing-Drama auf der Bühne sah, wo ich zum ersten Mal Shakespeare sah, zum ersten Mal Goethe, Schiller und zum ersten Mal den damals gefeierten Klassiker. Wie merkwürdig, dass der als Klassiker galt: Gerhart Hauptmann, der sehr viel gespielt wurde, weil das »Dritte Reich« in ihm eine Ersatzfigur sah: Wenn Thomas Mann weg ist und Brecht auch, kann vielleicht der Hauptmann als Klassiker der Nation gelten. Er hat dafür gedankt. Ich habe es im Schauspielhaus in der Nürnberger Straße gesehen. Nach einer Premiere stand er in der Loge. Ich habe ihn gesehen. Er stand dort mit Hermann Göring. Er hat die Hand erhoben zum Hitlergruß am Ende. Ein sehr trauriger Anblick. Nur, die großen Stücke Hauptmanns sind durch diesen Gruß nicht einen Deut schwächer oder schlechter geworden. Hauptmann gehört zu den wichtigen Dramatikern der Neuzeit, zu den wichtigen Dramatikern der ganzen Epoche nach den Klassikern.

Ich danke nun für diesen neunten Ehrendoktor. Ich werde weiter nichts anderes tun als arbeiten. Ein bisschen schwerer fällt das Schreiben als früher. So ganz flott von der Hand geht es nicht. Thomas Mann hat gern das Wort »flott von der Hand« in drohendem Sinne verwendet. Einmal auch, als er einen Nachruf auf seinen Sohn Klaus schrieb. Er hat, soweit es möglich war, seinen Sohn zu loben versucht. Er hat gesagt: Allerdings, es ging ihm flott von der Hand. Das sollte bedeuten, er hat sich nicht genug Mühe gegeben, diese Romane sind zu rasch geschrieben. Das war nicht im Sinne von Thomas Mann.

Den Vorwurf mache ich mir nicht. Zu flott von der Hand ging es mir nicht. Ich habe mir immer sehr, sehr viel Mühe gegeben. Ich kann nicht klagen: Die Anerkennung ist gekommen, die schönste heute, die mit einer so wunderbaren Feier eingeleitete Überreichung des neunten Ehrendoktors.

Ich danke Ihnen.

FRANK SCHIRRMACHER

Es schließt sich ein Kreis

Vor ein paar Jahren fuhren wir im Auto durch Berlin. Marcel Reich-Ranickis Autobiografie war soeben erschienen, und wir besuchten die Stätten einer Kindheit in Berlin, seine alten Schulen, die Wohnung in der Güntzelstraße. »Schauen Sie mal im Sicherungskasten nach«, sagte er, weil irgendeine Erinnerung ihn streifte. Im Sicherungskasten waren sehr schwach noch die Namen der ehemaligen Bewohner zu entziffern, jedenfalls der Buchstabe »M.«, wie Marcel, für das winzige Kinderzimmer. Er zeigte uns den Balkon, der in seiner Autobiografie vorkommt, weil er hier seinen ersten Kuss empfing.

»Das war gar nicht so schlecht, mein Lieber«, sagte er, als müsse auch dieser Kuss aus der Vergangenheit noch rezensiert werden. Wir besuchten den Gendarmenmarkt, fuhren am Zeughaus vorbei und waren damit schon in der Nähe der alten Friedrich-Wilhelms-Universität, der heutigen Humboldt-Universität. Die wollte er nicht betreten. Er wollte sie nicht betreten und war, füge ich hinzu, auch nicht eingeladen.

Als ein paar Monate später, im September 1999, seine Bewerbung um einen Studienplatz auftauchte, die abgelehnt wurde, weil er Jude war, schrieb die *FAZ* in der Hoffnung, vielleicht verstünde die Universität dies als Aufforderung dazu, ihn zu ehren: »Marcel Reich-Ranicki fragt sich, was die Berliner Universität sagen wird, wenn sie das Schriftstück sieht. Ob sie vielleicht doch noch antworten wird.« Die Antwort kam, aber ganz unerwartet.

Ein damaliger Repräsentant der Humboldt-Universität rief an und verbat sich jede Einmischung. Vor allem aber verlangte er eine Richtigstellung: Es stimme nicht, dass Marcel Reich-Ranicki damals keine Antwort erhalten habe, er habe sie bekommen, wenn auch nicht die erwünschte. Das alles sei vielleicht nicht schön, aber was wahr ist, solle doch wahr bleiben: Die Universität habe reagiert. Das ist zum Glück vorbei. Es ist dem heutigen Präsidenten Christoph Markschies und seinen Kollegen zu verdanken, dass Reich-Ranicki heute geehrt wurde.

Es schließt sich ein Kreis. Marcel Reich-Ranicki ist Ehrendoktor der Humboldt-Universität. Er hat die Universität zum ersten Mal seit 1938 betreten. Er hat sich in jenem Zimmer des Rektors, wo ihm einst die Ablehnung mitgeteilt wurde, ins Goldene Buch der Universität eingetragen. Was diese fast siebzig Jahre sind, macht man sich klar, wenn man sie auf runde Zahlen projiziert. Es ist der Zeitraum von 1900 bis 1969, oder, wenn heute einem jungen Reich-Ranicki dasselbe widerführe, eine Ablehnung der Immatrikulation: Er müsste bis 2076 warten, ehe er Genugtuung erführe. Das ist eine ungeheure Zeitspanne, und es erklärt, warum der Ehrendoktor Marcel Reich-Ranicki heute nicht gerade überschwängliche, aber doch milde Genugtuung äußert.

Dieser Tag heute, das sei gesagt, ist wichtiger für uns als für ihn. Wir können unseren Kindern davon erzählen oder den Enkeln. Hier wird nicht nur der Mann geehrt, der von der Friedrich-Wilhelms-Universität vom Studium abgehalten wurde, weil er Jude ist, hier wird nicht nur der Mann geehrt, der aus dieser Stadt, aus dem Herzen Berlins, deportiert wurde, der Mann, selbst da noch leidenschaftlicher Liebhaber der deutschen Literatur, als er im Warschauer Ghetto die Befehle der SS ins Polnische übersetzen musste, der Mann, der den »Pianisten« kannte, den wir im Film sahen, und der Mann, der inmitten der Unmenschlichkeit des Ghettos Konzertkritiken schrieb, der Mann, der das Todesurteil für sich und seine Frau und die Bewohner des Ghettos niederschreiben musste, während draußen der Wiener Walzer spielte.

Geehrt wurde der Mann, der das alles durchlitt und die tiefste Kränkung empfand und doch, Jahrzehnte später, mit unendlichem Witz und Humor, mit Scharfsinn und Temperament, die deutsche Literatur belebte und befeuerte, »drüben und hüben«, wie eine seiner ersten Kolumnen hieß.

Wir können unseren Kindern davon erzählen, weil, das ist keine Übertreibung, einer wie er nicht mehr ist und nicht mehr kommt. Marcel Reich-Ranicki ist die letzte Erscheinungsform jener literarisch-kosmopolitischen Intelligenz, die die Weimarer Republik prägte. Er lässt uns ahnen, was hätte sein können, wenn sie geblieben wären und nicht ermordet oder in Tod und Exil getrieben worden wären: Menschen wie Walter Benjamin und Joseph Roth, Schönberg und Einstein, Wassermann und Kerr.

Aber er ist kein Repräsentant der Vergangenheit, auch das hat die Universität klargestellt. Jede Woche kommt er ins Büro, ein Büro, an dem sich seit den Siebzigerjahren nichts geändert hat, außer dass ein nie benutzter Liegesessel dazugekommen ist. Er schreibt und redigiert wöchentlich zwei Kolumnen. In wenigen Wochen wird in Tel Aviv ein Lehrstuhl zu seinen Ehren eingerichtet. Hier steht der frisch gebackene Ehrendoktor, fast siebenundachtzigjährig, und ehrt uns, indem er sich ehren lässt. Immer wieder hat er von seinem »portablen Vaterland«, der deutschen Literatur, gesprochen. Unterdessen ist er selbst, wie er hier geht und steht, zu unserem sehr portablen Repräsentanten geworden, einem sehr unsentimentalen übrigens.

»Was meinen Sie«, fragte er mich, nachdem das Verfahren in Gang gesetzt wurde, »soll ich mir auch den Bibliotheksausweis ausstellen lassen und mich in die Bibliothek setzen?« Das wird er wahrscheinlich nicht tun. Aber die Vorstellung, dass der Sechsundachtzigjährige dort sitzt und liest, wo der Achtzehnjährige nicht erwünscht war, ist anrührend. Man kann verlorenes und geraubtes Leben nicht zurückgeben. Umso dankbarer sind wir für das Leben, das Marcel Reich-Ranicki unserer Kultur, unserer Literatur nicht etwa nur eingehaucht, sondern eingehämmert hat.

Es geht nicht anders, wir müssen mit Kleists *Anekdote aus dem letzten preußischen Kriege* enden, wo sonst passt sie besser als hier in Berlin, hier in unmittelbarer Nähe zum innersten Innern des alten Preußen? Kleists Anekdote zeigt ein Mannsbild wie eine Urgewalt, einen, der antreibt, nicht nachlässt, keine Angst hat und alle zum ehrfurchtsvollen Verstummen bringt, außer einem. Und dieser eine sagt den Satz, der hierhergehört: »So einen Kerl, sprach der Wirt, habe ich zeit meines Lebens nicht gesehen«. So einen Kerl wie Sie, lieber Marcel Reich-Ranicki, haben wir zeit unseres Lebens nicht gesehen und werden wir nie wieder sehen.

Einweihungsfeier des Marcel-Reich-Ranicki-Lehrstuhls für deutsche Literatur an der Universität Tel Aviv, 2007

PETER VON MATT

Die Kunst, die Macht und die Kritik

Kunst und Macht leben zusammen in einer Ehe, die schwankt zwischen Spannungen und Zerrüttung. Aufgelöst werden kann sie nicht. Auch der Tod vermag sie nicht zu scheiden. Kunst und Macht durchwalten die Welt, solange es Menschen gibt, und so lange kommen die beiden nicht voneinander los. Gelegentlich tritt wohl eine sonnige Stunde ein. Dann feiern sie einander lautstark und beschenken sich gegenseitig. Am nächsten Tag sind die misstrauischen Blicke wieder da.

William Shakespeare hat das Verhältnis der beiden Gewalten in einer dunklen Stunde auf zwei grimmige Verse gebracht. In seinem 66. Sonett zählt er die Gründe auf für seinen Wunsch, endlich zu sterben. Er redet von den Zuständen seiner Zeit. Wer sich verdient gemacht habe, müsse als Bettler herumziehen, das aufgeblasene Nichts aber laufe lackiert daher. Treue werde betrogen, Ehre in den Dreck gezogen, anständige Frauen würden wie Huren behandelt. Der Starke werde gelähmt von hinkenden Schwächlingen. Die einfache Wahrheit gelte als einfältig, und gute Menschen müssten den Schuften als Knechte dienen. Dann kommt er auch auf Kunst und Wissenschaft zu sprechen, auf den Geist und die Macht. Erbittert stellt er fest: »And art, made tongue-tied by authority, / And folly, doctor-like, controlling skill …«

Die Kunst, heißt das in freier Übersetzung, wird mundtot gemacht von der Obrigkeit, und die Dummheit wirft sich zum Experten auf und kommandiert das Denken. Klaus Reichert berichtet im Anhang zu seiner herausragenden neuen Übersetzung der Shakespeare-Sonette, dieses sechsundsechzigste Stück sei das am häufigsten ins Deutsche übersetzte Sonett Shakespeares überhaupt. Hundertzweiunddreißig gedruckte Fassungen sind nachgewiesen. Es hat im Faschismus als Widerstandsgedicht zirkuliert, später auch in der DDR, in der Tschechoslowakei, in Bulgarien, Rumänien und Jugoslawien. In Russland hat Pasternak es übersetzt, und Paul Celan erzählte einmal, während der stalinistischen Säuberungsprozesse sei das Übersetzen von Shakespeare-Sonetten der wichtigste poetische Akt des Widerstands gewesen.

In Hinsicht auf den Inhalt des Gedichts erscheint diese historische Wirkung merkwürdig paradox. Es wird ja eine Diagnose ganz ohne Hoffnung gestellt. Die Poesie kapituliert vor der Macht. Aber der Akt der Kapitulation ist selbst immer noch ein Stück Poesie. Und diese Tatsache, das Ereignis souverän geformter Sprache, der Kristall mit der Nummer 66, widerlegt nicht nur die Aussage des Gedichts, sondern gerät zu einem rebellischen Akt. Ihr könnt die Dichter einsperren, heißt das, ihr könnt sie umbringen, ihr könnt Dummköpfe in die Ministerien setzen und brüllende Lakaien zu Richtern machen, das Gedicht selbst, dieses Gedicht, ist unzerstörbar. Es zirkuliert auf dem vergänglichsten aller Materialien, auf einem Fetzen Papier, und ist doch dauerhafter als alle Denkmäler aus Bronze und Granit, welche die Dummköpfe und brüllenden Lakaien aufstellen.

Wir wissen es gut genug: Die politische Macht giert immer nach dem eigenen Denkmal. Dieses Begehren ist der Beweis dafür, dass sie die Vergänglichkeit ihres Glanzes kennt. Das will sie nicht wahrhaben. Das will sie korrigieren. Womit? Mit Kunst eben. Auch wenn das eigene Denkmal schließlich nicht mehr vor Augen stellt als den schlechten Geschmack dessen, der sich damit feiert. Wer die ungeteilte Macht hat, kann zu seinem Ruhm eine Tonne Erz auf einen Sockel hieven lassen, aber ein gutes Gedicht zu seinem Ruhm, das kann er nicht erzwingen. Schlechte Gedichte schon, schlechte Gedichte in Massen, aber das eine, den Kristall, das unbestreitbare Ereignis souverän geformter Sprache, das verweigert sich sogar dem begabten Autor, wenn er es denn einmal untertänig liefern möchte.

»And art, made tongue-tied by authority, / And folly, doctor-like, controlling skill…« Diese zwei Verse reden von der uralten Paarung von Macht und Dummheit, einem Gespann von erlesener Scheußlichkeit, das Zerstörung hinterlässt, wo immer es auftritt. Angesichts dieser Paarung scheinen die zwei Verse zu resignieren. In Wahrheit aber installieren sie die Kunst als eine Gegenmacht, eine andere Gewalt. Auch für sie gilt das Prinzip der Gewaltenteilung, das den modernen Staat begründet hat. Wo die Gewaltenteilung bedroht ist, ist der Staat selbst in Gefahr, der demokratische Staat als eine Erscheinungsform der Humanität.

Die hohe Errungenschaft der getrennten Gewalten bildet auch die Grundregel für das Verhältnis der politischen Macht zur Macht der Kunst. An der Freiheit der Kunst und der Medien bemisst sich die Qualität der politischen und zivilen Gesellschaft genau so, wie sie sich innerhalb des Verfassungsstaates an der wechselseitigen Unabhängigkeit der drei klassischen Gewalten Parlament, Regierung und Rechtsprechung bemisst. Wo Schriftsteller auf die Anklagebank geschleppt, Journalistinnen und Journalisten erschossen werden, da ist »something rotten in the state«, wie derselbe Shakespeare anderswo gesagt hat, da ist Fäulnis im tragenden Balkenwerk von Staat und Gesellschaft, da ist »art, made tongue-tied by authority, and folly, doctor-like, controlling skill«.

Die Dichter haben immer zwischen Verfolgung und Verklärung gelebt, zwischen Prügel und Denkmal. Oft genug wurde ihnen beides zuteil, der blutige Buckel zu Lebzeiten und nach dem Tod das Denkmal im Stadtpark. Obwohl es nichts Sinnloseres gibt als Dichterdenkmäler. Ein einziges gutes Gedicht macht sie überflüssig, und wo kein gutes Gedicht vorhanden ist, nützt auch die Bildhauerei im Stadtpark nichts. Dichterdenkmäler sind allzu oft der Versuch, die Prügel, die man dem Autor einst zukommen ließ, vergessen zu machen. Mit Dichterdenkmälern inszeniert sich die Macht pompös als das Gegenteil dessen, was Shakespeare im 66. Sonett von ihr sagt. Mit Dichterdenkmälern teilt man den lebenden Autoren und Autorinnen mit: Seht her, wie wir die wahre Kunst schätzen! Wärt ihr nur so, wie diese waren!

Goethe und Schiller stehen in Erz gegossen vor dem Deutschen Nationaltheater in Weimar, aufrecht wie ein Eisläuferpaar nach der Kür. Und so standen sie auch da, reglos, mit bekränzter Stirn, als die besten Autorinnen und Autoren aus Deutschland vertrieben wurden oder verprügelt, ermordet, auf jede denkbare Art zum Schweigen gebracht. Das Denkmal rechtfertigte die Verbrennung von Büchern und Menschen: Seht her, wie wir die wahre Kunst schätzen! Wärt ihr nur so, wie diese waren! Nein, man soll den Dichtern kein Denkmal errichten, die machen das schon selbst, auf einem Fetzen Papier. In seinen letzten Jahren schrieb Brecht ein Gedicht zu dieser Sache:

> Ich benötige keinen Grabstein, aber
> Wenn ihr einen für mich benötigt
> Wünschte ich, es stünde darauf:
> Er hat Vorschläge gemacht. Wir
> Haben sie angenommen.

Er starb. Auf den Grabstein schrieb man nur seinen Namen: Bertolt Brecht. Der Raum darum herum blieb leer. Dröhnend leer, möchte man sagen, wenn man diese Verse kennt. Mit dem kleinen Gedicht hat Brecht jedes Brecht-Denkmal im Voraus entwertet. Nach dem kleinen Gedicht kann kein in Erz gegossener Bertolt irgendeiner Macht jemals zum Argument gegen die Kunst ihrer Gegenwart dienen.

Was die Macht fürchtet, ist immer der Fetzen Papier, auf dem ein paar Verse stehen. Ein bisschen Zellulose also und etwas Tinte. Und doch ein Ereignis hoher Gewalt. Eines der unheimlichsten Produkte der Zivilisationsgeschichte. Nicht einfach weil die Verse häufig frech sind, reizen sie die Macht, sondern weil sie die Eigenschaft haben, das solideste Herrschaftssystem zu überleben und durch ihre pure Existenz dessen Vergänglichkeit zu bezeugen. Heinrich Heine, der am meisten und am andauerndsten angefeindete deutsche Dichter, der die politische Macht vor und nach seinem Tode herausgefordert hat wie kein anderer, wurde zwar am innigsten gehasst wegen seiner frechen Stellen, aber zur Verkörperung einer Gegenmacht wurde er durch den Glanz, die Präzision und die Modernität seiner Kunst. Deshalb haben die Heine-Gegner auch immer versucht, ihm diese Kunst abzusprechen. Wäre es gelungen, seinen künstlerischen Rang zu zerstören, hätte sich auch alles andere verflüchtigt, und das ganze Ärgernis wäre versunken und verschwunden. Es gelang nicht. Sein Ruhm ist darüber nur noch gewachsen. Man darf sogar sagen, dass Heines Bedeutung für die literarische Moderne überhaupt erst in den letzten Jahrzehnten ganz begriffen worden ist. Marcel Reich-Ranicki hat an diesem neuen Heine-Bild wesentlichen Anteil.

Wie man Heine nicht zum Schweigen bringen konnte, den lebendigen nicht und nicht den toten, so hat auch der Pastor Goeze zu Hamburg einst seinen Kontrahenten Lessing nicht gänzlich zu dem machen können, was Shakespeare »tongue-tied« nennt. Zwar wurde gegen Lessing ein Schreibverbot in Sachen der kritischen Theologie erlassen, und er hielt sich auch daran. Aber er schrieb dafür den *Nathan*, das Skandalstück vom Juden als der Verkörperung von Humanität, Vernunft und Toleranz. Lessing erkannte als Erster, wie untrennbar die Situation der Juden in Deutschland mit dem Weg dieses Landes zu einem menschenwürdigen Staat und einer Gesellschaft ohne Denkbefehle und Denkverbote verknüpft war, verknüpft bleibt.

Die großartige Freiheit von Lessings Denken spiegelt sich in der blitzenden Präzision und Beweglichkeit seiner Prosa. Und niemand hat diese so umfassend aufgegriffen und weiterentwickelt wie die zwei deutschen Juden Heine und Börne. Selbst der respektabelste Feind, den Heine je hatte, Karl Kraus, bezog die Wucht und den Witz seiner Prosa von diesen klirrenden Polemikern. Es gibt dafür einen kuriosen Beweis. Kraus attackiert in seiner berühmten Streitschrift Heine und alle Heine-Nachfolger, weil sie, wie er meint, die deutsche Sprache ruiniert hätten. Dazu schreibt er: »Das Gräßliche an dem Schauspiel ist die Identität dieser Talente, die einander wie ein faules Ei dem andern gleichen.« Diesen Witz aber hat er nun von Heine selbst geklaut; er weiß es nur nicht mehr. In Heines Reisebild *Die Stadt Lucca* heißt es nämlich: »Der Frankfurter christliche Kaufmann sieht dem Frankfurter jüdischen Kaufmanne eben so ähnlich, wie ein faules Ei dem andern.« Mitten in seiner Attacke auf Heine gibt sich Karl Kraus wider Willen als Heine-Schüler zu erkennen.

Damit sind wir bei jenem Bereich der Literatur angelangt, wo sie sich mit sich selbst befasst, bei der Kritik. Die Kritik ist ein unabdingbarer Teil des Gesamtsystems Literatur. Sie ist selbst Literatur und steht auch unter deren Qualitätsmaßstäben. Die literarische Kritik Lessings und Goethes, Börnes und Heines, Fontanes und Thomas Manns ist von ihrem übrigen Werk nicht zu trennen. Mag es auch schlecht geschriebene Kritiken in rauen Mengen geben – zahlenmäßig entsprechen sie etwa der Menge schlecht geschriebener Gedichte –, als Gattung gehört die Kritik zur Literatur im strengen Sinn. Und hier kommt nun eine ganz andere Dimension von Macht ins Spiel: die Macht der Kritik über die Kunst. Die Literaturkritik wird von den Autoren und Autorinnen vielfach als ein Gericht ohne Rekursmöglichkeit empfunden, als eine Form willkürlicher Herrschaft. Die Kritik übernimmt für das Empfinden vieler Schriftsteller die Rolle einer politischen Macht, die ihr Unterdrückungspotenzial voll auslebt. Vor dem juristischen Strafgericht, sagen sie, könne man einen Anwalt nehmen und gegen das Urteil Berufung einlegen, bei mehreren Instanzen sogar. Die Kritik aber breche den Stab oder spende das Lorbeerblatt in einer Selbstherrlichkeit, die seit den Zeiten des Absolutismus sonst überall verschwunden sei. Das unterstellt, dass bei dieser Konfrontation von Kunst und Macht das Prinzip der Gewaltenteilung ausgesetzt sei.

Hier muss man Einspruch erheben. Literatur ist immer beides, Bekenntnis und Wettstreit. Wer schreibt, will besser schreiben als andere, und er will, dass das bekannt wird. Nur für seine Freunde schreibt keiner. Literatur ist ihrem Wesen nach ein öffentliches Ereignis, und selbst, wo sie im Untergrund zirkuliert, ist dieser Untergrund eine dramatische Form von Gegenöffentlichkeit. Öffentlichkeit aber entsteht nicht durch Inserate und Lobreden, Öffentlichkeit entsteht allein durch freie Debatten. Diese sind Schauspiel, Erleuchtung, Ärgernis, Unterhaltung, Polemik, Huldigung – alles durcheinander. Wie die Politik hat die Literatur eine zirzensische Dimension. Wie zur Politik gehört zur Literatur das hohe Seil, das sausende Trapez in der Zirkuskuppel. Gelegentlich stürzt einer ab und zappelt im Netz; der andere aber steht im Absprung noch den doppelten Salto.

Heine und Börne, Karl Kraus und Marcel Reich-Ranicki haben diese Öffentlichkeit immer gesucht und gewollt und ausgebaut. Zur demokratischen Freiheit gehört das Zirzensische; zum Zirzensischen gehört das bunt gemischte Publikum. Nur weil die Kritik Macht hat, kann sie auch Schauspiel sein und der Kunst Öffentlichkeit verschaffen. Sie schärft die Augen des Publikums, aber sie schärft sie nicht nur für die Literatur, sondern auch für die Kritik selbst. Auch Kritiker stehen nicht jeden Salto. Auch Kritiker landen gelegentlich im Netz.

Der Lehrstuhl, den es ab heute an der Universität Tel Aviv gibt, trägt den Namen eines Mannes, der die Vernichtung der freien Öffentlichkeit in Deutschland miterlebt hat und zusehen musste, wie rasch ihrem Tod auch der Mord an den Menschen folgte. Wenn Marcel Reich-Ranicki für die Literatur gelebt hat, dann tat er es stets für eine Literatur, die frei sein will und sich diese Freiheit notfalls erstreitet. Ihr hat er öffentliche Aufmerksamkeit verschafft wie kein Zweiter. Deshalb ist dieser neue Lehrstuhl kein Denkmal, sondern ein Manifest, ein Bekenntnis zur Kunst in einer Gesellschaft ohne Denkbefehle und Denkverbote.

Marcel Reich-Ranickis Arbeit richtete sich nie gegen den einsamen Leser, der sich lautlos in ein Buch versenkt. Er wusste immer, dass die Stille um den einsamen Leser das letzte und eigentliche Ziel der Literatur ist. Nur in dieser Stille tönt sie, nur hier strahlt sie auf als eine zweite Welt. Aber auch die herrliche Stille um die einsame Leserin setzt voraus, dass die Kunst nicht »tongue-tied« ist und das Denken nicht von der Dummheit kommandiert wird. Selbst diese Stille also lebt insgeheim von jenen lauten Debatten. Der Streit der Meinungen gehört zur Würde des Menschen. Denn die Wahrheit kommt immer in der Mehrzahl daher.

MARCEL REICH-RANICKI

Freude an Literatur

Irgendwann, vor zwanzig oder dreißig Jahren, habe ich, wie so oft im Leben, in einem Band Prosa von Thomas Mann geblättert. Da fand ich folgende Kleinigkeit, die er erzählte und die mich verblüffte: Es war Mittagszeit in Amerika, in Pacific Palisades, und er wollte schon zum Essen gehen, zu dem man ihn eingeladen hatte. Da kam ein Journalist, mit dem er verabredet war und der ihn interviewen wollte. Das hatte Thomas Mann vergessen. Nun musste er den Journalisten reinlassen und sich seine Fragen anhören. Um rasch zum Essen wegzukommen, stellte er sich darauf ein, möglichst kurz zu antworten. Der Journalist fragte ihn: »Was, Herr Mann, ist letztlich das Ziel, die Aufgabe, die Sie sich gestellt haben? Das Ziel Ihres ganzen Werks, was ist das denn nun?« Thomas Mann überlegte nur einen Augenblick. Die Antwort ist nicht so schwer, aber er wollte ein Wort nur sagen, möglichst knapp, um endlich zum Essen zu gehen. Und er sagte: »Freude – Freude spenden.« Der Journalist war verblüfft, aber er notierte es.

Mich hat dieses Wort: Im Grunde komme es nur darauf an, Freude zu spenden, ebenfalls verblüfft, denn eigentlich war das ja schon in meiner Kindheit so: Ich las Bücher, als ganz kleiner Junge von zehn, elf, zwölf Jahren, nur aus einem einzigen Grund: weil sie mir Spaß bereiteten. Ich wusste gar nicht, dass man Bücher zu anderen Zwecken lesen kann, beispielsweise, um Geld zu verdienen. Ein durchaus redlicher Gesichtspunkt. Nein, ich wollte eigentlich nur das eine: Spaß haben. Und ich las Bücher, die irgendwie für mich spannend waren. Was für jemanden spannend ist – für den einen ist es dies, für den anderen das. Viele meiner Schulfreunde fanden

Karl Mays Bücher unerhört spannend. Ich fand sie gar nicht so furchtbar spannend und konnte eigentlich nicht übersehen, dass immer ein Deutscher auf dieser Welt Ordnung schafft. Old Shatterhand ist derjenige, der mit seiner starken Faust alles wieder in Ordnung bringt.

Nein, ich las andere Romane, und ich las in der Schule Gedichte. Diese standen in einem Lesebuch. Das Lesebuch gab es für jedes Schuljahr, und es hieß immer *Deutsches Erbe*. Nur, mir fiel auf, dass da, in *Deutsches Erbe* Band 4 oder 5, manche Gedichte überschlagen und nicht gelesen wurden. Natürlich haben mich diese Gedichte besonders interessiert. Solche Dinge kamen bei uns in der Schule immer wieder vor. Wir lasen im Französischunterricht Erzählungen von Maupassant, sehr schöne, und bald fand ich raus, dass in der Schulausgabe dieser Erzählungen Kürzungen waren, die Sexuelles betrafen. Natürlich habe ich mir die richtige Ausgabe besorgt und gerade diese Stellen gesucht und gefunden. Später, als ich mich mit Kritik befasste, habe ich mir überlegt, wie blöde man sein muss, um bei Maupassant das Sexuelle zu streichen. Da bleibt nämlich gar nicht so viel übrig.

Zu den Gedichten, die im *Deutschen Erbe* standen und überschlagen wurden, gehörten alle – ich fand den Namen heraus – von Heinrich Heine. Man hatte noch nicht neue Lesebücher ohne Heine und ohne andere Autoren angeblich fragwürdiger Herkunft hergestellt. Das kann man ja nicht in ein paar Monaten, in einem halben Jahr alles neu drucken. Aber sie durften nicht behandelt werden. Ich habe auch mal einen Deutschlehrer gefragt: »Warum werden diese Gedichte hier nicht behandelt, die sind doch eigentlich ganz schön?« Der Mann nickte mir zu und sagte: »Das muss so sein.« Na gut, mehr konnte ich nicht erfahren.

Diese Gedichte haben mir, wie viele andere Gedichte, Spaß gemacht, nur Spaß. Dass Dichtung, wie Peter von Matt in seiner wunderbaren Rede gesagt hat, eine ungeheure Gewalt sein kann, dass ein Gedicht, das einem Spaß macht, auch eine Macht sein kann, habe ich damals noch nicht gewusst. Das habe ich später erfahren.

Ich habe damals auch gehört, dass Literatur an Universitäten gelehrt wird. Und wenn man mich fragte, was ich für einen Beruf haben möchte, da sagte ich: »Also wenn es nicht anders geht, dann möchte ich Deutschlehrer in der Schule sein, aber Professor an einer Universität, das wäre schöner.« Ich bin nie Professor geworden an einer Universität, ich war nie ein Lehrstuhlinhaber. Es ist alles ganz anders gekommen. Sehr merkwürdig, und wir wollen uns nichts vormachen: Der heutige Abend hier ist ein, nicht nur für mich, ganz ungewöhnlicher Abend. Denn es wird in Israel, in Tel Aviv, ein Lehrstuhl für deutsche Literatur geschaffen. Er ist schon da seit einer Stunde, seit ich dieses Dokument bekommen habe. Aber er wird benannt nach jemandem, der nicht einen Tag in seinem Leben studiert hat. Ja, ich habe nie studiert, und ich habe mal, als ich danach gefragt wurde und davon die Rede war, an einer deutschen Universität, ich weiß nicht mehr, welche es war, leichtsinnig ein Wort gesagt, das ich schnell korrigieren musste: »Ich habe nie einen Tag verschwendet, um an einer deutschen Universität Germanistik zu studieren.« Riesenbeifall der Studenten. Ich musste bremsen und sagen: »Halt, halt, halt, so schön, wie ihr euch das vorstellt, ist das nun nicht.« Ich habe es sehr bedauert, und ich bedauere es bis heute, dass ich nie die Möglichkeit hatte, Germanistik zu studieren. Ich hätte beispielsweise etwas anständig gelernt, was ich nie so gründlich gelernt habe, nämlich Mittelhochdeutsch. Ich bin nicht sicher, ob mir die Universität viel geholfen hätte zum besseren Verständnis von Kleist oder von Fontane. Aber an ihr nicht Mittelhochdeutsch gelernt zu haben, bedauere ich sehr.

Nun wird also, mit meinem Namen, ein Lehrstuhl für deutsche Literatur geschaffen. Was soll der Lehrstuhl erreichen? Zunächst einmal: »Und es mag am deutschen Wesen / Einmal noch die Welt genesen«, heißt es bei Emanuel Geibel. Ist irgendsoetwas damit beabsichtigt? Nein, nein. Davon ist keine Rede. Der Lehrstuhl, der hier geschaffen wird, soll Studierenden in Israel ermöglichen, die deutsche Literatur kennenzulernen und sich mit ihr zu beschäftigen. Ist das nötig? Ich glaube, die deutsche Literatur liefert denjenigen, die sie aufmerksam lesen, sehr viel Vergnügen. Und gerade dies sollte die Studenten reizen, sich mit dieser Literatur auseinanderzusetzen. Ich weiß nicht, ob das gelingt. Natürlich ist klar, dass der Widerwille und die Wut gegen alles Deutsche in Israel weiterhin bestehen.

Aber ein wenig hat sich das inzwischen wohl geändert, es ist nicht mehr so, wie es vor dreißig, vierzig Jahren war. Ich habe mal in Warschau auf der Straße mit einem deutschen Schriftsteller Deutsch gesprochen. Irgendein Mann, der vorbeiging, war empört, dass wir Deutsch sprachen. »Das ist die Sprache von Hitler und Goebbels.« Ich habe gleich geantwortet. Ich habe nicht gesagt, das sei nicht die Sprache von Hitler und Goebbels – und ich habe auch nicht gesagt, das sei die Sprache von Goethe und Schiller. Denn ich war nicht sicher, ob der Mann wusste, wer Goethe und wer Schiller war. Ich sagte etwas anderes. Es war ja im kommunistischen Polen, und da sagte ich: »Das ist die Sprache von Karl Marx und Friedrich Engels.« Und plötzlich war alles wieder gut.

Es ist zu hoffen und zu vermuten, dass mit der Zeit – nicht sofort – dieser Lehrstuhl auf die junge Generation in Israel starken Einfluss ausüben wird. Er ist inzwischen finanziell weitgehend abgesichert. Eine Stiftung ist da, und das notwendige Geld wurde in Deutschland oder jedenfalls in der deutschsprachigen Welt gesammelt. Ich finde es hocherfreulich, dass schon jetzt so viel gesammelt wurde, dass der Lehrstuhl im nächsten Jahr funktionieren wird. Ich bin nicht sicher, wie gut, aber ich finde ganz schön, was eine Kollegin von mir, Eva Demski, gesagt hat: »Na ja, es wird nicht funktionieren, am Anfang wird es schwer gehen, aber in einigen Jahren, sieh da, sieh da, wird es vielleicht fabelhaft funktionieren.« Das wissen wir nicht. Viele Leute werden sich darum bemühen, und es gibt viele in Israel, die an dem ganzen Vorhaben interessiert sind. Es ist die erste Professur für deutsche Literatur dieser Art in Israel.

Ja, ich selber überlege, was da eigentlich passiert ist in meinem Leben, dass ich die Ehrendoktorate erhalten habe – zuerst einen ausländischen, einen schwedischen Ehrendoktor aus Uppsala, dann kam ein zweiter, ein dritter, und plötzlich sind es neun geworden – und dass nun mein Name auch einen Lehrstuhl für deutsche Literatur schmückt. Eines muss hier dazu gesagt werden: Das alles steht im Zusammenhang mit meiner ganzen Arbeit für die deutsche Literatur. Ich habe ja von Anfang an mich eigentlich nur mit deutscher Literatur beschäftigt, gelegentlich natürlich auch mit englischer, amerikanischer, aber es blieb im Wesentlichen bei deutscher Literatur. Es ist nicht meine Sache zu sagen, was ich erreicht habe. Sagen kann ich jedoch: Unendlich viel Fleiß steckt in dieser Arbeit. Lessing hat einmal geschrieben, seines Fleißes dürfe sich jeder rühmen. Viel Fleiß, viel Mühe, viel Hoffnung. Ich habe getan, was ich konnte, und ich habe mir nahestehenden Menschen bei verschiedenen Gelegenheiten gesagt, ich habe aus meiner Begabung, die gar nicht so groß ist, mehr gemacht, als man damit machen konnte. Ich habe es irgendwie rausgepresst und ein literaturkritisches Werk geschaffen. Jetzt plötzlich, seit einigen Wochen, vielleicht zwei Monaten, werden Dinge über mich gesagt, die mich verblüffen. Nicht weil sie so freundlich sind. Das habe ich immer erlebt: unfreundliche,

freundliche Äußerungen, alles durcheinander. Aber es wird plötzlich gesagt – vorgestern stand es in einer Zeitung –, dass ich für die Literatur in Deutschland geschaffen habe, was nur ganz wenige Menschen überhaupt geschaffen haben. Und heute hat Herr von Matt Sachen über mich gesagt in diesem Vortrag, bei denen ich nahe daran war, eine Träne zu verlieren, weil ich an solche Worte von ihm eigentlich nicht gewöhnt bin, an solche schöne, große Worte.

Ich hoffe, dass ich noch eine Weile auf dieser Erde wandeln und sehen werde, was aus dieser deutschen Literatur in Israel geworden ist, und dass man sich hoffentlich Mühe geben wird, jene deutschen Schriftsteller, die Juden waren, auch und gerade in Israel zu behandeln. Heine und Börne und Kafka, Schnitzler und Alfred Döblin und viele andere. Denn, das sei nun gegen Ende dieser Bemerkungen gesagt, die Juden haben mitgewirkt an der französischen, der englischen, der italienischen, der russischen Literatur in vielen Ländern. In keinem Land jedoch haben die Juden eine so enorme Rolle in der Literatur gespielt wie in Deutschland. Was daraus geworden ist, das sollte auch in anderen Ländern wirken, auch und gerade in Israel. Ich danke Ihnen.

Henri-Nannen-Preis, 2008

ANGELA MERKEL

Die Zeit ist reif, eine Ikone des Feuilletons zu ehren

Genau dreiundsechzig Jahre und einen Tag nach dem Ende des nationalsozialistischen Terrors, fast neunundfünfzig Jahre nach der Gründung der Bundesrepublik Deutschland, beinahe neunzehn Jahre nach dem Fall der Mauer führt heute die Verleihung des Henri-Nannen-Preises zwei Menschen zueinander, deren Lebenswege unterschiedlicher kaum sein können, deren Lebenswege aber auch zeigen, dass das Unmögliche möglich wird, dass eine in der DDR aufgewachsene Bundeskanzlerin des wiedervereinten Deutschlands auf einen in Polen geborenen Überlebenden der Schoah und einen der bekanntesten deutschen Literaturkritiker eine Laudatio zur Verleihung eines wahrlich wichtigen Preises halten darf. Es ist nicht irgendein Preis, sondern ein Preis für ein Lebenswerk.

Ich sage es gleich vorweg: Es ist unmöglich, das Lebenswerk – was für ein Wort – eines Mannes mit einem Lebenslauf wie dem von Marcel Reich-Ranicki in nur sechs Minuten auch nur annähernd angemessen zu würdigen. Allein zur bloßen Schilderung aller relevanten Lebensstationen – sein Geburtsort Włocławek, Berlin, das Warschauer Ghetto, wieder Berlin, Warschau, London, Frankfurt am Main, Hamburg, die USA und Schweden – brauchten wir erheblich länger.

Schließlich ist es zumindest mir unmöglich, dass ich mich gleichsam in der Rolle der Laudatorin als Kritikerin des Literaturkritikers versuche. Das wäre zum Scheitern verurteilt. Darum lasse ich es gleich bleiben.

Mich hat etwas anderes motiviert, weshalb ich mit Freude zugesagt habe, heute die Laudatio zur Verleihung des Henri-Nannen-Preises für Marcel Reich-Ranicki zu halten. Was das ist, kann ich in keine besseren Worte fassen, als Sie sie selbst in Ihrer Autobiografie *Mein Leben* gefunden haben. Deshalb zitiere ich Sie.

Über die Zeit im Warschauer Ghetto schreiben Sie unter anderem: »Die unentwegt um ihr Leben Bangenden, die auf Abruf Vegetierenden waren auf der Suche nach Schutz und Zuflucht für eine Stunde oder zwei, auf der Suche nach dem, was man Geborgenheit nennt, vielleicht sogar nach Glück. Sicher ist: Sie waren auf eine Gegenwelt angewiesen.«

Meine Damen und Herren, lieber Marcel Reich-Ranicki, es ist diese Gegenwelt, die Sie in Musik und Literatur fanden, und zwar von Kindesbeinen an, die Sie das Warschauer Ghetto und den anschließenden Untergrund überleben ließ, die weit darüber hinaus Ihr ganzes Leben bis heute ausfüllt.

Einfühlsamer kann man die Kraft von Literatur und Musik, ja, von Kunst und Kultur insgesamt kaum erfassen. In Ihrer Autobiografie schreiben Sie dazu weiter – ich zitiere: »Wo es keine Wiesen gab und keine Wälder, keine Bäche und keine Büsche, lauschten viele, die sonst wenig für Beethovens Programmusik übrig hatten, dankbar dem ›Erwachen heiterer Gefühle bei der Ankunft auf dem Lande‹ und anderen idyllischen Szenen – und sie waren dankbar nicht obwohl, sondern gerade weil diese Idyllen nichts mit ihrer Umgebung gemein hatten.«

Meine Damen und Herren, wir brauchen nicht über die Gemeinsamkeiten und die Unterschiede zu diskutieren, die die Kraft der Musik und die Kraft der Literatur überhaupt und im Laufe eines Lebens ausmachen. Letztlich ist dies für mich heute unerheblich; denn eigentlich geht es bei beiden, bei der Musik wie bei der Literatur, und für mich persönlich auch bei der Malerei und der bildenden Kunst darum, dass es Kunst und Kultur sind, die den Menschen ganz wesentlich ausmachen, die ihm im Extremfall zu überleben helfen. Das zu leben und erfahrbar zu machen, das ist für mich Ihr Lebenswerk, lieber Herr Reich-Ranicki.

In Ihrer legendären *Frankfurter Anthologie* galt eine Ihrer Wortmeldungen Heinrich Heines Gedicht *Ein Jüngling liebt ein Mädchen.* In Ihrer Deutung fällt der beiläufige Satz – ich zitiere: »Ja, die Liebe sieht mit dem Gemüt, nicht mit dem Auge. Ihr Gemüt kann nie zum Urteil taugen.«

Lieber Herr Reich-Ranicki, Sie haben diesen Satz eindeutig widerlegt; denn Sie lieben die deutsche Literatur. Wer wollte das bestreiten? Wer von uns aber wollte daraus den Schluss ziehen, Sie wären deshalb zum Urteil nicht befähigt? Nein, Sie waren und Sie sind ein Mann des Urteils. Sie waren und sind kein Mann des lauen Urteils, des »Einerseits« und »Andererseits«, wie Dieter Wellershoff es formuliert hat. Ihr Urteil hat aufgeregt und verbittert. Es hat begeistert und beflügelt. Es hat gestürzt und emporgehoben. Doch folgten in Ihren Rezensionen der Aufzählung von Schwächen und Mängeln mehrfach ein Dennoch, ein Nichtsdestoweniger.

Wir spüren: Das Lebenswerk von Marcel Reich-Ranicki ist nicht allein die Summe aller wortgewaltigen Lobreden oder Verrisse in seiner fünfzigjährigen Tätigkeit im deutschen Feuilleton. Es ist viel mehr als das. Marcel Reich-Ranicki lebt Kultur. Er will andere an dieser Leidenschaft teilhaben lassen mit allen Mitteln der Kunst, mit der subtilen Kraft der Ironie ebenso wie mit ihrer eleganten pointierten Sprache.

Die Zeit ist reif, dieser Titel des Romans von Arnold Zweig lag Ihrer allerersten Rezension vor fünfzig Jahren zugrunde. Meine Damen und Herren, heute sage ich: Die Zeit ist reif, eine Ikone, eine Ikone im besten Sinne des Wortes, eine Ikone des Feuilletons in diesem Rahmen zu ehren. Die Zeit ist reif, Ihnen von ganzem Herzen zu Ihrem Lebenswerk zu gratulieren, mit dem Sie anderen die Kraft von Kunst und Kultur für das eigene Leben vermitteln.

Herzlichen Glückwunsch und ein herzliches Dankeschön.

MARCEL REICH-RANICKI

Die Vernunft und ihre Feinde

Meine sehr verehrte Frau Bundeskanzlerin,
liebe Frau Merkel!

Ich entsinne mich genau des Abends, da ich das erste Mal mit Ihnen zusammen sein durfte. Es ist schon viele Jahre her. Wir, meine Frau und ich und Sie mit Ihrem Mann, wir waren bei einem Botschafter in Bonn, genauer: in Bad Godesberg, zum Abendessen eingeladen. Der ganze Abend schien für mich etwas ungewöhnlich. Ich war fasziniert und zugleich ein wenig unzufrieden.

Als ich nachher mit meiner Frau zum Hotel fuhr, fragte ich sie im Auto: »Ist dir etwas aufgefallen bei der Merkel?« Sie sagte: »Mir ist aufgefallen, dass sie die ganze Zeit geredet hat.« – »Ja«, antwortete ich, »sie hat in der Tat den ganzen Abend gesprochen, sie hat mich nicht zu Worte kommen lassen, und das, ich gebe es zu, das muss man schon können.«

Es war da etwas Außergewöhnliches, das mich eben fasziniert hat. Sie hat doch allerlei gesagt, ohne dass ihr eine Dummheit unterlaufen wäre. Das ist für einen deutschen Staatsmann etwas ganz Ungewöhnliches. Ministerin war Angela Merkel damals noch nicht, aber es ging wohl in diese Richtung. Sie hat also den ganzen Abend nur durchaus intelligent geredet. Was mich am Anfang zunächst ein wenig gestört hat, hat mich später immer mehr interessiert.

Diese Frau Merkel, dachte ich mir, ist noch jung, aber das alles ist schon sehr bemerkenswert. »Weißt du«, sagte ich meiner Frau, »die wird hier, in diesem Land, nach oben kommen. Sie wird vielleicht Ministerin werden – und nicht in so einem kleinen Ministerium für Babys und Kindergärtner –, nein, nein: Eine ganz ernste Ministerin wird sie werden. Aber mehr nicht. Dann ist Schluss mit der Karriere. Alles hat schließlich seine Grenzen.« Sie sehen es, meine Damen und Herren, so kann man sich irren.

Wenn uns im Lauf der nächsten Jahre Freunde besuchten, oder wenn wir bei Freunden und Bekannten waren und man über dies und das redete, habe ich manchmal die Frage gestellt: »Sagt mal, was haltet ihr denn eigentlich von der Merkel? Die ist schon eine ganze Weile Bundeskanzlerin. Was meint ihr nun?« Man hat allerlei zu hören bekommen, unter anderem: »Sie ist schon sehr gut, aber bei der falschen Partei.« Das hat niemanden ganz überzeugt. Ich habe dann gefragt: »Was vor allem charakterisiert diese Frau als Bundeskanzlerin?«

Vieles charakterisiert sie, und wollten wir es jetzt aufzählen, es würde zu viel Zeit in Anspruch nehmen. Am meisten hat mich fasziniert, dass diese Frau etwas repräsentiert, das bei uns leider nicht sehr geschätzt wird, ja sogar unbeliebt ist – ich meine die Vernunft. Ach, wenn man im zwanzigsten Jahrhundert in Deutschland für die Vernunft etwas mehr übriggehabt hätte, es wäre nicht passiert, was passiert ist. Das »Dritte Reich« – das war letztlich und vor allem ein ungeheurer Schlag gegen die Vernunft. Daran werden wir heute, gerade heute erinnert, am Jahrestag der Verbrennung der Bücher auf dem Platz neben der Staatsoper in Berlin.

Ich habe im Lauf der Zeit viele Reden über mich gehört, zumal von bedeutenden, von vortrefflichen Germanisten. Ich habe aber keine gehört, die so wie die heutige das Wesen meiner Arbeit in klaren und schlichten Worten zusammengefasst hätte. Ja so ist es: Meine Frau und ich, wir haben dank der Poesie und dank der Musik viele überlebt, die Millionen der Unsrigen ermordet haben und natürlich auch uns ermorden wollten. Damals habe ich nicht damit gerechnet, dass ich werde, wovon ich geträumt habe: Literaturkritiker in Deutschland. Ich glaube, dass auch Frau Merkel nicht damit gerechnet hat, dass sie Bundeskanzlerin im vereinten Deutschland sein werde. Frau Merkel, ich danke Ihnen von Herzen, und ich danke Ihnen allen.

PREISE UND EHRUNGEN

1972 Ehrendoktorwürde der Universität Uppsala
1976 Heinrich-Heine-Plakette
1981 Ricarda-Huch-Preis
1983 Wilhelm-Heinse-Medaille der Akademie der Wissenschaften und der Literatur in Mainz
1984 Goethe-Plakette der Stadt Frankfurt am Main
1987 Thomas-Mann-Preis
1989 Bambi-Kulturpreis
1991 Hermann-Sinsheimer-Preis für Literatur und Publizistik
1991 Bayerischer Fernsehpreis
1992 Ehrendoktorwürde der Universität Augsburg
1992 Ehrendoktorwürde der Otto-Friedrich-Universität Bamberg
1992 Wilhelm-Leuschner-Medaille
1995 Ludwig-Börne-Preis
1996 Cicero-Rednerpreis
1997 Ehrendoktorwürde der Universität Düsseldorf
1999 Hessischer Kulturpreis
2000 Friedrich-Hölderlin-Preis der Stadt Bad Homburg
2000 Samuel-Bogumil-Linde-Literaturpreis
2000 Goldene Kamera
2001 Ehrendoktorwürde der Universität Utrecht
2002 Ehrendoktorwürde der Ludwig-Maximilians-Universität München
2002 Goethe-Preis der Stadt Frankfurt am Main
2002 Großes Verdienstkreuz mit Stern der Bundesrepublik Deutschland
2004 Europäischer Kulturpreis

2005 Staatspreis des Landes Nordrhein-Westfalen
2006 Ehrendoktorwürde der Freien Universität Berlin
2006 Ehrendoktorwürde der Universität Tel Aviv
2007 Ehrendoktorwürde der Humboldt-Universität zu Berlin
2008 Henri-Nannen-Preis

ZEITTAFEL

1920 2. Juni: Geburt Marceli Reichs in Włocławek an der Weichsel (Polen) als drittes Kind des polnischen Juden David Reich und der deutschen Jüdin Helene Reich, geb. Auerbach.

1927 Besuch der deutschsprachigen Volksschule in Włocławek.

1929 Übersiedlung der Familie Reich nach Berlin – Volksschule (Berlin-Charlottenburg, Witzlebenstraße).

1930 Werner-von-Siemens-Gymnasium (Berlin-Schöneberg).

1934 Mitglied des »Jüdischen Pfadfinderbundes Deutschland«.

1935 Fichte-Gymnasium (Berlin-Wilmersdorf).

1938 Abitur – im April Ablehnung des Immatrikulationsgesuchs (Germanistik) von der Friedrich-Wilhelms-Universität Berlin – Lehrling in der Exportfirma des Juan Casparius (Berlin-Charlottenburg) – am 28. Oktober Verhaftung, Deportation nach Warschau.

1939 Emigration der Schwester Gerda und ihres Mannes Gerhard Böhm nach London.

1940 Leiter des Übersetzungs- und Korrespondenzbüros im »Judenrat« des Warschauer Ghettos.

1942 22. Juli: Ehe mit Teofila Langnas, genannt Tosia – Ermordung der Eltern in Treblinka.

1943 3. Februar: Flucht aus dem Ghetto – Juni: längerfristiges Versteck im Haus eines polnischen Ehepaars in einem Vorort Warschaus – 4. November: Der Bruder Alexander Herbert wird zusammen mit seiner Freundin im Kriegsgefangenen- und Arbeitslager Poniatowa ermordet oder entgeht der Erschießung durch Selbsttötung.

1944 7. September: Befreiung durch die Rote Armee – Meldung zum Dienst in der polnischen Armee – 25. Oktober: Beginn der Arbeit für die Postzensur, die dem Ministerium für Öffentliche Sicherheit (MBP) unterstellt ist.

1945 25. März: In Warschau Beamter der Abteilung III des Hauptamtes für Zensur, ab 1. Juli stellvertretender Leiter der Abteilung – Eintritt in die kommunistische Partei Polens (»Polnische Arbeiterpartei«).

1946 Januar bis März: in Berlin Arbeit in der polnischen Militärmission und für den Auslandsnachrichtendienst – ab April: in Warschau Mitarbeiter in der Abteilung II, Sektion IV, des MBP.

1948 Ab Februar in London unter dem Namen Marceli Ranicki Vizekonsul (später Konsul) der Republik Polen und im Rang eines Hauptmanns (polnisch: »Kapitan«) leitender Mitarbeiter des Auslandsnachrichtendienstes – 30. Dezember: Geburt des Sohnes Andrzej Alexander.

1949 November: Abberufung aus London und Rückkehr nach Warschau – 14 Tage Haft in einer Einzelzelle.

1950 25. Januar: Entlassung aus dem auswärtigen Dienst und aus dem Geheimdienst – März: Ausschluss aus der kommunistischen Partei – Lektor für deutsche Literatur im Verlag des Verteidigungsministeriums.

1951 Veröffentlichungen in der Warschauer Wochenzeitung *Nowa Kultura*.

1952 Freier Mitarbeiter der Warschauer Monatszeitschrift *Twórczość*. Übersetzer (zusammen mit Andrzej

Wirth) von Kafkas *Das Schloss* und Dürrenmatts *Der Besuch der alten Dame* ins Polnische.

1953 Publikationsverbot.

1954 Aufhebung des Publikationsverbots.

1955 *Aus der Geschichte der deutschen Literatur 1871–1954* (in polnischer Sprache).

1957 Reisen nach Österreich und in die Bundesrepublik – *Die Epik der Anna Seghers.*

1958 21. Juli: Studienreise in die Bundesrepublik ohne Rückkehr nach Polen – Wohnort in Frankfurt am Main, jetzt unter dem Namen Marcel Reich-Ranicki – Arbeit für die *Frankfurter Allgemeine Zeitung*, für *Die Welt* und mehrere Rundfunksender – Oktober: erste Teilnahme an einer Tagung der Gruppe 47.

1959 Umzug nach Hamburg – Reihe: »Schriftsteller, die jenseits der Elbe leben« in *Die Welt* – Beendigung der Arbeit für die *Frankfurter Allgemeine Zeitung.*

1960 Ständiger Literaturkritiker der Wochenzeitung *Die Zeit* – Anthologie *Auch dort erzählt Deutschland.*

1962 Anthologie *Sechzehn polnische Erzähler.*

1963 Festanstellung als Kritiker bei der *Zeit* – Anthologie *Deutsche Literatur in West und Ost.*

1964 Rundfunkserie »Das literarische Kaffeehaus« (zusammen mit Hans Mayer).

1965 Bis 1972 Mitarbeiter der *Encyclopaedia Britannica* – *Literarisches Leben in Deutschland.*

1966 *Wer schreibt, provoziert.*

1967 *Literatur der kleinen Schritte.*

1968 Gastprofessor für deutsche Literatur des zwanzigsten Jahrhunderts an der Washington University in St. Louis (USA) – *Die Ungeliebten. Sieben Emigranten.*

1969 Gastprofessor am Middlebury College (USA) – *Deutsche Literatur heute.*

1970 *Lauter Verrisse.*
1971 Bis 1975 Gastprofessor für Neue Deutsche Literatur an den Universitäten Stockholm und Uppsala (Schweden).
1972 Vortragsreisen nach Australien und Neuseeland.
1973 Dozent für Literaturkritik an der Universität Köln – Beendigung der Arbeit für *Die Zeit* – Umzug nach Frankfurt am Main – Leiter der Redaktion für Literatur und literarisches Leben bei der *Frankfurter Allgemeinen Zeitung* (bis 1988) – *Über Ruhestörer. Juden in der deutschen Literatur.*
1974 Honorarprofessor an der Universität Tübingen – Beginn der *FAZ*-Serie »Frankfurter Anthologie« – *Zur Literatur der DDR.*
1976 Heinrich-Heine-Plakette.
1977 Bis 1986 als Mitinitiator Sprecher der Jury des Klagenfurter Wettbewerbs um den Ingeborg-Bachmann-Preis – *Nachprüfung. Aufsätze über deutsche Schriftsteller von gestern.*
1979 Vortragsreise nach China – *Entgegnung. Zur deutschen Literatur der Siebzigerjahre.*
1981 Edition *Wolfgang Koeppen: Die elenden Skribenten.*
1982 *Meine Schulzeit im Dritten Reich* und *Betrifft Goethe.*
1983 Edition *Alfred Polgar: Kleine Schriften.*
1984 Fernsehgespräch mit Joachim Fest in der ZDF-Serie »Zeugen des Jahrhunderts«.
1985 *Lauter Lobreden – Nichts als Literatur.*
1986 *Mehr als ein Dichter. Über Heinrich Böll* – Edition *Wolfgang Koeppen: Gesammelte Werke.*
1987 *Thomas Mann und die Seinen – Herz, Arzt und Literatur – Zwischen Diktatur und Literatur.*

1988 Bis Dezember 2001 Leiter der literaturkritischen Gesprächsserie »Das Literarische Quartett« (im ZDF).

1989 *Romane von gestern – heute gelesen.*

1990 *Thomas Bernhard.*

1991 Heinrich-Hertz-Gastprofessur an der Universität Karlsruhe – *Max Frisch – Ohne Rabatt: Über Literatur aus der DDR – Reden auf Hilde Spiel.*

1992 *Der doppelte Boden. Ein Gespräch mit Peter von Matt – Günter Grass.*

1994 Debatte über die ehemalige Geheimdiensttätigkeit – *Die Anwälte der Literatur – Martin Walser – Rede über das eigene Land.*

1995 *Vladimir Nabokov – Die verkehrte Krone.*

1996 *Ungeheuer oben. Über Bertolt Brecht – Wolfgang Koeppen. Drei Reden.*

1997 *Der Fall Heine.*

1998 *Über Hilde Spiel.*

1999 *Mein Leben.*

2000 *Enthusiasten der Literatur. Ein Briefwechsel mit Golo Mann.*

2001 *Ein Jüngling liebt ein Mädchen – Vom Tag gefordert. Reden in deutschen Angelegenheiten.*

2002 Fernsehserie »Reich-Ranicki Solo. Polemische Anmerkungen« (im ZDF) – *Erst leben, dann spielen. Über polnische Literatur – Goethe noch einmal – Lauter schwierige Patienten. Gespräche mit Peter Voß über Schriftsteller des 20. Jahrhunderts – Sieben Wegbereiter. Schriftsteller des zwanzigsten Jahrhunderts – Der Kanon. Romane.*

2003 Ausstellung seiner Bildersammlung mit Schriftstellerporträts in Lübeck und Frankfurt am Main – *Meine Bilder. Porträts und Aufsätze – Meine Gedichte –*

Meine Geschichten – Unser Grass – Der Kanon. Erzählungen.

2004 *Der Kanon. Dramen – Über Amerikaner.*

2005 *Der Kanon. Gedichte.*

2006 *Aus persönlicher Sicht. Gespräche 1999 bis 2006 – Marcel Reich-Ranicki antwortet auf 99 Fragen –* Abschluss des Kanonprojektes mit: *Der Kanon. Essays.*

2008 Beginn der Verfilmung von *Mein Leben.*

NACHWEISE

Die in diesem Band versammelten Reden wurden fast alle erstmals in Zeitungen abgedruckt, zumeist in alter deutscher Rechtschreibung. Im vorliegenden Buch wurde die Schreibweise der neuen deutschen Rechtschreibung angepasst. Der Verlag dankt allen Beiträgerinnen und Beiträgern für das Abdruckrecht.

Vorwort
© Thomas Anz

Hessischer Kulturpreis, 18. Dezember 1999, Frankfurt am Main
Drei ältere Herren bilden ein geschlossenes System. Siegfried Unseld über Marcel Reich-Ranicki, Marcel Reich-Ranicki über Siegfried Unseld, Jürgen Habermas über Marcel Reich-Ranicki, Marcel Reich-Ranicki über Jürgen Habermas.
© Marcel Reich-Ranicki
© Siegfried und Ulla Unseld Familienstiftung
© Jürgen Habermas

Erstdruck und Druckvorlage: »Drei ältere Herren bilden ein geschlossenes System. Was sie übereinander zu sagen hatten: Die Reden zur Verleihung des Hessischen Kulturpreises an Jürgen Habermas, Marcel Reich-Ranicki und Siegfried Unseld.« In: *Frankfurter Allgemeine Zeitung*, 20. Dezember 1999, Feuilleton, S. 51.

Friedrich-Hölderlin-Preis der Stadt Bad Homburg, 5. August 2000
Michael Naumann: Liebe zur Lyrik und Leiden an Deutschland.
© Michael Naumann

Erstdruck und Druckvorlage: »Dies hat keiner übertroffen. Über die Liebe zur Lyrik und das Leiden an Deutschland – Rede auf den Hölderlin-Preisträger Marcel Reich-Ranicki.« In: *Frankfurter Allgemeine Zeitung*, 5. August 2000, Bilder und Zeiten, S. IV.

Marcel Reich-Ranicki: Kein Rabatt für Märtyrer.

Erstdruck und Druckvorlage: »Kein Rabatt für Märtyrer. Über Liebe aus dem Geist der Kritik: Dankrede aus Anlass der Verleihung des Friedrich-Hölderlin-Preises der Stadt Bad Homburg.« In: *Frankfurter Allgemeine Zeitung*, 24. Juni 2000, Bilder und Zeiten. S. I.

Ehrendoktorwürde der Ludwig-Maximilians-Universität München, 10. Juli 2002
Wolfgang Frühwald: Das »portative Vaterland«.

Erstdruck: »Vom Aufatmen beim Anblick der Akropolis. Für das Vergnügen am Lesen hat in Deutschland niemand so viel getan wie er: Marcel Reich-Ranicki und das Bündnis zwischen Philologie und Kritik.« In: *Frankfurter Allgemeine Zeitung*, 16. August 2002. S. 36.
Zweitdruck und Druckvorlage: »Das ›portative Vaterland‹. Laudatio von Wolfgang Frühwald.« In: *München und der Geist der Erzählung. Ansprachen, gehalten anlässlich der Ehrenpromotion von Marcel Reich-Ranicki.* Hg. von Dieter Frey und Andreas Heldrich (Bd. 2 der Reihe LMUniversum). München, 2006. S. 16–27.

Marcel Reich-Ranicki: München und der Geist der Erzählung.

Erstdruck: »Was ich empfinde. Über eine neue deutsche Mordphantasie, München und den Geist der Erzählung: Dankesrede zur Verleihung der Ehrendoktorwürde.« In: *Frankfurter Allgemeine Zeitung*, 12. Juli 2002, Feuilleton. S. 41.
Zweitdruck und Druckvorlage: »München und der Geist der Erzählung. Dankrede von Marcel Reich-Ranicki.« In: *München und der Geist der Erzählung. Ansprachen, gehalten anlässlich der Ehrenpromotion von Marcel Reich-Ranicki.* Hg. von Dieter Frey und Andreas Heldrich (Bd. 2 der Reihe LMUniversum). München, 2006. S. 29–38.

Goethe-Preis der Stadt Frankfurt am Main, 28. August 2002
Peter von Matt: Der Kampf für die Literatur ist auch ein Kampf für die Freiheit.

Erstdruck und Druckvorlage: »Der Kampf für die Literatur ist auch ein Kampf für die Freiheit. Das Publikum will die Kritik, sonst gäbe

es sie nicht mehr: Laudatio auf Marcel Reich-Ranicki zur Verleihung des Goethe-Preises der Stadt Frankfurt.« In: *Frankfurter Allgemeine Zeitung*, 7. September 2002, Feuilleton. S. 39.
Zweitdruck: Peter von Matt: *Öffentliche Verehrung der Luftgeister.* München, Wien: Carl Hanser Verlag, 2003.

Marcel Reich-Ranicki: Die Literatur ist ein Spiel – wie die Liebe.

Erstdruck: »Gesegnet und geschlagen, gestärkt und entwaffnet. Warum selbst ein Goethe-Vers nicht immer gut, das kurze Gedicht dem langen überlegen und Faust ein rechter Schurke ist: Dankrede zur Verleihung des Goethe-Preises der Stadt Frankfurt.« In: *Frankfurter Allgemeine Zeitung*, 31. August 2002, Feuilleton. S. 37.
Nachdruck und Druckvorlage: Marcel Reich-Ranicki: *Goethe noch einmal. Reden und Anmerkungen.* Stuttgart, München: DVA, 2002. S. 101–120.

Zum 85. Geburtstag, 2. Juni 2005, Frankfurt am Main
Thomas Gottschalk: Ob Sie es wollen oder nicht, ich spüre Sie an meiner Seite.

Erstdruck und Druckvorlage: »Ob Sie es wollen oder nicht, ich spüre Sie an meiner Seite. Zum 85. Geburtstag von Marcel Reich-Ranicki in der Frankfurter Paulskirche.« In: *Frankfurter Allgemeine Zeitung*, 4. Juni 2005, Feuilleton. S. 35.

Staatspreis des Landes Nordrhein-Westfalen, 24. Januar 2006, Düsseldorf
Jürgen Rüttgers: Gute Literaturkritik leistet etwas Einzigartiges.

Druckvorlage: unveröffentlichtes Redemanuskript.

Gert Ueding: Hochzeit von Kritik und Beredsamkeit.

Druckvorlage: unveröffentlichtes Redemanuskript.

Ehrendoktorwürde der Freien Universität Berlin, 9. Januar 2006

Rolf-Peter Janz: Vor dem Ballsaal, in dem die Schriftsteller tanzen.
© Rolf-Peter Janz

Erstveröffentlichung und Druckvorlage: ungedrucktes Redemanuskript, veröffentlicht auf der Internetseite http://www.fu-berlin.de/veranstaltungen/dahlemerimpulse/2006/index.html (Stand: 28. April 2008).

Marcel Reich-Ranicki: Berlin und ich.
© Marcel Reich-Ranicki

Erstveröffentlichung und Druckvorlage: »Berlin und ich.« Ungedruckte Transkription der frei gehaltenen Rede auf der Internetseite http://www.fu-berlin.de/veranstaltungen/dahlemerimpulse/2006/index.html (Stand: 28. April 2008).

Ehrendoktorwürde der Universität Tel Aviv, 2. Februar 2006, Frankfurt am Main

Joschka Fischer: Ein Leben im Zeitalter der Extreme.
© Joschka Fischer

Erstdruck und Druckvorlage: »Ein Leben im Zeitalter der Extreme. Marcel Reich-Ranicki, ein europäischer Kritiker im Sinne Heines: Laudatio anlässlich der Ehrenpromotion durch die Universität Tel Aviv.« In: *Frankfurter Allgemeine Zeitung*, 4. Februar 2006, Feuilleton, S. 45.

Marcel Reich-Ranicki: Deutsche Sprache und Literatur in Israel.
© Marcel Reich-Ranicki

Druckvorlage: unveröffentlichte Transkription der frei gehaltenen Rede.

Ehrendoktorwürde der Humboldt-Universität zu Berlin, 16. Februar 2007

Christoph Markschies: Unendliche Wehmut und ungeheuere Ironie.
© Christoph Markschies

Erstdruck und Druckvorlage: »Getilgt werden kann nichts von dem, was geschah. Gegen wohlgefällige Beruhigung wappnen uns Wehmut und Ironie.« In: *Frankfurter Allgemeine Zeitung*, 17. Februar 2007, Feuilleton, S. 33.

Michael Kämper-van den Boogaart:
Zu höflich, um sich undeutlich zu äußern.
© Michael Kämper-van den Boogaart

Erstdruck und Druckvorlage: »Er ist zu höflich, um sich undeutlich zu äußern. Der Literaturhistoriker und Pädagoge, Medienkritiker und Stratege.« In: *Frankfurter Allgemeine Zeitung*, 17. Februar 2007, Feuilleton, S. 34.

Peter Wapnewski: Dem Magier des Subjektiven.
© Peter Wapnewski

Erstdruck und Druckvorlage: »Dem Magier des Subjektiven. Marcel Reich-Ranicki erhält die Ehrendoktorwürde der Humboldt-Universität zu Berlin: Die Lobrede von Peter Wapnewski.« In: *Frankfurter Allgemeine Zeitung*, 17. Februar 2007, Feuilleton, S. 33 und 35.

Marcel Reich-Ranicki: Primat der Kunst vor dem Leben.
© Marcel Reich-Ranicki

Erstdruck und Druckvorlage: »Ich musste an den Primat der Kunst vor dem Leben glauben. So hätte sich mein Leben vielleicht abspielen sollen, zwischen Staatsoper und Universität – es kam anders. Die Dankesworte von Marcel Reich-Ranicki.« In: *Frankfurter Allgemeine Zeitung*, 17. Februar 2007, Feuilleton, S. 35.

Frank Schirrmacher: Es schließt sich ein Kreis.
© Frank Schirrmacher

Erstdruck und Druckvorlage: »Es schließt sich ein Kreis. Seine Rückkehr an die Stätte eines Unrechts: Warum Marcel Reich-Ranicki in Wahrheit uns ehrt.« In: *Frankfurter Allgemeine Zeitung*, 17. Februar 2007, Feuilleton, S. 33.

Einweihungsfeier des Marcel-Reich-Ranicki-Lehrstuhls für deutsche Literatur an der Universität Tel Aviv, 6. März 2007, Frankfurt am Main

Peter von Matt: Die Kunst, die Macht und die Kritik.
© Peter von Matt

Erstdruck und Druckvorlage: »Ein Leben für eine Literatur, die sich die Freiheit notfalls erstreitet. Die Kunst, die Macht und die Kritik: Zur Einrichtung des Marcel-Reich-Ranicki-Lehrstuhls an der Universität Tel Aviv.« In: *Frankfurter Allgemeine Zeitung*, 8. März 2007, Feuilleton. S. 35.

Marcel Reich-Ranicki: Freude an Literatur.

Druckvorlage: unveröffentlichte Transkription der frei gehaltenen Rede.

Henri-Nannen-Preis, 9. Mai 2008, Hamburg
Angela Merkel: Die Zeit ist reif, eine Ikone des Feuilletons zu ehren.

Erstdruck und Druckvorlage: »Die Zeit ist reif, eine Ikone des Feuilletons zu ehren. Die Rede der Bundeskanzlerin anlässlich der Verleihung des Henri-Nannen-Preises für sein Lebenswerk an Marcel Reich-Ranicki.« In: *Frankfurter Allgemeine Sonntagszeitung*, 11. Mai 2008, Feuilleton. S. 26.

Marcel Reich-Ranicki: Die Vernunft und ihre Feinde.

Druckvorlage: unveröffentlichte Transkription der frei gehaltenen Rede.

PERSONENREGISTER

MARCEL REICH-RANICKI

Aus persönlicher Sicht

Gespräche

366 Seiten, gebunden mit Schutzumschlag

ISBN 978-3-421-05858-X

Marcel Reich-Ranicki hat schon immer Interviews gegeben und Gespräche geführt: Ohne die mündliche Mitteilung kann man ihn sich gar nicht vorstellen. *Aus persönlicher Sicht* vereinigt eine Auswahl dieser Gespräche seit seiner großen Autobiografie *Mein Leben*. Ob er über die Entstehung dieses erfolg- und folgenreichen Buches oder seine Profession, die Literaturkritik, ob er über einen einzelnen Schriftsteller, einen verlorenen Freund oder über Literatur überhaupt und seine tiefe Bindung an sie spricht, immer hört man ihn beim Lesen und immer vermittelt er seine höchst eigene um den Kern der Dinge bemühte Sicht. Beispielsweise erzählt er von seiner Liebe zur Musik und warum die Musik in manchen Situationen stärker sein kann als die Literatur, er jedoch trotzdem kein Musikkritiker geworden ist.

MARCEL REICH-RANICKI

Thomas Mann und die Seinen

Erweiterte Neuauflage 2005
462 Seiten, gebunden mit Schutzumschlag
ISBN 978-3-421-05864-4

Marcel Reich-Ranicki gehört zu den besten Kennern der an herausragenden Begabungen und Persönlichkeiten reichen Familie Mann. *Thomas Mann und die Seinen* vereinigt Aufsätze und Beiträge aus fünf Jahrzehnten. In seinen essayistischen Porträts schildert Marcel Reich-Ranicki in gewohnt lebendiger Weise die Gegensätze und Abhängigkeiten, die Kämpfe und den Zusammenhalt innerhalb der Familie sowie ihr literarisches Schaffen.

»Ich weiß, daß er, Thomas Mann, mich beeindruckt und beeinflußt, vielleicht sogar geprägt hat wie kein anderer deutscher Schriftsteller unseres Jahrhunderts. Ich weiß, daß es seit Heine keinen Schriftsteller gegeben hat, dem ich in so hohem Maße und auf so tiefe Weise verbunden bin.«

DVA
www.dva.de

FSC
Mix
Produktgruppe aus vorbildlich bewirtschafteten Wäldern und anderen kontrollierten Herkünften
Zert.-Nr. GFA-COC-1262
www.fsc.org
© 1996 Forest Stewardship Council

Verlagsgruppe Random House FSC-DEU-0100
Das für dieses Buch verwendete FSC-zertifizierte Papier *EOS*
liefert Salzer, St. Pölten.

1. Auflage

Gestaltung und Satz: DVA/Brigitte Müller
Gesetzt aus der Garamond
Druck und Bindung: Friedrich Pustet KG, Regensburg
Printed in Germany
ISBN 978-3-421-04380-1

www.dva.de